城市国土空间格局遥感监测
分析方法与实践

宁晓刚　王　浩　著

科学出版社

北　京

内 容 简 介

　　本书基于多年开展城市地理国情监测与城市体检评估等工作基础，总结了城市国土空间格局与国土空间规划、城市体检评估工作的关系，系统诠释了城市国土空间要素的概念和内涵，梳理总结了城市国土空间要素遥感监测现状和主要产品，并充分挖掘高分辨率遥感影像呈现的城市景观和形态等空间可视化特征，提出了城区边界、城市低矮杂乱房屋建筑区等多项城市内部国土空间要素遥感监测方法。同时结合规划业务知识，充分实践形成了城区范围、城市空间结构、城市群空间格局三种城市国土空间格局支撑的城市空间扩展、规划实施评估、区域协同发展等监测分析方法，并详细介绍了在全国地级以上城市、现行国务院审批国土空间总体规划城市、京津冀城市群等区域的实践应用案例。

　　本书对从事测绘、遥感、地理信息、区域与城市地理、国土空间规划等相关领域的科研人员，从事城市地理国情监测、城市体检评估、国土空间规划实施评估等工作的技术人员，以及高等院校相关专业的师生均具有参考意义。

审图号：GS 京 （2022） 0646 号

图书在版编目（CIP）数据

城市国土空间格局遥感监测分析方法与实践 / 宁晓刚，王浩著. —北京：科学出版社，2022.8
　　ISBN 978-7-03-072866-1

Ⅰ.①城…　Ⅱ.①宁…②王…　Ⅲ.①遥感技术–应用–国土规划–监测系统–研究–中国　Ⅳ.①F129.9-39

中国版本图书馆 CIP 数据核字（2022）第 148471 号

责任编辑：李晓娟 / 责任校对：樊雅琼
责任印制：吴兆东 / 封面设计：无极书装

科 学 出 版 社 出版
北京东黄城根北街 16 号
邮政编码：100717
http://www.sciencep.com

北京建宏印刷有限公司 印刷
科学出版社发行　各地新华书店经销

*

2022 年 8 月第 一 版　　开本：787×1092　1/16
2022 年 8 月第一次印刷　　印张：17
字数：400 000

定价：228.00 元
（如有印装质量问题，我社负责调换）

序

改革开放以来，我国城镇化发展和建设在社会经济发展处于重要的战略高度，取得了令人瞩目的巨大成就。深刻认识城镇化对经济社会发展的重大意义，牢牢把握城镇化蕴含的巨大机遇，准确研判城镇化发展的新趋势新特点，妥善应对城镇化面临的风险挑战，对于全面提高城镇化质量、加快转变城镇化发展和国土空间开发利用方式、提升国土空间治理能力具有重要意义。联合国可持续发展目标（sustainable development goals，SDGs）也将"建设包容、安全、有抵御灾害能力和可持续的城市及人类住区"作为重要内容之一。

建立空间规划体系并监督实施，强化国土空间规划在规划体系中的基础性作用和在国土开发保护领域的刚性管控及指导约束作用，建立"多规合一"的国土空间规划，是党中央、国务院的重大部署。当前，新发展理念和格局下的国土空间规划刚刚起步，规划评估理论、模型和技术尚不成熟，缺乏适应新时代的高精度城市空间表征数据、人地关系地域系统理论和地理空间分析模型。积极探索城市国土空间格局遥感监测分析方法并开展实践研究，是开展国土空间规划编制和实施监督的有力支撑。

宁晓刚研究员团队自 2012 年至今，持续从事全国地级以上城市及典型城市群空间格局变化监测、京津冀协同发展重要地理国情监测、国土空间规划专项监测等国家和省部级重大专项研发工作，取得了系列成果。其中，"天空地遥感数据高精度智能处理关键技术及应用"获 2020 年国家科技进步奖一等奖；"全国不透水面遥感提取和监测关键技术及应用"获 2019 年测绘科技进步奖一等奖；"面向城市治理的地理国情监测关键技术研究与应用"获 2019 年测绘科技进步奖一等奖；"城市地理国情监测关键技术研究及应用"获 2018 年北京市科学技术奖三等奖；"城市典型要素监测分析关键技术与应用示范"获 2017 年地理信息科技进步奖一等奖。部分成果也发表在《测绘学报》、《地理学报》、《武汉大学学报·信息科学版》、Remote Sensing 等国内外期刊，形成的专题分析报告多次被国务院、自然资源部、住房和城乡建设部采纳。该书是对这些研究成果的进一步总结和提升。

该书取得了如下创新成果：

（1）融合测绘学科的精细化表达优势和地理学科的宏观规律掌控优势，并结合规划业务知识，从微观、中观、宏观不同尺度深入研究城市国土空间格局认知理论、监测分析方法与模型，更加全面和系统地揭示城市发展特征与演化规律，厘清城镇化过程中的人地关系，有助于及时发现国土空间治理问题。

（2）充分挖掘高分辨率遥感影像中的城市景观和形态等空间可视化特征，提出城区范围遥感监测方法，保证以城区边界为统计分析单元的全国城市扩展分析及其他相关分析的一致性和可比性。利用地理国情监测数据等先验知识，提出多项城市国土空间要素遥感监测方法，为规划实施评估和城市高质量发展评估提供高精度时空数据。

（3）深刻剖析城区范围、城市空间结构、城市群空间格局三种城市国土空间格局与城市空间扩展、规划实施评估、区域协同发展之间的关系，为城市国土空间格局遥感监测分析方法支撑国土空间规划提供理论依据，并在全国 338 个地级以上城市、全国 108 个现行国务院审批国土空间总体规划城市、京津冀城市群等区域得到了实践应用。

　　该书研究成果体现了遥感科学与技术、地理信息系统、人文地理等多学科的交叉融合。这些成果对于国土空间规划管理具有较强的指导性和实用性，预期能够为国土空间规划编制、实施监督和优化调整提供服务支撑。

中国科学院院士

中国工程院院士

2022 年 8 月

前　言

　　城市国土空间格局监测分析一直是测绘学和地理学共同关注的热点，近年来自然资源部的成立和国土空间规划职责的统一使该项研究的重要性更加凸显。

　　当前，我国的空间发展和空间治理进入了生态文明新时期。国土是生态文明建设的空间载体，统筹兼顾国土空间保护与发展是新时代的改革要求。国土空间规划是对主体功能区战略和制度的有效落实，是对国民经济和社会发展规划落地的基础空间保障，是制定空间发展政策、开展国土资源保护利用修复和实施国土空间规划管理的蓝图，是加快形成绿色生产方式和生活方式、推进生态文明建设、建设美丽中国的关键举措，是实现高质量发展和高品质生活的重要手段，是促进国家治理体系和治理能力现代化，实现"两个一百年"奋斗目标和中华民族伟大复兴的中国梦的必然要求。

　　城市国土空间格局变化反映社会经济发展和土地利用的活动进程，直接影响国土空间开发利用与保护的总体格局和人地关系，是国土空间规划的一项重要研究内容。深入研究全国城市国土空间格局的变化及趋势，有助于深化对国土空间安全永续、高效集聚、品质营造、有效保护等基本问题的认识，为研究提出高质量开发、高品质利用、高水平保护的国土空间战略目标、任务、政策及措施提供科学依据。

　　2013年，《国务院关于开展第一次全国地理国情普查的通知》（国发〔2013〕9号）中明确要求于2013～2015年开展第一次全国地理国情普查工作。2015年12月，在国家测绘地理信息局组织实施下，历时3年获取了全覆盖、无缝隙、高精度的海量地理国情数据，全面掌握了我国陆地国土范围内的地表自然（地形地貌、植被覆盖、水域、荒漠与裸露地）和人文要素（与人类活动密切相关的交通网络、居民地与设施、地理单元等）的现状以及空间分布情况。在开展普查工作的同时，按照"边普查、边监测、边应用"的原则，全国开展了近100个地理国情监测示范应用项目，大力推进地理国情成果应用，城市地理国情监测即是该项工作的重要内容。笔者研究团队在城市地理国情监测项目支持下，围绕《中华人民共和国国民经济和社会发展第十三个五年规划纲要》（2016—2020年）（简称"十三五"规划）、《国家新型城镇化规划（2014—2020年）》、中央城市工作会议（2015年）等对新型城镇化建设提出的相关要求，先后开展了京津冀协同发展重要地理国情信息监测、国家级新区建设变化监测、全国地级以上城市及典型城市群空间格局变化监测等一系列城市地理国情监测项目，形成了全国和典型城市群丰富的城市国土空间格局变化监测成果。

　　2018年3月，笔者研究团队基于城市地理国情监测研究成果编写完成了《城市国土空间格局遥感监测分析方法与实践（初稿）》。恰逢国务院机构改革，国家测绘地理信息局并入了新成立的自然资源部，测绘的职能也发生了重要的变化，更加强调利用测绘技术对部"两统一"职责的支撑。2019年笔者研究团队参与到自然资源部国土空间规划局城市体检评估工作中，城市国土空间格局成果在城市和区域发展评价中得以持续发挥作用。特别是 2020 年，为提高《全国国土空间规划纲要》编制的科学性，自然资源部国土空间规划局于 4 月成立了"地理空间数据整合评价专家组"，将"全国城市空间扩张分析"列为一项主要研究内容。中国测绘科学研究院作为此项研究内容的牵头单位，联合中国科学院空天信息创新研究院、中国科学院地理科学与资源研究所、国家基础地理信息中心等单位形成的《全国城市空间扩张分析》报告为纲要编制提供了重要参考。这使得笔者对于城市国土空间格局监测分析的定位有了更系统深入的思考，本书也得以问世。全书共分为 8 章。

第 1 章绪论。主要介绍研究背景、研究意义、研究目标与内容，以及本书框架。总结了城市国土空间格局与国土空间规划、城市体检评估工作的关系，以及开展城市国土空间格局监测分析的意义。

第 2 章城市国土空间要素及遥感监测方法。首先介绍城市国土空间要素监测对于国土空间规划评估的重要性，城市国土空间要素相关概念；其次归纳总结城市国土空间要素遥感监测现状，并介绍常见的城市国土空间要素产品；最后介绍本书提出的城市国土空间要素遥感监测方法。

第 3 章城市国土空间格局监测分析方法。通过梳理城市空间扩展、规划实施评估、区域协同发展的内涵，建立起城区范围、城市空间结构、城市群空间格局等城市国土空间格局与国土空间规划的衔接，并归纳提出以城市国土空间格局为支撑的城市空间扩展分析方法、规划实施评估方法、区域协同发展分析方法、城市高质量发展分析方法。

第 4 章城市空间扩展监测分析实践。首先介绍全国 338 个地级以上城市实践应用的基本情况，以及城区边界产品的精度；其次从城市扩展时空过程、城市空间形态变化、城市用地效率变化、城市扩展协调性、城市扩展占用土地类型 5 个方面对全国的城市空间扩展特征进行监测分析；最后通过小结介绍该实践案例对于国土空间规划的启示。

第 5 章规划实施监测分析实践。首先介绍全国 338 个地级以上城市和 108 个现行国务院审批国土空间总体规划城市实践应用的基本情况；其次从城市基本公共服务设施发展状况、城市综合交通发展状况、城区绿化覆盖变化、城市内部土地集约利用 4 个方面对城市规划实施情况进行监测分析；最后通过小结介绍该实践案例对于国土空间规划的启示。

第 6 章区域协同发展监测分析实践。首先介绍京津冀城市群实践应用的基本情况；其次从城市群的用地空间扩展、城区生态空间变化、空间联系格局变化、产业发展格局变化、交通可达性格局变化 5 个方面对京津冀城市群区域协同发展状况进行监测分析；最后通过小结介绍该实践案例对于国土空间规划的启示。

第 7 章城市高质量发展监测分析实践。面向当前国土空间规划中面临的高质量发展问题，以社区生活圈和可持续发展两大主题为抓手，分别以全国 36 个重点城市和 30 个省会城市为研究区，介绍监测分析结果，为新时代下的城市高质量发展提供新的思路；并通过小结介绍该实践案例对于国土空间规划的启示。

第 8 章总结与展望。总结城市国土空间格局遥感监测分析的结论性认识和创新性，从城市国土空间格局认知、城市国土空间要素监测和城市国土空间格局评估方法 3 个方面对面向国土空间规划的城市国土空间格局遥感监测分析未来发展进行了展望。

　　中国测绘科学研究院的刘娅菲、蔡兴飞、刘若文、张翰超等，在本书相关章节的编写、资料收集、文本整理、插图制作等方面付出了辛勤劳动，借此机会特向他们表示衷心的感谢。本书初稿形成后，张增祥研究员、何春阳教授、匡文慧研究员、杜世宏教授、岳文泽教授分别提出了诸多宝贵意见，在此深表谢意！

　　由于作者水平有限，书中难免有不当之处，敬请读者批评指正。

宁晓刚

2022 年 1 月 1 日

目　　录

第1章 | 绪 论

1.1 背景与意义

1.1.1 城市国土空间格局遥感监测背景

1. 新时代国土空间开发保护格局与国土空间规划体系

2013年中共十八届三中全会作出的《中共中央关于全面深化改革若干重大问题的决定》中提出"建立空间规划体系"。此后，一系列围绕生态文明建设和体制改革的文件对建立空间规划体系提出了期许与要求。建立空间规划体系并监督实施，强化国土空间规划在规划体系中的基础性作用和在国土开发保护领域的刚性管控及指导约束作用，建立"多规合一"的国土空间规划，是党中央、国务院作出的重大部署。为响应党中央号召，从国家到地方，结合以往的"两规合一""三规合一""县市域总体规划"等经验，纷纷开展了"多规合一"、空间规划等形式和内容多样的试点工作。2018年3月，国务院机构改革新一轮方案出台，组建了自然资源部。自然资源部承担着统一行使所有国土空间用途管制职责。其中并入了原国土资源部的土地利用规划职责、国家发展和改革委员会的主体功能区规划职责，以及住房和城乡建设部的城乡规划职责。这些试点和改革为全面开展国土空间规划，构建国土空间规划体系，加强用途管制，建立健全国土空间开发保护制度积累了丰富经验、奠定了坚实基础、提供了强有力的体制保障，也标志着我国国土空间规划体系的建立进入了落地实施的新时期。

2019年5月，《中共中央 国务院关于建立国土空间规划体系并监督实施的若干意见》（中发〔2019〕18号）印发，围绕形成新时代国土空间开发保护格局，提出了建立"五级三类四体系"的国土空间规划体系总体框架，分别制定了到2020年、2025年、2035年关于国土空间规划体系建立、实施、完善的目标要求，并明确了国土空间规划编制的主要任务要求及制度保障措施。2019年7月，《自然资源部关于全面开展国土空间规划工作的通知》（自然资发〔2019〕87号），要求各级自然资源主管部门按照自上而下、上下联动、压茬推进的原则，抓紧启动编制全国、省级、市县和乡镇国土空间规划（规划期至2035年，展望至2050年），尽快形成规划成果。国土空间规划编制的目标、要求、任务更为具体，标志着国土空间规划进入实质性推进阶段。

2. 新型城镇化与城市体检评估

1）新型城镇化在我国战略地位突出

改革开放以来，我国城镇化建设取得了引人瞩目的成就，在我国社会经济发展中也处于前所未有的战略高度。自 2015 年以来，党中央多次对新型城镇化建设作出战略部署。党的十九大、中央城市工作会议、《国家新型城镇化规划（2014—2020 年）》和《中华人民共和国国民经济和社会发展第十四个五年规划和 2035 年远景目标纲要》（简称"十四五"规划）等均指出了当前中国城镇化道路上面临的一系列问题，并针对城镇化格局建设和发展提出了具体要求。

2021 年出台的"十四五"规划中明确指出，推进以人为核心的新型城镇化；全面提升城市品质，实施城市更新行动，推动城市空间结构优化和品质提升；合理确定城市规模、人口密度、空间结构，促进大中小城市和小城镇协调发展；完善城镇化空间布局，优化城市群内部空间结构，形成多中心、多层级、多节点的网络型城市群。2022 年 3 月国家发展和改革委员会发布的《2022 年新型城镇化和城乡融合发展重点任务》中也明确指出，持续优化城镇化空间布局和形态，促进大中小城市和小城镇协调发展，推动形成疏密有致、分工协作、功能完善的城镇化空间格局；加快推进新型城市建设，坚持人民城市人民建、人民城市为人民，建设宜居、韧性、创新、智慧、绿色、人文城市。从国际上来看，联合国可持续发展目标（sustainable development goals，SDGs）中也将"建设包容、安全、有抵御灾害能力和可持续的城市及人类住区"作为重要内容之一。

2）城市体检评估的发展历程

城市体检评估是健全国土空间规划实时监测、定期评估、动态维护制度的重要举措，有助于及时揭示城市空间治理中存在的问题和短板，提高城市治理现代化水平。党中央、国务院对城市体检评估工作高度重视：

2015 年 12 月，习近平总书记在中央城市工作会议上要求，强化规划监督检查，保障规划意图实现。

2017 年 2 月，习近平总书记视察北京市城市规划建设工作时指出，城市规划在城市发展中起着重要引领作用；同时也强调，城市规划建设做得好不好，最终要用人民群众满意度来衡量；要求坚决维护总体规划的权威性，健全规划实时监测、定期评估、动态维护制度，建立城市体检评估机制。

2017 年 9 月，在《中共中央 国务院关于对〈北京城市总体规划（2016 年—2035 年）〉的批复》中明确要求"坚决维护规划的严肃性和权威性"，"建立城市体检评估机制，完善规划公开制度，加强规划实施的监督考核问责"。由此，北京市在全国率先探索建立"一年一体检、五年一评估"的城市体检评估机制。

2018 年党中央和国家机构改革决定，城乡规划管理职责划入自然资源部。

2019 年 5 月，《中共中央 国务院关于建立国土空间规划体系并监督实施的若干意见》进一步提出"建立国土空间规划定期评估制度""依托国土空间基础信息平台，建立健全国土空间规划动态监测评估预警和实施监管机制"。

2020年1月1日施行的新《中华人民共和国土地管理法》规定"国家建立国土空间规划体系"，"已经编制国土空间规划的，不再编制土地利用总体规划和城乡规划"。由此，正式确立了国土空间规划体系的法定地位；作为国土空间规划实施管理的配套举措，自然资源部组织开展的城市体检评估工作亦明确了其法定性和权威性。

2021年6月18日，自然资源部发布的行业标准《国土空间规划城市体检评估规程》（TD/T 1063—2021）对城市体检评估进行了明确定义，即按照"一年一体检、五年一评估"的方式，对城市发展阶段特征及国土空间总体规划实施效果定期进行分析和评价，是促进城市高质量发展、提高国土空间规划实施有效性的重要工具。

3. 当前急需城市国土空间格局遥感监测分析方法与实践指导

城市体检评估工作，是国土空间规划实施管理的配套举措，具有法定性和权威性，是编好市县国土空间总体规划和详细规划的基础支撑，是优化城市生产、生活、生态空间布局，促进节约集约用地，支撑未来城市高质量发展和精细化管理的有效手段。作为一项新生事物，当前我国国土空间规划城市体检评估工作正处在建立与完善的关键期，城市体检评估工作具体实施过程中面临诸多困难和挑战。尽管《国土空间规划城市体检评估规程》已经发布，全国城市体检评估工作已开展多轮，但目前仍存在较多不足，技术层面缺乏适应新时代国土空间规划的城市国土空间格局认知理论、监测分析方法和技术手段。具体体现在以下两方面：

一是城市国土空间数据和指标一致性和标准化不足，急需城市国土空间要素的标准化方法。尽管现有的城市体检评估指标明确了内涵、数据来源及指标计算方法，但现有的基础测绘和调查监测等业务尚无法对城市体检评估中的城市国土空间类指标提供常态化支撑，指标计算方法难度较大，使得不同城市在计算指标时进行了方案简化或替换，导致城市体检评估中的城市国土空间数据和指标计算结果的一致性和标准化不足，城市体检评估结果缺乏可比性。

二是尚未形成系统的城市国土空间遥感监测分析方法，难以形成支撑国土空间规划编制和监督实施的有效结论。尽管现有的城市体检评估规程中规定了城市体检评估指标按安全、创新、协调、绿色、开放、共享分为6个一级类23个二级类，但受限于指标类型多等原因，现有的成果往往就数论数，各指标之间的关联性不强，空间差异性呈现不足。且由于城市体检评估工作刚刚起步，评价结果的时间变化不足，难以对国土空间规划形成有效支撑。

1.1.2　城市国土空间格局遥感监测意义

1. 有助于推动国土空间治理体系和治理能力现代化

推进国家治理体系和治理能力现代化是全面深化改革的总目标之一。国土空间治理体系和治理能力现代化是其重要组成部分。做好服务国土空间规划业务的技术支撑工作是落实党中央推进规划融合的战略举措，是推动城镇化高质量发展，加快建设国土空间规划体系的重要抓手，是促进治理体系和治理能力现代化的必然要求。随着我国城市开发方式由"粗放式"转为"内涵式"，部分城市由"增量扩张"转为"存量优化"，要求实现科学规划和高效的增长管理，控制城市开发规模，提高城市内部开发强度，增强土地利用效率，保护耕地和生态环境。因此，认知城市国土空间格局和人地关系，能够保证高质量开发、高品质利用、高水平保护的城市国土空间战略的实施，对于推进国土空间优化，提升国土空间治理体系和治理能力现代化具有重要意义。

2. 有助于服务城市体检评估

城镇化的关注点正从提高城镇化率转移到以人为核心的城镇化上来，中国正面临一个城镇化空间格局重构的时间窗口。新发展理念和格局下的国土空间规划刚刚起步，城市体检评估理论、模型和技术尚不成熟，缺乏适应新时代的城镇化高精度空间表征数据、人地关系地域系统理论和地理空间分析模型。因此，将地理学科的宏观规律掌控优势和测绘学科的精细化表达优势相结合，并与规划业务知识结合，从微观、中观、宏观等不同地域尺度深入研究城市形态、结构及空间格局特征等城市国土空间格局认知理论、监测方法与模型，更加全面和系统的揭示城市发展特征和演化机理，厘清并协调城镇化过程中人地关系，有助于及时发现国土空间治理问题，更好地服务于城市体检评估工作。

3. 有助于智能化测绘理论的完善和实践

智能化测绘是以知识和算法为核心要素，构建以知识为引导、算法为基础的混合型智能计算范式，实现测绘感知、认知、表达及行为计算（陈军等，2021）。2018年机构改革后，原国家测绘地理信息局并入了自然资源部，测绘科学与技术承担着支撑自然资源"两统一"重要职责和使命。国土空间规划是自然资源"两统一"的核心业务之一，需要对国土空间数据进行获取，摸清自然资源家底并掌握其动态变化；需要对国土空间开发与保护中各类问题进行认知，更加清楚地认知人地关系并揭示问题产生的机理和机制。城市是人口聚集的主要空间，城市国土空间的优化是以人为本的国土空间规划的体现。上述的新形势和新业态要求测绘工作者不仅能够生产出精细的4D产品，还要同时空大数据技术、人工智能技术等结合，将基础地理信息、地理国情监测成果等地理空间数据与行为感知数据融合，并通过人地关系分析实现人类活动的时空感知、人地关系的解析模拟，以及国土空间格局的优化管控，可见开展城市国土空间格局监测分析研究有助于智能化测绘理论的完善和实践。

1.2 目标与内容

1.2.1 研究目标

（1）建立面向国土空间规划的城市国土空间格局遥感监测分析方法，包括高精度城区边界遥感监测方法、城市国土空间要素遥感监测方法，城区范围、城市空间结构、城市群空间格局等城市国土空间格局服务城市空间扩展、规划实施评估、区域协同发展、城市高质量发展的分析方法。

（2）以监测获取的高精度城区边界数据为基础，并以全国 338 个地级以上城市为例，开展城市扩展监测分析，掌握全国不同区域、等级规模、省份的城市时空扩展规律、扩展模式、扩展产生的影响等。

（3）以监测获取的城市国土空间要素为基础，并以全国 338 个地级以上城市、108 个全国现行国务院审批国土空间总体规划城市为例，开展城市空间结构监测分析，掌握全国不同区域、等级规模、省份的城市内部形态与结构空间差异特征、演变规律，以及与规划的符合程度。

（4）以监测获取的高精度城区边界数据、城市国土空间要素为基础，以京津冀城市群为例，开展城市群空间格局监测分析，从用地、生态空间、空间联系、产业发展、交通可达性等方面掌握京津冀城市群协同发展变化。

（5）针对当前国土空间规划中面临的高质量发展问题，以社区生活圈和城市可持续两大热点为抓手，分别以全国 36 个重点城市和 30 个省会城市为例，探讨社区生活圈建设和城市可持续发展状况。

1.2.2　研究内容

1. 城市国土空间要素遥感监测

城区边界是开展城市扩展监测、城市空间结构监测分析的基础，是城市国土空间的最基本要素。本研究以国家统计局的城乡划分规定为基础，利用高分辨率遥感影像和精细化地理信息数据优势，结合地理空间分析技术，制定标准化规则，解决最小单元、集中连片建设判断问题，实现城区边界的精细划定。

针对国土空间规划关注的基本公共服务设施、综合交通网络、城区绿化覆盖、城市低矮杂乱房屋建筑区等城市国土空间要素，研究地理国情数据和大数据结合的要素遥感监测方法，实现城市国土空间要素的精细化表达。

2. 城市国土空间格局监测分析

建立城市国土空间格局的表达模型，梳理城市空间扩展、规划实施评估、区域协同发展、城市高质量发展与城市国土空间格局的内在关系。

研究城市空间扩展时空过程、空间形态变化、用地效率变化、扩展协调性、占用土地类型等方面的表征指标和分析方法，精细刻画城市空间扩展的时空差异特征，反映城市个体的变化特征。

研究城市基本公共服务设施发展状况、综合交通发展状况、绿化覆盖、土地集约利用的表征指标和分析方法，精细刻画城市空间结构的空间分布特征和变化，以及同规划的符合程度，反映城市国土空间要素的变化特征。

研究城市群内的用地空间扩展、城区生态空间变化、城市群空间联系格局变化、产业发展格局变化以及交通可达性格局变化的表征指标和分析方法,精细刻画城市群空间格局时空变化特征,以及区域内城市用地规模、生态环境保护、区域间联系等情况,反映城市群区域协同发展情况。

研究城市高质量发展下的社区生活圈评估、城市可持续评价的表征指标和分析方法,精细刻画公共服务设施布局和城市空间品质等特征,反映城市新发展理念下的绩效和问题。

3. 应用实践

以全国 338 个地级以上城市为示范研究区,开展城市空间扩展监测分析实践;以全国 338 个地级以上城市、108 个全国现行国务院审批国土空间总体规划城市为示范研究区,开展规划实施监测分析实践;以京津冀城市群为示范研究区,开展区域协同发展监测分析实践;以全国 36 个重点城市和 30 个省会城市为示范研究区,开展城市高质量发展监测分析实践。

1.3　本书框架

本书可分为城市国土空间要素遥感监测、城市国土空间格局监测分析、应用实践 3 项内容。其中城市国土空间格局监测分析可分为城市空间扩展监测分析、规划实施监测分析、区域协同发展监测分析和城市高质量发展监测分析 4 部分。

城市国土空间要素遥感监测能够提供城市国土空间格局信息,是开展城市空间扩展监测分析、规划实施监测分析、区域协同发展监测分析、城市高质量发展监测分析的基础。城市空间扩展监测分析注重城市个体,即单个城市城区的时空变化;规划实施监测分析注重城市空间结构的变化;区域协同发展监测分析注重城市群空间格局变化;城市高质量发展监测分析注重新发展理念下的城市发展状况。相似的是,这 4 项研究都融合了测绘学科的精细化数据获取、地理信息空间分析和可视化等优势,以及地理学的空间分异规律、人地关系地域系统理论等优势。

本书设置了 8 个章节,围绕 5 项研究目标将 3 项研究内容分解到这 8 章中(图1-1)。

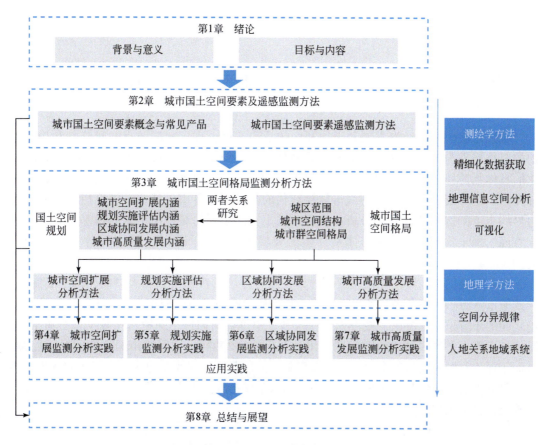

图1-1 本书章节关系

第 2 章 | 城市国土空间要素及遥感监测方法

城镇化反映社会经济发展和土地利用的活动进程，直接影响国土空间开发利用与保护的总体格局与人地关系，是国土空间规划的重要关注内容。城市国土空间要素是城镇化的具体物质体现，因此也是国土空间规划的重要关注内容。一方面，城区边界作为基础要素，是开展国土空间规划城市体检评估的基础，还可用于城市扩展分析、城镇开发边界约束下的区域协同发展分析，是面向国土空间规划的城市国土空间最基础要素；另一方面，国土空间规划、城市体检评估需要城市国土空间要素，对各项评估指标予以支撑。

目前我国仍处在城镇化快速发展时期，城市经济的快速增长和人口规模的不断膨胀，导致城市资源、生态环境、基础设施等面临前所未有的压力。城市发展与人口、资源、环境之间的矛盾越来越突出，城市人口超饱和、建筑空间拥挤、绿地面积减少、交通阻塞、城市抗灾能力差等"城市病"问题突出（陈宇光，2007）。开展城市国土空间要素监测，有助于深化对国土空间安全永续、高效集聚、品质营造、有效保护等基本问题的认识，能够为研究提出高质量开发、高品质利用、高水平保护的国土空间战略目标、任务、政策及措施提供科学依据。

2.1 城市国土空间要素概念

2.1.1 国土空间

国土空间是指国家主权与主权权利管辖下的地域空间，包括陆地国土空间和海洋国土空间，是由各种自然、人文要素组成的物质实体（邓祥征，2021），是人类赖以生存和发展的家园。国土空间作为一个复杂的地理空间，包括土地资源、水资源、矿产资源、生态环境、社会经济等不同主题在区域上的组合，具有显著的区域自然、社会和经济特征（金贵等，2013）。

以发挥的主导功能为标准，《全国国土规划纲要（2016—2030年）》将国土空间划分为城镇空间、农业空间和生态空间三类。其中城镇空间以提供工业产品和服务产品为主，农产品和生态产品为辅，首要任务是增强综合经济实力，亦要保护好耕地和生态环境；农业空间以提供农产品为主，首要任务是增强农业综合生产能力；生态空间以提供生态产品为主，首要任务是提高生态保障能力。

2.1.2 城市国土空间

城市是人口和社会经济活动高度集中的场所，是第二、第三产业在空间上的集聚，同时也是区域经济的重心。城市国土空间既包括了物质环境、功能结构等空间现象，也包括了造成这种现象的非空间过程。具体来讲，城市国土空间是在自然环境、历史、政治、经济、社会和文化等因素的影响下城市发展的空间形态特征，包括城市国土空间各项要素表现出来的空间物质形态及空间关系（柴彦威等，2021）。因此，城市国土空间也是研究城市范围内各类要素的形成、发展的重要载体。城市国土空间及相关概念范围的示意图如图 2-1 所示。其中，城市国土空间即整个市域范围，包括了城区、城市建设用地及其他用地。城区即城市实际建设的集中连片区，主要由城市建设用地构成。

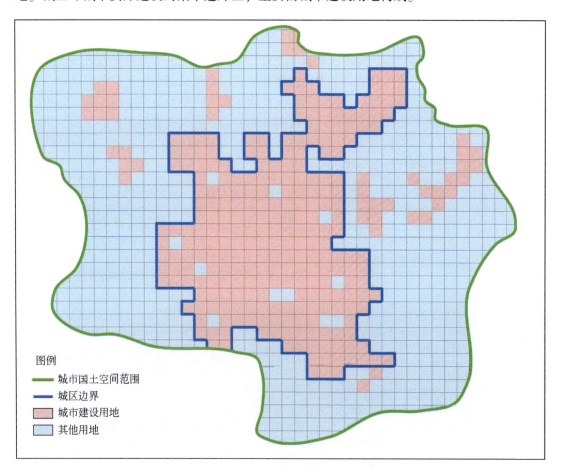

图 2-1　城市国土空间相关概念范围示意

2.1.3 城市国土空间要素

城市国土空间作为城市发展与各项活动的载体,主要包括自然要素和社会经济要素两大类型。其中自然要素包括土地资源、水资源、矿产资源、生态环境等,是城市国土空间形成与发展的本底要素;社会经济要素包括人口、经济、交通、产业等多种类型,不同资源类型下包含多项空间要素。在城市国土空间范围内,同一地块同时承载着不同的功能和社会经济属性,所以各类空间要素可能存在一定的交叉与重叠。在城市国土空间范围内,通过分析城市发展与区域经济发展的关系、产业布局与城镇布局之间的关系、自然条件与城市布局和城市建设的关系,研究城市各要素的分布,以及城市的功能分区,为确定城镇性质、发展规模、发展方向,科学选择城市用地,实现城市合理布局,保护和改善城市国土空间环境等方面提供科学依据(杨万钟,1999)。

本书重点关注城市国土空间的土地资源、生态环境及社会经济下的多个要素,基于城市国土空间内部各要素数量、分布、结构的变化,分析城市国土空间格局的区域分异特征和时空变化规律。其中土地资源包括城区边界和地表覆盖两项基本要素,和以该两项基本要素为载体叠加了城市社会经济属性后所衍生出的各类空间要素及其空间组合,如土地利用、城市功能区、城市低矮杂乱房屋建筑区等专题要素。生态环境包括城市绿地、生态空间两项要素。社会经济中包括人口、产业、交通、空间联系、基本公共服务等多项要素。城市国土空间要素与特征见表2-1。

表 2-1 城市国土空间要素与特征

序号	要素主题	特征	本书重点关注要素
1	土地资源	根据土地资源的类型、数量、构成及空间分布等多项要素,及时获取土地利用状况及动态变化,分析时空规律	城区边界、地表覆盖、土地利用、城市功能区、城市低矮杂乱房屋建筑区等要素
2	水资源	根据水资源的自然条件、功能要求、开发利用效率,按照流域、水系开发、利用和保护要求,体现区域内水资源的分布及变化	无
3	矿产资源	根据各类矿产资源成矿带、矿种、成矿规律、资源量等要素,体现区域内矿产资源的分布特征及变化规律	无
4	生态环境	作为城市国土空间发展的自然本底条件与支撑系统,生态环境涵盖了大气、生物、能源、气候等诸多自然要素,根据以上各类要素体现区域内生态环境的状况及动态变化	城市绿地、生态空间
5	社会经济	根据各区域GDP、人口密度、交通和城镇发展等社会经济状况,识别区域社会经济要素布局与经济发展现状,促进城市人力、物力资源的合理利用与科学布局	人口、产业、交通、空间联系、基本公共服务

2.2 城市国土空间要素遥感监测现状

2.2.1 城区边界遥感监测进展

1. 城区相关概念及定义

城区，即城市区域、城区范围，是一个以空间位置为基础的概念，涉及人口密度、社会经济组织、自然环境向建设用地环境转换，同时城乡边缘存在连续过渡等特征。城区的上述特点增加了其提取难度，准确地掌握城区边界是开展城市扩展研究的前提。目前国内城区相关的概念众多（表 2-2），出发点各不相同，且不能很好地反映城区扩展的时空特征（王浩等，2019）。国外也有"城镇地区""大都市区""城镇化地区""城镇簇"等表述。这些概念的混用对统计、规划、国土建设部门执行城乡人口和经济统计工作造成了诸多困扰。

表 2-2 城区相关概念对照

序号	概念	定义/解释	参考文献
1	市域	城市行政管辖的全部地域	中华人民共和国建设部（1999）
2	市区	有两种含义，一种含义是指城市法定边界（行政区划）内的地域，另一种含义是指城市辖区内地理景观具有城市特征的地域。城市的地理实体范围和城市法定辖区完全一致的情况几乎不存在	《中国大百科全书》总编委会（2002）
3	主城区	城区的中心部分，一般指城区行政中心地带，而不包括周围的市、县（区）、郊区	段德罡和黄博燕（2008）
4	中心城区	城市发展的核心地区，是政治、经济、文化中心等多种综合中心，对城市经济发展起着重要的作用，包括规划建设用地和近郊地区	段德罡和黄博燕（2008）
5	建成区	实际已建设发展起来的城市用地相对集中分布的地区，既包括集中连片的城市用地，又包括散布在近郊区内的城市用地	《中国大百科全书》总编委会（2002）
6	城区	设市城市城区（县城）包括：市本级街道办事处所辖地域；城市公共设施、居住设施和市政公用设施等连接到的其他镇（乡）地域；常住人口在 3000 人以上独立的工矿区、开发区、科研单位、大专院校等特殊区域。 连接是指两个区域间可观察到的已建成或在建的公共设施、居住设施农业用地、园地、林地、牧草地等非建设用地隔断。一般以镇（乡）政府驻地是否与城区（县城）连接为依据，若镇（乡）政府驻地已与城区（县城）连接，则视该镇（乡）与城区（县城）完全连接。 在城市建设统计时，以镇（乡）一级为最小统计划分单位，原则上不要打破镇（乡）的行政区划。 对于组团式和散点式的城市，城区由多个分散的区域组成，或有个别区域远离主城区，应将这些分散的区域相加作为城区	《城市（县城）和村镇建设统计报表制度》（2011年版）（建计函〔2011〕273 号）

序号	概念	定义/解释	参考文献
7	规划城市建设用地	已经被规划部门安排部署的城乡住宅和公共设施用地，工矿用地，能源、交通、水利、通信等基础设施用地，旅游用地，军事用地等十项用地	段德罡和黄博燕（2008）
8	城市开发边界	二者内涵相似，均为"刚性边界"，意义在于将城市的发展更好地与周边区域的发展协调起来，保护耕地及城市周边自然生态环境，试图缓解城市给所在区域的土地、环境、社会等方面带来的压力，使城市发展达到最终合理规模	王峰和张东旭（2010）
9	城市空间增长边界		

市域、市区、主城区、中心城区、规划城市建设用地均为考虑管理职能的边界，若不考虑行政区划和城市规划的调整，其面积具有固定不变属性，不能反映城区的时空扩展特征。城市开发边界和城市空间增长边界是综合考虑城市现有功能和承载力划定的约束性边界，对城市发展进行约束，理论上每个城市的约束性边界只有一个，因此也不能反映城区的时空扩展特征。《城市建设统计年鉴》中的城区依据《城市（县城）和村镇建设统计报表制度》，考虑了城区的时空扩展特征，并详细描述了城区可能分布的地域和范围，但其城区的最小单元为镇（乡），其将镇（乡）行政管辖范围整体上归入或排除到城区范围，与城市实际边界存在一定的差距。建成区更能够反映城市实际建设和发展边界，但目前的建成区数据多通过地方城市上报到住房和城乡建设部的方式予以统计，且存在建成区划定标准不统一、上报的建成区多为统计数字、缺少空间化表征等缺点。在城区范围的空间界定层面，国际通用的划分指标是空间特征和人口特征。空间特征包括城市景观、用地开发强度、建筑密度、基础设施的完善程度等。人口特征包括人口密度、人口规模、人口聚集度、人口的就业构成等。但不同国家、地区根据当地特色所采用的人口特征阈值不同，影响了横向的比较（Zhu et al.，2019）。

2. 城区边界遥感监测方法

传统的城区边界划分根据城镇化和行政区划变动情况，国家定期开展，各级统计部门负责组织实施。通过地方统计人员的培训和地区"城乡地域库"的更新来确保城乡划分工作的实施。城乡划分根据统计人员对"连接"的理解不同，结果存在不一致性。遥感（remote sensing，RS）和地理信息系统（geographic information system，GIS）技术的发展，能够直观地从空间上了解城镇化的发展进程，为监测、管理、分析城镇化进程及城市景观变化提供了最为有效的信息源，为城乡划分提供了快速、准确的方法，能够大大提高工作效率和精度。

1）基于中低分辨率遥感影像的城区边界提取

学者利用中分低辨率遥感影像（劣于 5m）对城区边界提取时选用的特征不尽相同，涉及了行政边界、人口规模和人口密度、基于用地功能的土地利用分类、基于物理特征的地表覆盖分类等，并且因定义不同，城区面积会产生巨大差异（Mertes et al.，2015；Schneider et al.，2010）。城区通常由建成区（Wang et al.，2012；Son et al.，2012）、不透水面（Gao et al.，2012；Sun et al.，2017；Jat et al.，2008）、建设用地（陈军等，2015；黄季焜等，2007；刘纪远等，2014；Liu et al.，2018）、反映城市物理特征的城市用地（Schneider et al.，2010；Wan et al.，2015）、反映城市功能特征的城市功能用地来表示（Guindon et al.，2004）。所使用的数据源主要是 MODIS 及 Landsat 系列为主的中低分辨率遥感影像，囊括了全球、国家、地区、城市等不同研究尺度。利用中低分辨率遥感影像提取城区存在混合像元、光谱混淆等技术问题，难以精确划分城区边界，且城区结果缺乏空间细节、面积偏大、产品精度较差，不能充分体现城乡发展差异特征（王雷等，2012；张翰超等，2018）。

2）基于高分辨率遥感影像的城区边界提取

相比于中低分辨率遥感影像，高分辨率遥感影像（优于 5m）具有地物边界清晰、空间信息丰富的优点，在很大程度上减少了混合像元效应，有利于城市精细尺度的城区边界提取（Liu et al.，2010；Wang et al.，2018）。但受限于数据处理量大，以及影像空间异质性较强等问题，难以快速获取大区域尺度一致的城区边界。城区边界的自动化、半自动化提取也主要集中在单一城市，且城区多由居民点、建筑物等地表覆盖表征（陶超等，2010；陈洪等，2013），提取对象与城区并不相同。少数学者在居民点提取结果的基础上，结合行政区划边界数据、地名地址信息、城市道路网数据，通过构建一系列城区边界提取规则对居民点进行了二次修改，得到了较为精确的城区结果（宁晓刚等，2018a；Wang et al.，2018）。该提取方法借鉴了城镇的实体地域表达思想，城区边界能够空间化表达，但二次修改的自动化程度有待提高。

3）基于 GIS 技术和其他数据的城区边界提取

针对城乡划分中面临的"连接判断"这一关键问题，部分学者提出了基于 GIS 技术结合其他数据的城区边界提取方法，目前国内仅有少数学者利用高分辨率影像予以探讨，且连接判断的标准并不相同。有学者通过与主城区的连接（桥梁、道路等）距离进行判断（冯健等，2012；宁晓刚等，2018b），有学者采用信息熵的方法将景观紊乱度与人口密度结合对城乡进行隔离判断（周小驰等，2017），也有学者利用乡（镇）或居（村）委会内建设用地比例判断是否属于连接（惠彦等，2009）。夜间灯光数据（defense meteorological satellite program/operational linescan system，DMSP/OLS；national polar-orbiting partnership/visible infrared imaging radiometer suite，NPP/VIIS 等）能够探测地表的城市夜间灯光，辨别乡村地区的黑暗背景，并与人口、GDP、用地量有着显著的相关性（Hara et al.，2010；Ma et al.，2012），为连接判断提供了崭新的思路。已有较多学者利用夜间灯光数据对城区进行了提取和变化分析（刘沁萍等，2014；毛卫华等，2013；Shi et al.，2014）。但夜间灯光数据分辨率较低，需要同高分辨率影像等数据结合才能达到理想的精度。兴趣点（point of interest，POI）数据标注了建设用地的属性信息，能够在一定程度上为用地特征提供参考，从而辅助用于连接判断和城区边界提取（许泽宁和高晓路，2016；方斌等，2017）。不同的连接判断方法之间缺少比较，不同数据源的使用对城区的划定影响有待探讨。

总体而言，城区边界提取从数据源上经历了类型从单一到多源，分辨率从低到高的过程；判别的最小单元经历了从像素到对象再到功能区、场景的过程。随着遥感技术的飞速发展和影像分辨率的提升，利用高分辨率影像实现城区的自动提取逐渐成为研究热点，但现有方法大多适用性不强，主要针对少数城市进行实验性探索，尚未形成完善的体系。同时目前还没有一个高分辨率影像条件下的清晰、明确、系统的城区概念，各研究获取的城区边界成果标准难以统一。连接判断具有很强的主观性，不同的连接判断方法和数据源的选用对城区的划定影响差异有待进一步深入探讨。因此研究客观准确、一致可比的高精度城区边界划定方法，对于城乡空间满足国家新型城镇化决策和管理需要，从而真实掌握土地城镇化和人口城镇化进程，为及时诊断城镇化发展中的问题，优化城市土地利用结构和空间形态，有效提高城乡管理效率和人地协调发展具有重要意义。

2.2.2　城市土地覆盖/土地利用遥感监测进展

城市是人类高密度聚居和经济高度发达的区域，不同类型的土地覆盖/土地利用在城市地区的不同组合，形成空间配置相异的城市土地覆盖/土地利用信息，体现了城市不同的发展阶段和特征。城市土地覆盖/土地利用与传统的土地覆盖/土地利用在特点、分类体系、监测方法等方面基本一致。不同的是城市下垫面的复杂程度更高，在针对城市的各类专题研究中，城市土地覆盖/土地利用信息的提取往往需要更高分辨率的遥感数据，以获取更详细的分类结果。

1. 土地覆盖/土地利用遥感监测的特点

1）土地覆盖
土地覆盖，也称地表覆盖，是指被自然营造物和人工建筑物所覆盖的地表诸多要素的综合体，包括地表植被、土壤、冰川、河流、湖泊、沼泽湿地及各种人工设施（建筑物、道路等），主要侧重描述地球表面的自然属性，具有特定的时间和空间特性。

2）土地利用
土地是国土空间的载体和重要组成部分，人们根据自身物质生活和精神的需要对其活动范围内的土地进行了不同程度的开发和利用，而土地利用就是土地的利用状态和自然状态的外在表现。土地利用既受自然条件制约，又受社会、经济、技术条件影响，土地利用方式和利用程度是这些因素共同作用的结果，包括耕地、林地、草地、园地、居住用地、工矿仓储用地、公共管理与公共服务用地等类型，侧重于描述土地的社会人文属性。土地利用数据对于国民经济各部门和各行业间合理分配土地资源，采用各种措施开发、整治、经营、保护土地资源，提高土地利用效率具有重要意义。

3）土地覆盖和土地利用的区别与联系
土地覆盖和土地利用是在土地的基本概念与定义基础上产生及发展的，并随遥感技术的应用与发展日益受到关注，两者既有区别又有联系，以往的土地分类和地图制图表示中常常将两者混淆起来。土地覆盖反映的是地表自然营造物和人工建造物的自然属性或状况，侧重反映土地的自然属性，而土地利用主要侧重反映土地的社会属性（人类对土地的利用方式和目的意图），影响因素既包括自然因素（如气候、地形地貌、土壤、水文、地质条件），又包括社会经济因素（如社会制度、政策、城镇化与工业化、区位、交通条件、成本效益、土地利用现状）。同时，土地覆盖和土地利用又有紧密联系，相互作用、相互影响。单一的土地利用类型可对应某一种土地覆盖类型（如耕地对应植被），也可能包含不同的土地覆盖类型（如居住用地中包含植被、房屋建筑、裸露地表等），同时一种土地覆盖类型可能支持多种利用方式（如植被对应耕地、园地、林地、草地等）。土地利用变化可能引起土地覆盖变化，大部分土地覆盖变化是人类土地利用驱动的，是对土地利用变化的直接响应（如森林被砍伐或者耕作的速度超过了森林更新能力时，森林将会缩小）。

4）土地覆盖/土地利用遥感监测

土地覆盖/土地利用遥感监测主要是指利用遥感技术掌握土地的类型、数量和空间分布，获得土地覆盖/土地利用数据产品。土地覆盖/土地利用遥感监测包括两方面的内容，通过分类来获取以空间属性为主的状态信息，以及通过监测获取变化信息（张增祥等，2012）。目前国内外的土地覆盖/土地利用监测都是以 3S 技术[①]为基础，充分发挥航天、航空遥感与地面调查互补优势实现土地覆盖/土地利用的多尺度、多频率、多角度、高精度和高效快速监测（陈百明和张凤荣，2011）。

2. 土地覆盖遥感监测方法

1）土地覆盖遥感分类方法

土地覆盖遥感分类研究在近几十年的发展中取得了丰硕的成果，不仅生产出了多种不同分辨率和不同分类体系的区域/全球土地覆盖产品，而且在遥感分类方法方面也取得了许多阶段性的成果。土地覆盖遥感分类方法主体上可以分为目视解译法、非监督分类法、基于训练样本的监督分类法三大类方法。

A. 目视解译法

该方法是基于自身先验知识和遥感影像的光谱、纹理、形状、结构等特征对影像区域进行目视勾绘。其直接利用专家先验知识进行目视判读，故能够保证分类结果具有极高的精度。目前，该方法是众多行业部门生产高精度土地覆盖产品所采用的主要方法，但存在工作量大、效率低、成本高等问题。

B. 非监督分类法

该方法是通过迭代运行非监督聚类算法直到在整个研究区收敛至最优状态，即不事先对分类过程施加任何先验知识，而仅凭遥感影像的地物光谱特征分布规律，将整幅影像从规则的像元聚合为众多独立的聚类类簇。整个聚类过程完全自动化，类簇的破碎度不受控制，并且独立聚类类簇不具备地类属性信息，所以最后需要通过目视交互的方式确定优化各类簇的实际属性信息，并获得最终的土地覆盖产品。尽管该方法在制图效率上存在极大的优势，但当输入数据的维度过高或者数据量过大时整个聚类过程非常耗时（Chen and Peng，2013），而且聚类分析模型初始化时通常需要输入先验类簇数量。已有研究表明，目前还没有成熟的算法能够给定最优初始类簇数量（Romesburg，2004）。此外，整个聚类过程完全自动化可能导致迭代陷入局部最优而不是全局最优状态，并且对聚类类簇进行目视标记时往往需要额外引入一些后处理手段（Furby et al.，2008）。

---

① 地理信息系统（geographic information system，GIS）、遥感（remote sensing，RS）和全球导航卫星系统（global navigation satellite system，GNSS）的统称和集成。

C. 基于训练样本的监督分类法

该方法实质是将待分类数据同化到先验参考训练样本的过程。其中训练样本的置信度是影响最终土地覆盖产品精度的最关键因素（Foody and Mathur, 2006; Shao and Lunetta, 2012）。因此训练样本在收集时必须包含研究区内所有的地物类型，且分类器无法识别出未知地类，仅能够根据训练样本构建对应的提取规则（Foody, 2004）。另外，训练样本中各地类的样本分布和样本平衡等也会影响最终分类精度（Foody and Mathur, 2006; Jin et al., 2014）。因此在收集训练样本时需要注意样本的分布、样本量、样本平衡以及样本异常值问题（Zhu et al., 2016）。随着计算机和模式识别技术的不断发展，监督分类技术也在不断更新和发展，从最初的参数分类器，如最大似然分类（maximum likelihood classification, MLC）、贝叶斯分类（Bayesian classification）等，逐步过渡到非参数分类器，如决策树（decision tree, DT）、支持向量机（support vector machine, SVM）、人工神经网络（artificial neural network, ANN）和随机森林（random forest, RF）等。总体上，基于训练样本的监督分类方法在执行效率、分类性能和精度等方面均具有显著的优势，所以其在区域/全球土地覆盖分类中被广泛应用。随着人工智能技术的发展，出现了基于已有土地覆盖产品自动生成训练样本，不再需要人为干预选取训练样本的方法。该方法保证了整个分类过程的全自动化，也保证了庞大的样本量以及较为均匀的样本空间分布，此外土地覆盖产品的分类体系不再受专家先验知识的约束，可以直接从先验土地覆盖产品中继承。因此，该方法在近年来也被广泛应用于多种土地覆盖分类中。

2）土地覆盖遥感变化检测方法

遥感变化检测是指利用多时相遥感数据，采用多种图像处理和模式识别方法提取变化信息，并定量分析和确定地表变化的特征与过程（赵英时，2013）。近几十年来，国内外学者对于土地覆盖遥感变化检测方法进行了大量研究和应用，各种变化检测方法之间也出现了一些交叉和重叠，总体上可以分为光谱类型特征分析法、光谱变化向量分析法、时间序列分析法和深度学习法。

A. 光谱类型特征分析法

光谱类型特征分析法主要基于不同时相遥感图像的光谱增强、分类和计算，确定变化的分布和类型特征，包括多时相图像叠合、图像代数运算、多光谱变换、分类后比较等方法。

（1）多时相图像叠合法是将多个时相的遥感影像进行叠加，从而对相对变化的区域进行显示增强，再根据变化类型进行分类，是一种简易有效的定性变化检测方法，也称直接分类法（任秋如等，2021）。

（2）图像代数运算法是一种较简单的变化区域及变化量识别方法，主要包括图像差值法、比值运算法、图像回归法等。其中，图像差值和比值运算分别是将两个不同时相、同一波段影像的对应像元值进行相减和相除，生成差值图像或比值图像，进而来推断影像中的变化状况（Johansen et al., 2010; 张晗等，2016）。两种方法相对简单，但仅能反映变化与未变化的信息（任秋如等，2021），适用于地物类型单一、色调纹理均匀、变化特征明显的情况，当影像特征比较复杂时，需配合其他方法综合使用（孙晓霞等，2011）。图像回归是假定两个不同时相影像的像元值之间存在一定的线性相关关系，通过线性回归得出关系表达式，再利用回归函数计算出后时相的像元预测值，然后减去前时相的原始像元值，从而获得两个时相间的回归残差影像，最终以阈值法确定变化区域（张振龙等，2005）。该方法中一个重要的步骤就是阈值的选定，主要有阈值选择算法或手动确定阈值，这也是变化检测的研究热点之一（张涛和温素馨，2017）。

（3）多光谱变换法是通过不同的影像变换方法消除影像冗余性，将原多波段中的有用信息集中到少数的组分中，使得变化信息在新图像上得到增强（张涛和温素馨，2017），最终对变化信息进行分类处理，以获得变化的分布、大小、类型等特征。该方法又称"分类前比较法"，主要包括主成分分析（principal component analysis，PCA）、缨帽变换（tasseled cap transformation，TCT）等。虽然该方法操作简单，检测速度快，但由于影像间存在"同谱异物"和"同物异谱"现象，往往会出现虚假变化信息，造成判断错误。

（4）分类后比较法是比较经典的方法，主要是对不同时相影像分别进行独立面向对象影像分类（包括监督和非监督分类），然后再对分类结果进行逐个像元的比较，最终获取变化区域（睢海刚等，2018）。

B. 光谱变化向量分析法

光谱变化向量分析法是基于不同时相影像之间的辐射变化，着重对各波段差异进行分析，确定变化强度和变化方向特征，是一种特征向量空间变化检测方法（张振龙等，2005）。具体是通过对两个不同时相的遥感影像的光谱进行测量与计算，来描述前时相到后时相的光谱变化的方向和数量；每个像元可以生成一个具有变化强度（大小）和变化方向两个特征的变化向量；最终输出变化强度和变化方向的两种影像，并由此生成变化类型图（分布、大小），以提取区域变化信息。光谱变化向量分析法的主要优点在于可以利用较多甚至全部波段信息来检测变化像元，主要不足在于变化阈值的确定比较困难（何春阳等，2001）。

C. 时间序列分析法

时间序列分析法主要针对长时间序列遥感影像的时间趋势分析，强调利用遥感连续观测数据分析地面检测对象的变化过程与变化趋势。相比两个时相影像的变化检测方法，时间趋势分析对遥感影像时间分辨率要求比较高，更聚焦于中低空间分辨率影像。影像空间细节的损失使得自动分类的精度非常低，因而时间序列分析通常只用于大面积目标的变化分析，如植被变化、土地覆盖变化等，其中归一化植被指数（normalized differential vegetation index，NDVI）、土地覆盖面积等定量参数常作为度量的变量用于该方法中（睢海刚等，2018）。

D. 深度学习法

基于深度学习的遥感影像变化检测方法能直接从双时相或多时相甚至时间序列遥感影像中学习到变化特征，通过变化特征对影像进行分割最终得到变化图，而且学习到的特征具有很好的鲁棒性（任秋如等，2021）。当前有许多基于深度学习的遥感影像变化检测方法，主要包括卷积神经网络、深度信念网络、递归神经网络、堆栈自编码网络、深度神经网络等。

3. 土地利用遥感监测方法

1) 土地利用遥感分类方法

土地利用更关注土地的社会经济属性，而单纯的遥感影像数据只反映了城市土地利用的自然属性，故单纯依赖遥感影像数据无法得到较为准确的土地利用信息。现有土地利用遥感分类方法主要分为传统的人工目视解译结合实地调查法和多源数据融合的机器学习分类法两种。

A. 人工目视解译结合实地调查法

该方法属于传统基于遥感数据的土地利用分类方法，首先通过采集遥感影像、地形图、专题图和历史资料等辅助资料，并进行数据预处理，然后根据各地类的影像特征建立解译标注，通过人工目视解译进行逐地类判读和界线勾绘，最后针对目视解译无法判别的地类再进行实地调查。该方法需要投入大量的人力、物力和时间，昂贵且耗时，同时在内业信息提取时会存在一定的主观性，因此对作业人员的专业技能要求较高。但是该方法得到的数据产品精度高，可直接应用于实际业务中。

B. 多源数据融合的机器学习分类法

该方法将遥感影像和多源地理大数据结合，采用不同的机器学习算法识别土地利用类型。从数据源来看，除了基础的卫星遥感影像外，使用的多源地理大数据主要包括 POI 数据、出租车轨迹数据、公交地铁刷卡数据、手机信令数据、多媒体社交数据（如微博、微信、Twitter）、开放街道地图（open street map，OSM）数据、夜间灯光数据等（Ratti et al.，2006；Aubrecht et al.，2016；卢志伟，2018）。其中，POI 数据为城市土地利用分类研究提供了大量的语义信息，包括名称、地址、功能、经纬度等，可以描述地理空间中各类商业性设施和社会服务性设施，蕴含着丰富的人文经济特征，是土地利用类型识别最常用的一种数据源。其余诸如出租车轨迹数据、公交地铁刷卡数据、手机信令数据、多媒体社交数据和夜间灯光数据等是通过记录人群的空间活动模式，采用聚类算法判断出每种模式对应的土地利用类型。OSM 数据常常作为土地利用类型识别中地块划分的一种辅助数据使用。现有研究多是利用遥感影像结合上述某一种类型数据进行土地利用识别和分类，但因每一种地理大数据都有其自身的局限性，也有研究人员将多种数据结合起来进行土地利用分类。所采用的机器学习算法主要是标记样本的监督分类算法，具体包括 k 最近邻（k-nearest neighbor，KNN）（Marc and Massimiliano，2014）、决策树（Yang et al.，2017）、支持向量机（Zhang et al.，2020）、随机森林（Yao et al.，2017；Shi et al.，2019）、人工神经网络等。另外也有少数学者采用诸如高斯混合模型、K 均值、核密度分类、层次聚类、时间序列聚类等非监督学习算法进行土地利用分类的研究（宋雪涛等，2015；Tu et al.，2018；Yuan et al.，2020）。近年来也有少数学者为了解决监督分类方法样本标注耗费成本高的问题，将半监督分类的机器学习算法引入土地利用分类的研究中（张扬，2021）。

多源数据融合的机器学习分类法通过充分挖掘多源地理大数据中的人类活动时空模式，以及更高层次的土地利用信息以达到识别土地利用类型的目的，相比传统的遥感解译结合实地调查的方法具有效率高、成本低的优势。但这些方法得到的土地利用数据往往只能识别出某几种特定类型的用地信息，并且划分的空间单元粒度普遍较大，难以确保其中包含的土地利用类型是同质的。同时社交媒体数据位置信息不足，精度难以保障，难以满足国土空间规划的需求，距离实际应用尚有一定差距。因此，目前国家层面常态化的土地利用调查遥感监测方法仍采用人工目视解译结合实地调查法。

2）土地利用遥感变化检测方法

土地利用遥感变化检测主要有分类后比较法和直接变化检测法，前者是基于遥感影像目视解译分析对比不同时相土地利用差异，或者利用新的土地利用分类图与旧的比较，获得变化区域，效率和精度往往较低。随着土地利用遥感变化检测技术的发展，场景变化检测分析技术已经发展成为直接变化检测技术的一个新方向。场景变化检测分析就是在语义层次分析多时相对应场景的语义类别是否发生变化，以及发生了何种变化（Chen et al.，2016），由于地物变化有其规律性，基于语义的场景变化检测能够反映出该区域语义层次的土地利用变化信息。相较于仅能检测道路、建筑物和植被变化的低层次分析，语义层次分析能够检测居民区变化和工业区变化，更能为城市研究提供符合人类语义概念的信息。但往往由于遥感影像场景内部地物分布的多样性，很难直接从影像的像素级底层特征直接进行场景语义解译，即存在"语义鸿沟"问题（Zhao and Du，2016）。因此该方法目前仍处于研究探索阶段，实际应用中的土地利用遥感变化检测仍是通过人工目视解译结合实地调查的方式开展。

综上，现有实际应用于业务管理的城市国土空间要素监测仍以遥感影像数据源为主，与地理信息数据、新型大数据的多源协同监测不足，能够满足国土空间规划需求的功能和属性等特征刻画较为缺失。单一的遥感影像数据源难以满足国土空间规划对于城市国土空间精准表达的需求。随着我国地理国情监测、全国国土调查、年度国土变更调查等国家重大工程的实施，地理信息愈加丰富。地理信息数据中蕴含的城市国土空间等诸多先验知识，是城市国土空间要素监测的重要数据来源。夜间灯光、手机信令、微博、微信、POI等各类新型地理空间大数据日益完善，有助于对城市国土空间要素获取更加全面的功能和属性信息，也为城市的人口、经济、公共服务设施数据等各类属性信息获取提供了可能。因此需要深入研究多源数据集成和协同监测技术方法，不断解决现有方法存在的成果精度低和实用性不强等问题，从而为开展面向国土空间规划的城市国土空间遥感监测与应用提供支撑。

2.3 城市国土空间要素产品

随着城市信息化应用水平的不断提高，涉及城市的时空数据或产品呈现爆炸式增长，城市国土空间要素数据产品可划分为基础时空数据、公共专题数据、物联网实时感知数据等类型（田立征等，2021）。其中基础时空数据主要包括土地覆盖、土地利用、城市不透水面（impervious surface area，ISA）、城区边界、城市绿地、城市森林、城市湖泊、城市交通网络、城市房屋建筑、城市地下管线等地理实体数据，自然地名（山河湖海等）、人文地名（行政区域名、小区名、街巷名、门址等）和其他专业地名（台、站、名胜古迹、纪念地等）等地名地址数据，全景及可量测实景影像、倾斜摄影数据、激光点云数据、室内地图数据、地下空间数据、建筑信息模型数据、街景数据等新型测绘产品数据以及电子地图数据、三维模型数据等。公共专题数据主要包括经济普查数据、政府部门统计数据等宏观经济数据，城市兴趣点数据，以及公安、工商、人社、卫计、食药监、商务、教育、民生等电子证照数据。物联网实时感知数据主要包括影像数据、视频监控数据等实时获取的基础时空数据，手机信令数据，环保、交通、公安、城管、气象、水文、灾害应急、能源监测等实时行业专题数据等。本书重点讨论土地覆盖、土地利用、地理国情普查与监测、城市不透水面、经济普查、夜间灯光数据等几种常见或易于获取的城市国土空间要素数据产品。

2.3.1　中低分辨率土地覆盖产品

长期以来，全世界有很多机构都在研究准确获得全球土地覆盖数据的方法，并取得了一系列成果。随着卫星数据的陆续免费共享，全球尺度土地覆盖产品也经历了粗分辨率到中高分辨率、单期到连续多期的过渡。目前国际上已经有十多套全球土地覆盖产品，空间分辨率从公里级到 10m 不等（张肖，2020）。我国对于土地覆盖制图的研究起步较早，也取得了许多代表性的成果，如中国科学院刘纪远等利用分层分类策略对时序 Landsat 数据集进行分类制图，生产了 1990 年、1995 年、2000 年、2005 年、2008 年、2010 年和 2015 年七个基准年份的中国区域 30m 高精度土地覆盖产品（总体精度保持在 92.9% ~ 97.6%），并且各期产品在时间维度具有极高的连续性，能够支持连续的变化检测分析（刘纪远等，2002；张增祥等，2009，2012）。清华大学宫鹏等利用 Landsat5/7/8、中国高分卫星、资源卫星、环境卫星和地形等数据生产了全球 30m 土地覆盖产品（Liu et al.，2020），同时基于 Sentinel-2 全球影像和 GEE（Google Earth Engine）平台，生产了世界首套 10m 分辨率的全球土地覆盖产品（Gong et al.，2019）。中国科学院吴炳方等基于面向对象的分类方法从时序 Landsat 数据中生产了 2000 年、2005 年和 2010 年三个基准年份的中国区域 30m 土地覆盖产品（吴炳方等，2016）。此外，我国从 2010 年开始启动了国家高技术研究发展计划（简称 863 计划）"全球地表覆盖遥感制图与关键技术研究"重点科研项目，目前已研制形成了 2000 年、2010 年和 2020 年 30m 分辨率全球土地覆盖数据集，包含了更加丰富详尽的全球土地覆盖空间分布信息，能更好地刻画大多数人类土地利用活动及其所形成的景观格局（陈军等，2017；廖永生，2020）。

尽管全球土地覆盖遥感监测研究在近几十年的发展中陆续积累了十多套产品，但其中多以中低分辨率为主（<30m），并且产品之间由于分类体系、空间分辨率和分类精度等差异导致兼容性不高，在实际应用中存在较大局限性。现有数据产品更适宜用于研究宏观尺度上的生态环境及气候变化等，对于城市较为中观和微观尺度的研究适应性不足，急需高分辨率遥感数据提取的更高精度城市土地覆盖数据产品。

2.3.2　全国国土调查土地利用产品

从 20 世纪 80 年代初期以来，根据土地管理的需要，我国土地调查采用过不同的分类，如 1984 年分类体系、2002 年分类体系、2007 年过渡时期分类体系、2017 年分类体系。2017 年的《土地利用现状分类》国家标准采用一级、二级两个层次的分类体系，共分 12 个一级类、75 个二级类。其中一级类包括耕地、园地、林地、草地、商服用地、工矿仓储用地、住宅用地、公共管理与公共服务用地、特殊用地、交通运输用地、水域及水利设施用地以及其他土地。

1997 年，我国全面完成了第一次全国土地利用现状调查，在制订包括八大类、46 个二级类的土地利用分类体系的基础上，基本查清了全国土地利用状况，包括各种土地利用类型的面积、分布和权属（所有权）状况。2009 年完成了第二次全国国土调查，至此我国初步建立了国土资源动态监管"一张图"，实现了遥感影像、土地现状、遥感成果、基础地理信息等多要素融合。经与国土资源部门行政监管系统（申请、审批、供应、补充、整理、执法等）叠加，构建了监管平台，实现了"天上看、网上管、地上查"的动态监测管理目标。2020 年完成了第三次全国国土调查，全面细化和完善了全国土地利用基础数据，掌握了翔实准确的全国国土利用现状和自然资源变化情况。第三次全国国土调查实地考察了土地的地类、面积和权属，全面掌握了全国耕地、种植园用地、林地、草地、湿地、商业服务业、工矿、住宅、公共管理与公共服务、交通运输、水域及水利设施用地等地类分布及利用状况；细化了耕地调查，全面掌握了耕地数量、质量、分布和构成；同时开展了低效闲置土地调查，全面摸清了城镇及开发区范围内的土地利用状况；同步推进了相关自然资源专业调查，整合相关自然资源专业信息；建立了互联共享的覆盖国家、省、地、县四级的集影像、地类、范围、面积、权属和相关自然资源信息为一体的国土调查数据库，完善了各级互联共享的网络化管理系统；健全了国土及森林、草原、水、湿地等自然资源变化信息的调查、统计和全天候、全覆盖遥感监测与快速更新机制。

2.3.3 地理国情普查与监测数据产品

地理国情主要是指地表自然和人文地理要素的空间分布、特征及其相互关系，是基本国情的重要组成部分。地理国情普查是一项重大的国情国力调查，是全面获取地理国情信息、掌握地表自然、生态以及人类活动基本情况的重要手段和基础性工作。地理国情监测是综合利用全球导航卫星系统、航空航天遥感技术、地理信息系统技术等现代测绘技术，综合各时期测绘成果档案，对地形、水系、湿地、沙漠、地理形态、地表覆盖、道路、城镇等要素进行动态和定量化、空间化监测，并统计分析其变化量、变化频率、分布特征、地域差异、变化趋势等，形成反映各类资源、环境、生态、经济要素的空间分布及其发展规律的监测数据、地图图形和研究报告等，从地理空间的角度客观、综合展示国情国力。

我国于 2013 年启动了全国第一次地理国情普查，并将地理国情普查与监测作为一项重要战略需求，其任务是逐步建立和完善国家级地理国情动态监测信息系统，为政府、企业和个人提供科学可靠的空间信息服务。该项工作于 2015 年全面完成，是我国测绘地理信息的重要成果。在此基础上，我国从 2016 年起对第一次地理国情普查成果开展逐年更新，首次实现了我国高精度的多时间序列地表覆盖数据产品全覆盖，是我国目前精度最高的地表覆盖数据产品。截至目前，已形成了 2015～2021 年连续 7 年的全国地理国情监测数据集产品，为我国的城市国土空间格局研究提供了翔实的数据支撑。

地理国情数据分类对象主要包括地表形态、地表覆盖和重要地理国情要素（简称"地理国情要素"）三个方面。地表形态数据反映地表的地形及地势特征，也间接反映地貌形态。数字高程模型（digital elevation model，DEM）是反映地表形态常用的计算机表示方法。地表覆盖分类信息反映地表自然营造物和人工建造物的自然属性或状况。地表覆盖不同于土地利用，一般不侧重于土地的社会属性，如人类对土地的利用方式和目的意图等。地理国情要素信息反映与社会经济生活密切相关、具有较为稳定的空间范围或边界、具有或可以明确标识、有独立监测和统计分析意义的重要地物及其属性，如城市、道路、设施和管理区域等人文要素实体，湖泊、河流、沼泽、沙漠等自然要素实体，以及高程带、平原、盆地等自然地理单元。

地理国情监测内容分为 10 个一级类、59 个二级类、143 个三级类。其中，一级类名称、代码和定义见表 2-3。

表 2-3　地理国情监测内容分类

代码	一级类名称	定义	二级类数量	三级类数量
0100	种植土地	指经过开垦种植粮农作物以及多年生木本和草本作物，并经常耕耘管理、作物覆盖度一般大于 50% 的土地。包括熟耕地、新开发整理荒地、以农为主的草田轮作地；各种集约化经营管理的乔灌木、热带作物以及果树种植园及苗圃、花圃等	9	13
0300	林草覆盖	指实地被树木和草连片覆盖的地表。包括乔木、灌木、竹类等多种类型，以顶层树冠的优势类型区分该类下位类；包括草被覆盖度在 10% 以上的各类草地，含林木覆盖度在 10% 以下的灌丛草地和疏林草地	10	20
0500	房屋建筑（区）	包括房屋建筑区和独立房屋建筑。房屋建筑区是指城镇和乡村集中居住区域内，被连片房屋建筑遮盖的地表区域。具体指被外部道路、河流、山川及大片树林、草地、耕地等形成的自然分界线分割而成的区块内部，由高度相近、结构类似、排布规律、建筑密度相近的成片房屋建筑的外廓线围合而成的区域。独立房屋建筑包括城镇地区规模较大的单体建筑和分布于分散的居民点、规模较小的散落房屋建筑	5	10
0600	铁路与道路	从地表覆盖角度，包括有轨和无轨的道路路面覆盖的地表。从地理要素实体角度，包括铁路、公路、城市道路、匝道及乡村道路	5	5
0700	构筑物	为某种使用目的而建造的、人们一般不直接在其内部进行生产和生活活动的工程实体或附属建筑设施［《民用建筑设计术语标准》（GB/T 50504—2009）］。其中的道路单独列出	9	29
0800	人工堆掘地	被人类活动形成的弃置物长期覆盖或经人工开掘、正在进行大规模土木工程而出露的地表	4	14
0900	荒漠与裸露地	指植被覆盖度长期低于 10% 的各类自然裸露地表。不包含人工堆掘、夯筑、碾（踩）压形成的裸露地表或硬化地表	5	5

续表

代码	一级类名称	定义	二级类数量	三级类数量
1000	水域	从地表覆盖角度,是指被液态和固态水覆盖的地表。 从地理要素实体角度,本类型是指水体较长时期内消长和存在的空间范围	5	8
1100	地理单元	按照规划、管理、识别或利用的需求,按一定尺度和性质将多种地理要素组合在一起而形成的空间单位	4	36
1200	地形	反映地表空间实体高低起伏形态的信息	3	3
总计/类	10	—	59	143

2.3.4 夜间灯光相关数据产品

夜间灯光数据主要获取夜间无云条件下地表的可见光信息。相比于传统的遥感卫星影像,夜间灯光数据记录的地表灯光强度信息更能直接反映人类活动,因而被广泛应用于人文地理和经济研究等多个领域。主流夜间灯光数据包括 DMSP/OLS、NPP/VIIRS、珞珈一号等。

自夜间灯光数据面世以来,全世界诸多学者不断挖掘夜间灯光应用于城市的研究潜能,并获得了一系列产品。随着夜间灯光数据时间序列的不断延伸,其产品也经历了由短期产品到长时间序列的过渡。目前国际上已经有十多套夜间灯光产品,如美国国家海洋和大气管理局(National Oceanic and Atmospheric Administration,NOAA)下属的国家地球物理数据中心(National Geophysical Data Center,NGDC)基于 DMSP/OLS 灯光数据于 2007 年首次发布了全球 1km 分辨率的地表不透水面数据;Zhao 等(2022)基于 1992~2020 年夜间灯光数据生产了全球城市边界产品;Liu 等(2015a)利用 DMSP/OLS 和 MODIS 数据,基于归一化城区综合指数(normalized urban areas composite index,NUACI)模型绘制了 2000 年、2005 年和 2010 年中国的城市不透水面产品;Chen 等(2019)利用 DMSP 与 MODIS 产品绘制 2000~2012 年全球城市区域产品;Wu 等(2021)基于时序夜间灯光数据开发了新一代跨传感器校正 1992~2019 年中国"类 DMSP-OLS"夜间灯光遥感数据集;Kuang 等(2021)结合夜间灯光数据、Landsat 影像、土地利用数据等多源数据开展全球城市扩展与土地覆盖动态遥感制图;Doll 等(2000)将夜间灯光与人口 GDP 及温室气体排放的高相关性投射在空间格网上制作了全球人口、GDP 和温室气体排放的空间格网数据产品。

2.3.5 经济普查数据产品

经济普查是为了全面掌握我国第二、第三产业的发展规模、结构和效益等情况,建立健全基本单位名录库及其数据库系统,为研究制定国民经济和社会发展规划,提高决策和管理水平奠定基础所进行的全面性调查。最近的两次经济普查为 2013 年全国第三次经济普查和 2018 年全国第四次经济普查。全国经济普查的对象是在我国境内从事第二和第三产业的全部法人单位、产业活动单位和个体经营户。经济普查数据产品包含营业收入、法人单位数、各行业从业人员数等数据。区县尺度营业收入，代表该地区产业发展情况。区县法人单位数及分产业从业人员数作为经济普查中重要数据，也是普查区域的市场主体，很大程度上反映城市经济活力及产业发展趋势。其中，第二产业是指采矿业（不含开采辅助活动），制造业（不含金属制品、机械和设备修理业），电力、热力、燃气及水生产和供应业，建筑业。第三产业即服务业，是指除第一、第二产业以外的其他行业。按照《国民经济行业分类》（GB/T 4754—2017）中规定对第二、第三产业进行细化分类。

2.3.6　城市不透水面数据产品

城市不透水面是指雨水不能渗透的地表（如沥青、水泥等），主要包括停车场、道路、建筑屋顶等硬化地表。城市不透水面的扩张会在一定程度上阻断城市地表蒸散，增加地表径流，进而对城市热环境、水文等产生影响。作为城市环境的重要基础要素，城市不透水面的提取和监测对于开展城市研究具有极为重要的现实意义。因此，许多国际组织和研究团队越来越关注城市不透水面的动态监测。随着遥感数据与技术的发展，城市不透水面监测经历了从静态到动态、从低分辨率到中高分辨率的发展过程。

目前，国内外城市不透水面产品有近十种，均是基于遥感技术开发得到的。来自美国国家航空航天局（National and Aeronautics and Space Administration，NASA）社会经济数据和应用中心（Socioeconomic Data and Applications Center，SEDAC）的全球人造不透水地表（Global Man-made Impervious Surface，GMIS）数据集是根据 2010 年全球土地调查（Global Land Surveys，GLS）数据集得出的不透水面覆盖率全球估计值。该数据集是全球第一个 30m 不透水面数据集，也是全球人类建成和定居范围（Global Human Built-up and Settlement Extent，HBASE）数据集的配套数据集（Brown de Colstoun et al.，2017）。2016年，欧盟委员会发布的全球类住区图层（Global Human Settlement Layer，GHSL）也是城区不透水面产品的一种，该数据集基于高分辨率、多时相陆地卫星图像训练样本，并利用机器学习模型开发而成，包括 1975 年、1990 年、2000 年和 2014 年四期，总体精度为 96.28%（Martino et al.，2016）。

近年来，我国对于城市不透水面制图的研究取得了丰硕成果。其中，中山大学刘小平根据 1990~2010 年的 Landsat 影像，以五年为间隔，利用 GEE 平台设计并计算了归一化城区综合指数，获得了一套全球高分辨率多时相城市用地产品（Liu et al.，2018）。清华大学宫鹏基于 GEE 平台，绘制了 1985~2018 年全球 30m 分辨率逐年的城市不透水面数据。该数据集是基于长时序的 Landsat 光学影像（近 150 万景）及其他的辅助数据（夜间灯光数据及 Sentinel-1 雷达数据），平均总体精度超过了 90%，特别是在干旱区的制图精度较之前的研究有显著提高（Gong et al.，2020）。中国科学院空天信息创新研究院刘良云提出了基于多源多时相遥感数据的不透水面提取算法和 GEE 平台的全球不透水面产品生产框架，通过将全球 30m 土地覆盖产品、VIIRS 夜间灯光数据以及 MODIS 增强植被指数（Enhanced

Vegetation Index，EVI）图像相结合，采集全球不透水和非不透水训练样本，并利用局部自适应随机森林算法获得了 1985~2020 年全球 30m 不透水面动态数据集（GISD30），该产品总体精度为 95.1%（Zhang et al.，2021）。香港大学张鸿生基于 GEE 平台开发了一个结合光学数据和合成孔径雷达（synthetic aperture radar，SAR）数据的机器学习框架，用于监测中国区域内的不透水面，与单独使用光学数据相比，总体精度平均提高 2%，最终获得 2015~2018 年的时序不透水面数据集（Lin et al.，2020）。武汉大学黄昕提出一种新的全球不透水面地图绘制方法，包括半自动全局样本采集、局部自适应分类和时空后处理技术，并采用自 1972 年来的超过 300 万景 Landsat 影像，研发了一套从 20 世纪 70 年代至今的全球不透水面产品（黄昕等，2021）。中国科学院地理科学与资源研究所匡文慧从中国土地利用/覆盖数据集（China's Land Use/cover Dataset，CLUD）中提取城区边界后，基于 GEE 平台的随机森林算法，通过亚像素分解法检索全国居民点百分比，最终得到 2000 年、2005 年、2010 年、2015 年和 2018 年 30m 分辨率的中国城市不透水面数据产品（Kuang et al.，2021）。

综上，遥感技术是大面积城市不透水面监测的有效手段。光学影像可以捕捉城市表面反射特性，SAR 影像可用于提供有关城市表面材料结构和介电特性的信息，夜间灯光数据也是监测城市不透水面的重要数据源。同时，GEE 等遥感云计算平台的发展，也为大尺度城市不透水面数据集的生产提供了便利条件。然而，当前城市不透水面数据产品多以 30m 分辨率为主，这对于小范围或单个城市的应用研究还不够精细。当遥感影像分辨率增加时，相比城市不透水面数据，更加精细的城市国土空间要素数据将包含更加丰富的土地覆盖/土地利用信息，能够为城市国土空间格局监测分析提供更好的时空地理信息。

2.4 城市国土空间要素遥感监测方法

基于城市国土空间要素的概念和内涵分析、遥感监测现状分析，以及现有的城市国土空间要素产品分析，本书提出了高精度城区边界遥感监测方法，以及城市基本公共服务设施、城市综合交通网络设施、城市低矮杂乱房屋建筑区等城市内部国土空间要素遥感监测方法。

2.4.1 高精度城区边界遥感监测方法

1. 相关术语及定义

1）城区

参考建成区概念，以及《统计上划分城乡的规定》中城区分布地域和范围，充分挖掘高分辨率遥感影像中展现的城市景观和形态等空间可视化特征，从城市实际建设完成情况出发，本书制定了城区标准化提取方法，保证了城区边界提取的一致性。

本书将城区定义为行政区划界线内，以城市空间扩展监测系列时相基期的一个或多个中心城区内的政府所在地为基础，在城乡接合部通过边缘扩展、轴线扩展或多中心扩展等扩展模式发展起来的，具有城市功能和城市景观特征的集中连片空间范围。城区包括以下 3 个区域内符合城区定义的空间范围：①街道办事处所辖地域；②城市公共设施、居住设施和市政公用设施等连接到的其他镇（乡）地域；③面积在 0.6km² 以上独立的工矿区、开发区、科研单位、大专院校、大型社区等特殊区域。

城区的界线为城区边界。

2）行政区划界线

一国领土之内各级行政区域之间由中央政府及各级政府所确认的界线。

城区边界原则上不能突破行政区划界线，对于某些城市存在城区发展超出行政区划界线以外，且地方政府及相关部门已认可该区域作为其城区一部分的情况，城区边界可突破行政区划界线。

3）城市景观特征

以构/建筑物为核心、以自然景观为辅助、以道路为纽带形成的地理景观特征。建筑物和道路等景观要素为主体形成的街区为城市的最主要景观特征，也是城区划定的基本判别依据。

2. 城区边界遥感监测技术流程

按照城区的定义，依据"行政界线"、"扩展模式"、"城市景观特征"和"城市形态"特征，遵从先定性再定量、先宏观再微观的流程，按照"行政界线"限定、"扩展模式"约束、"城市景观特征"符合的原则来实现城区边界的界定，从遥感影像上解译提取城区边界。

城区边界原则上必须位于市辖区行政界线内；城区边界划定必须充分考虑所在城市的扩展模式（只考虑边缘扩展型、轴线扩展型、多中心扩展型、飞地型等类型的城市空间形态演变模式，不考虑内部填充型的城市空间形态演变模式）；城市景观特征以从高分辨率遥感影像解译获取的建筑物和道路为主体的街区为基本判别依据。

城区边界遥感监测过程中首先完成最新时相的城区边界提取，然后按时间倒序依次完成前时相的城区边界提取工作。总体技术流程如图 2-2 所示。

1）数据基础

城区边界提取所使用的基本资料包括遥感影像和行政区划界线，补充资料或参考资料包括地理国情监测数据、基础地理信息数据、城市规划和土地利用、兴趣点等数据资料。

（1）遥感影像。①影像时相。应使用监测目标年获取的卫星/航空遥感影像，对于监测目标年未接收或难以接收光学影像且地表覆盖和地理景观变化较小的地区，可使用监测目标年前后 1 年内的影像。②影像季相。宜采用夏季的影像，北方地区慎用冬季的影像。③影像质量。作业区域影像涵盖的云和薄云覆盖率少于 5% 且不影响城区边界提取。对于真彩色航空影像或者多光谱卫星影像，要求光谱信息丰富、色调真实，建筑物、道路、植被、水体等地物类型的可分性好。相同空间分辨率各时相影像的几何配准精度应小于 2 个像素，不同空间分辨率各时相影像的几何配准精度应保证解译判读需要。④影像空间分辨率。最新时相的影像空间分辨率应优于 2m，其他各历史时期影像空间分辨率应优于 5m。

（2）行政区划界线。①数据时相。应使用监测目标年民政部门最新行政界线数据。

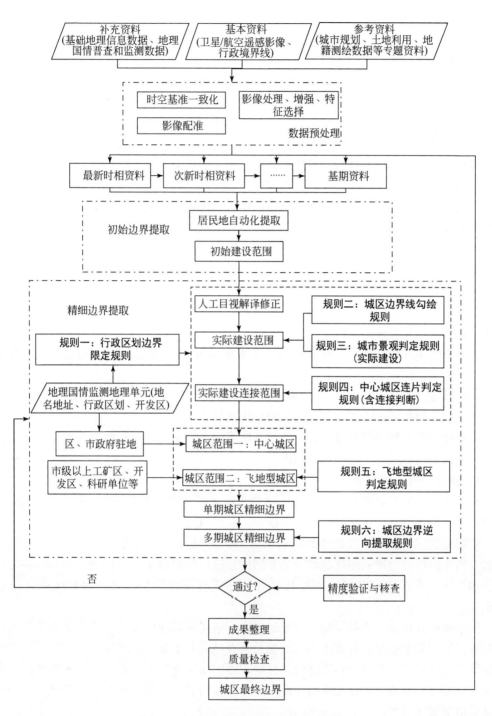

图 2-2 城区边界遥感监测总体技术流程

②比例尺，采用 1：50 000 或更大比例尺。

（3）其他专题数据。①地理国情监测数据。应使用监测目标年的最新数据；数据分类和编码应符合《基础性地理国情监测内容与指标》（CH/T 9029—2019）的规定；可参考的数据内容包括地表覆盖分类数据和地理国情要素数据中的铁路与道路、居住小区、工矿企业、单位院落、体育活动场所、宗教场所、保障性住房建设区等地理单元数据。②基础地理信息数据。应使用监测目标年当年的基础地理信息数据库的成果数据，对于监测时尚未更新的地区，可使用监测目标年前后 1 年内的成果数据；采用 1∶50 000 或更大比例尺；应选取基础地理信息数据中的相关要素类，包括水系、居民地及设施、交通、植被与土质等。③土地利用现状资料。应使用截止到监测目标年当年的土地利用现状资料，对于调查时尚未更新或尚未覆盖的区域，可使用监测目标年前后 1 年内的资料。

2）数据预处理

将收集到的各类参考资料和各类影像数据资料进行预处理。参考资料的预处理工作包括数据镶嵌、裁切、格式转换、坐标系统转换、信息提取等内容；影像数据的预处理工作包括不同时期影像的镶嵌、裁切、配准、波段组合等。

3）初始城区边界提取

将监测城市的所有监测时相的遥感影像进行空间叠加分析，按照城区的定义，首先从历史变迁的视角综合分析所监测城市的整体布局和扩展情况，再按照时相从最新到次新的顺序，逐个时相提取初始城区边界。

如在城区主体范围外，存在面积大于等于 $0.6km^2$ 的飞地型城区，则对其单独提取城区边界。

初始城区边界提取时，以卫星/航空遥感影像为基本数据源，利用居民地自动化提取算法初步提取初始城区边界，即城区的初始轮廓线。

将行政界线与初始轮廓线叠合，若初始轮廓线未完全包含于行政界线内，将位于行政界线外的初始轮廓线修正至界线范围内。

4）精细城区边界提取

初始城区边界提取的初始轮廓线一般位于城乡接合部，需要根据地物的形态和功能，通过人工目视解译，进行初始轮廓线的修正，开展精细城区边界提取。

初始轮廓线修正的方法是将初始轮廓线、遥感影像、基础地理信息数据、地理国情普查和监测数据以及土地利用现状数据等专题信息进行空间叠加，利用补充资料和参考资料的属性特征、影像光谱特征、纹理特征等信息进行综合分析，对初始轮廓线进行精细修正。

精细修正过程中，主要以高分辨率遥感影像解译获取的地理景观类型是否符合城市景观特征、是否集中连片，且其形态和功能是否直接服务于城市需求作为判别标准，检验初始轮廓线的准确性，并进行编辑修改。按照地理国情监测采用的地表覆盖分类体系，在城乡接合部进行精细城区边界提取时，针对紧邻初始轮廓线的各地物类型，遵照如下判别规则确定精细城区边界。

3. 城区边界判别规则

1）行政区划边界限定规则

城区边界原则上应位于城市行政区划界线内（图 2-3），沿海地区存在围填海使得行政区划界线与真实城区边界线不一致的除外。若出现行政区划界线裁切房屋的情况（非沿海），必须严格按照行政区划限定对房屋裁切。对于沿海地区向海域延伸的区域，可不受行政区划界定约束，允许城区边界超出行政区划界线；对于沿海地区岛屿进行城区提取时，可不受行政区划界定约束，根据飞地判别原则判断其是否归入城区。

图 2-3　城区边界超出行政区划界线后修正示例

城市的城区应在该城市的市辖区范围内提取，不包括其县级市和县的范围；没有市辖区的，在政府所在地的行政区划范围内提取。行政区划调整后，以最新的行政区划作为监测范围，同时前时相监测成果需根据最新的行政区监测范围予以修改。前时相未与主体城区连片而最新时相与主体城区连片的建筑区在最新时相中应归入城区，前时相根据飞地判别原则对该建筑区是否归入城区进行判断。例如，前时相为村庄，因其不满足连片判别原则也不满足飞地判别原则故不归入城区。

2）城区边界线勾绘规则

城区边界提取可结合相关补充资料和参考资料，但应以遥感影像为基础，以遥感影像上反映出的城市景观特征为最重要解译依据。城区边界提取的核心工作是在城乡接合部勾绘城区边界线，边界线勾绘时不关注城区内部（非城乡接合部）的用地情况，不扣除城区内部非建设用地。在城乡接合部判定城区边界时，应考虑地物的功能、形态。城区边界线采集精度应控制在5个像素以内。特殊情况可放宽至10个像素以内。

勾绘城区边界过程中应按城区边缘地物实际走向的轮廓勾绘，避免随意勾绘（图2-4）。城区边界线优先沿道路、河流等线性地物的边界勾绘，不能跨越房屋建筑区和构筑物。城区边界线内侧不能有耕地存在。

图 2-4 中左图为正确城区边界，右图为随意勾绘的错误城区边界。

线性地物界线不明显时，城区边界优先沿具有明显界线的完整地块边界线勾绘，如院落或围墙（图2-5）。若地块边界不明显或整个地块内未建成面积比例较大，可按实际建设用地边界勾绘。

图 2-5 中城区边缘的单位院落无道路作为边界时以围墙作为边界线。但是当既无道路也无院墙时，应以房屋外墙作为边界线。

图 2-4　城区边缘地物实际走向的轮廓勾绘城区边界示例

图 2-5　沿围墙勾绘城区边界示例

　　当城区边界落到河岸时，如果河岸周边为城市建设用地绿化景观，则沿河流高水位线勾绘，连同绿化部分归入城区（图 2-6）；否则沿河岸附近道路勾绘。

　　城区被河流分隔且河流应被提取时，沿城区两端直接对河流截取作为城区的一部分（图 2-7）。

3）城市景观判定规则

　　与中心城区相连，且道路连通距离小于 50m 的城市景观要素纳入城区范围。房屋建筑区、构筑物全部纳入城市景观要素；紧邻初始轮廓线的具有城市景观功能的人工绿地纳入城市景观要素；城区范围内的道路纳入城市景观要素；城区范围内低于 1 级或具有城市景观功能、排水功能的河流纳入城市景观要素。对于插花式且不易分割的建筑区（图 2-8），

图 2-6　沿河流勾绘城区边界示例

图 2-7　沿城区两端对河流截取示例

可根据街区块内建筑面积比例而定。若由道路构成的街区块整体上已建成，城区边界沿道路勾绘，若大部分尚未建成可不归入城区。

图 2-8　插花式房屋建筑区影像

4）中心城区连片判定规则

中心城区，即中心集中连片区，是指通过道路与区政府相连，一直向外延伸，直到具有城市景观的建设用地与中心集中连片区边缘的距离超过 50m 或不再具有城市景观。

若连片区域具有明显街区特征应归入城区；若连片区域因受地形限制未形成明显的街区特征，但其他城市景观特征明显的也可归入城区（图 2-9），否则不归入城区（图 2-10）。

图 2-9 中黄色区域的低矮房屋建筑区与中心城区相连。该区域因受地形限制未形成明显的街区城市景观特征，但其中部有两条较高等级的道路穿过且房屋建筑较为规整，该区域可视为满足城市景观特征应归入城区。

图 2-10 中的村庄与其上方的中心城区相连，其他方向均为耕地或草地等非建设用地，没有形成以建筑物和道路为主体的街区这一基本城市景观特征，不应归入城区。

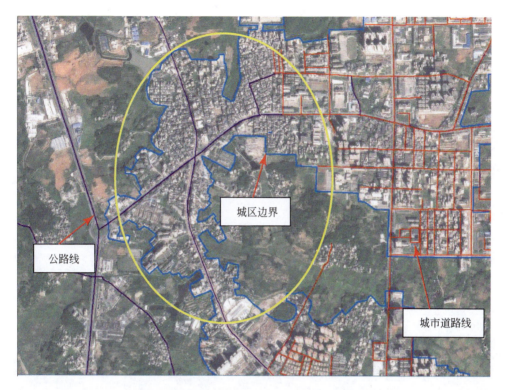

图 2-9   因地形限制未形成明显街区特征的集中连片区

图 2-10   无明显街区特征的集中连片区错误勾绘示例

5）飞地型城区判别规则

飞地型城区，即飞地集中连片区，是城区的重要组成部分。其具有以下特征：①通过道路与中心城区联系紧密；②具有城市景观特征；③面积大于 0.6km² 且至少包含以下地理单元：城市级的街道办事处、行政部门、工矿区、开发区、科研单位、大专院校、大型社区等。

工矿区和开发区应是大规模且具有国有属性特征，建筑具有永久或固定属性特征；科研单位和大专院校应为市或区属的，如某某市某某局所在具有城市景观特征的连片区域；大型社区应具有综合服务功能。几个企业，只有居住功能的小区/社区，功能单一的煤矿、粮库、加工厂等不作为飞地型城区提取的对象（图 2-11）。属性特征需借助参考资料予以判断。

图 2-11 中道路上方有 3 个小区/社区，仅具有单一的居住功能，不归入城区。

图 2-11　飞地型城区的判断错误勾绘示例

6）城区边界逆向提取规则

首先，完成最新时相的城区边界提取；其次，按现势性从新到旧的顺序，采用逆增量更新技术获得城区边界变化部分；最后，将后时相边界与城区边界变化部分融合得到前时相的城区边界，以保证多期边界之间的拓扑准确。

城区原则上不会出现逆增长，即最新的城区范围要包含历史时期的城区范围。但城区边界因城市更新确有重大变化的，按照城区边界实际走向勾绘。

2.4.2 城市内部国土空间要素遥感监测方法

1. 城市基本公共服务设施

本书中的城市基本公共服务设施主要包括城市市辖区范围内的学校和医院两类，从地理国情监测数据中的城镇综合功能单元中提取学校和医院数据作为上述设施的本底数据，结合收集的开源大数据以及其他专题资料，利用主体优于1m的高分辨率遥感影像，通过人工目视解译的方式予以校核（图2-12）。学校需要对地理国情监测采集的大中小学校进行校核和补充采集，医院需要对地理国情监测采集不全或遗漏的一二三级十等医院，以及社区卫生服务站和其他医疗卫生机构定位点补充采集。对于内业无法判别的地物，采用外业调绘核查的方式采集，具体采集内容及采集要求见表2-4。

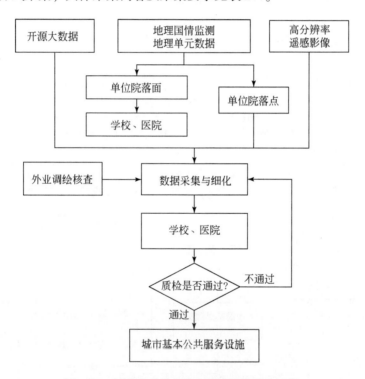

图2-12 城市基本公共服务设施提取技术流程

表2-4 城市基本公共服务设施分类

一级类	二级类	内容	采集要求
基本公共服务设施	学校	指长期从事各类教育活动的机构场所。包括小学、九年一贯制学校、初中、普通高中、中等职业学校、高等教育学校以及其他教育学校	采集面积大于1600m² 的全日制教育大中小学校等教育机构范围线构面，其他的采集定位点

续表

一级类	二级类	内容	采集要求
基本公共服务设施	医院	指依法成立的从事医疗、保健、卫生、防疫、康复和急救工作的机构场所。包括一二三级十等医院、社区卫生服务机构和其他医疗卫生机构	采集面积大于1600m²的一二三级十等医院范围线构面，社区卫生服务机构和其他医疗卫生机构采集定位点

2. 城市综合交通网络设施

本书中的城市综合交通网络设施主要包括城市市辖区范围内的铁路、地铁、公路、城市道路和地铁站点。以地理国情监测数据中的铁路与道路线数据为基础，结合地表覆盖数据中的铁路与道路面、大比例尺基础地理信息数据，利用主体优于1m的高分辨率遥感影像，通过人工目视解译提取技术等级为高速，或类型为国道、省道的公路以及城市道路面，即对地理国情监测数据中的部分公路和城市道路进行线构面，从而解决树木等地物压盖路面问题，同时提取铁路、地铁中心线（图2-13）。结合大比例尺基础地理信息数据，参考开源大数据以及从行业部门收集的相关专题资料，提取地铁站点，具体采集内容及要求见表2-5。

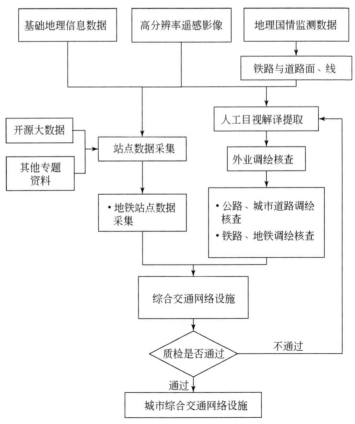

图2-13　城市综合交通网络设施提取技术流程

表 2-5　城市综合交通网络设施分类

一级类	二级类	内容	采集要求
城市综合交通网络设施	铁路	铁路是火车的行车线路	采集铁路正线的中心线
	地铁	部分线路设置于地下隧道内的有轨客运系统，具有速度快、运量大、行车间隔小的特点	采集地铁正线的中心线（包括地下轨道与地上轻轨）
	公路	连接城市间的道路，又称城际公路，包括高速、国道、省道、县道、乡道、专用公路以及公路之间的连接道。专用公路包括但不限于林区公路、厂矿道路、边境巡逻道路等供专业车辆通行有专门用途的道路	采集宽度大于3m的所有公路中心线，并对技术等级为高速，或类型为国道、省道的公路构面，含无植被覆盖、经硬化的路堤、路堑的范围
	城市道路	指城镇范围内公用道路，包括快速路、主干路、次干路、支路、专用人行道和非机动车道，及其交叉口等	采集宽度大于3m的所有城市道路中心线，并构面，含无植被覆盖、经硬化的路堤、路堑的范围
	地铁站点	城市地铁的停靠站点	采集地铁站中心点位，点位需要落在相应线路上

3. 城市低矮杂乱房屋建筑区

利用主体优于1m分辨率的卫星影像，参考前时相和后时相的地理国情监测数据成果，按照城市低矮杂乱房屋建筑区的定义、解译原则和指标，在影像上人工目视解译城市低矮杂乱房屋建筑区。

1）城市低矮杂乱房屋建筑区定义及判别规则

A. 城市低矮杂乱房屋建筑区定义

在城区范围内，符合城市低矮杂乱房屋建筑区景观特征的由农村村落演化而来的居民区。

B. 城市低矮杂乱房屋建筑区景观特征

有较大规模的低矮成片居民区且建筑密度高；无绿化或绿化较少；城市基础配套设施缺乏、居住环境较差；房屋建筑年代久。

C. 农村村落演化而来的居民区特征

历史上曾为远离城市区域的农村，周围多为耕地等自然地物。随着城镇化的发展，农村的全部或大部分耕地被征用，逐步与城区相连或被城区包围而形成城市低矮杂乱房屋建筑区。

农村村落演化而来的居民区特征可通过多期遥感影像进行综合分析对疑似城市低矮杂乱房屋建筑区的居民区进行判断（图 2-14～图 2-16）；或参考基础地理信息中的行政地名层（村庄）、地理国情监测数据行政村层（行政村–点）、地籍数据、国土和规划部门的土地权属信息等参考资料进行判断；经上述两种方法仍无法判断的，选择典型区域进行实地调查。

图 2-14　多期遥感影像对居民区进行判断 1

(c)2013年

图 2-15　多期遥感影像对居民区进行判断 2

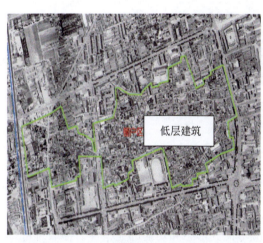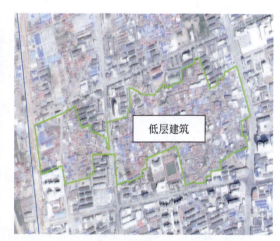

(a)2000年　　　　　　　　　　　　　　(b)2015年

图 2-16　多期遥感影像对居民区进行判断 3

图 2-14 中箭头所指疑似城市低矮杂乱房屋建筑区，经多期遥感影像资料判断，该居民区由农村演变而来，满足农村村落演化而来的居民区特征。

图 2-15 中 2013 年影像显示有一集中连片高密度低层建筑，分析历史影像（1990 年）及多期影像变化可知，该区域在 1990 年即位于城区范围，是该城市的老城区，故不满足农村村落演化而来的居民区特征。

图 2-16 中 2015 年影像显示有一片高密度低层建筑，分析 2000 年历史影像可知，在历史时期该区域即位于城区范围内，故不满足农村村落演化而来的居民区特征。

2）城市低矮杂乱房屋建筑区提取原则

（1）城市低矮杂乱房屋建筑区应位于城区内部，且可位于城区内部的边缘附近（图2-17）。

图2-17　城市低矮杂乱房屋建筑区提取应考虑位于城区内部且可在城区边缘

图2-17红色为城区边界，绿色边界为高密度低矮房屋建筑区，但是否归为城市低矮杂乱房屋建筑区还需判断其是否满足农村村落演化而来的居民区特征。

（2）城市低矮杂乱房屋建筑区提取时不将老城区作为提取对象，仅考虑由农村村落演化而来的居民区。

（3）城市低矮杂乱房屋建筑区边界提取时应考虑其形态和功能的完整性。提取时重点考虑高密度低矮房屋建筑区的判断，且需将与高密度低矮房屋相连的具有同一功能的单元作为整体进行提取，不扣除单元内的其他地表覆盖类型。

● 城市低矮杂乱房屋建筑区图斑应至少包含一块高密度低矮房屋建筑区（图2-18）。高密度低矮房屋建筑区的判断可参考地理国情监测成果。

● 具有同一功能的单元（即城市低矮杂乱房屋建筑区提取的边界）一般为道路或围墙等对地物分割明显的封闭多边形（图2-19）。

● 具有同一功能的单元判断，可参考地理国情监测成果中的城镇综合功能单元点和百度等开源地图予以确定（图2-20）。

（4）非主干道道路相邻的城市低矮杂乱房屋建筑区图斑允许合并；城市主干道等较宽道路分隔时，可分开提取（图2-21和图2-22）。

图 2-18　城市低矮杂乱房屋建筑区应至少包含一块高密度低矮房屋建筑区
图中数字表示地类代码

图 2-19　城市低矮杂乱房屋建筑区提取时对同一功能单元整体考虑错误示例

图 2-20   城市低矮杂乱房屋建筑区提取时对同一功能单元整体考虑正确示例

图 2-21   被非主干道道路分隔的城市低矮杂乱房屋建筑区合并提取

图 2-22 被主干道道路分隔的城市低矮杂乱房屋建筑区分开提取

（5）已有多期影像和参考资料无法对疑似城市低矮杂乱房屋建筑区的居民区进行剔除时，将该居民区保留作为城市低矮杂乱房屋建筑区提取；对于疑似城市低矮杂乱房屋建筑区的典型和重点居民区可通过开展外业核实工作予以确定。

（6）城市低矮杂乱房屋建筑区边界原则上应与地理国情监测成果的图斑保持共边。

3）提取精度要求

数据采集精度应控制在 5 个像素以内。特殊情况，如高层建筑物遮挡、阴影等，采集精度原则上应控制在 10 个像素以内。没有明显分界线的过渡地带，应综合采用包括外业调查、多种数据交叉复核、校正等多种措施，并加强过程质量控制，确保数据质量。

4）各类地表覆盖提取要求

城市低矮杂乱房屋建筑区提取的最小图斑对应的地面实地面积为 10 000 m²。

建筑工地、道路、停车场、水域、城市绿地提取要求按照《基础性地理国情监测内容与指标》（CH/T 9029—2019）的有关规定执行。

5）数据的属性精度和一致性

长度、宽度、面积等均采用米制单位。获取的定量属性值保留的小数位及数量单位应符合《地理国情普查数据规定与采集要求》（GDPJ 03—2013）中各具体属性项的要求。各属性项赋值必须符合数据规定中各具体属性项定义的取值范围，取值与地物实际属性相符。不同任务区采集的同一内容分类，全国各地区应保持一致，便于数据汇总和统计分析对比。

第3章 | 城市国土空间格局监测分析方法

城市作为社会经济发展的主战场，也是国土空间规划的重要单元。当前迫切需要对城市形成、发展、空间演化的基本规律进行总结归纳，响应新时代背景下的国家战略需求，尤其是推进新型城镇化进程的巨大科学需求。城市国土空间格局是城镇化过程的空间体现，也是人类社会经济活动在空间上的反映。开展城市国土空间格局监测分析有利于及时发现城镇化进程中的问题，逐步适应新时代城市体检评估及国土空间规划的需求。

本节通过梳理城市空间扩展、规划实施评估、区域协同发展的内涵，建立起了与城区范围、城市空间结构、城市群空间格局等城市国土空间格局的衔接关系，归纳总结以城市国土空间格局为支撑的城市空间扩展分析方法、规划实施评估方法、区域协同发展分析方法、城市高质量发展分析方法，有利于对城市国土空间格局进行系统性监测与分析，可为未来城市国土空间格局进行优化调整提供参考。

3.1 城市空间扩展内涵与分析方法

城市空间扩展（扩张）反映社会经济发展和人类土地利用的活动进程，直接影响国土空间开发利用和保护的总体格局与人地关系，是国土空间规划的一项重要研究内容（闫梅和黄金川，2013）。深入研究全国城市空间扩展的过程与趋势，有助于深化对国土空间安全永续、高效集聚、品质营造、有效保护等基本问题的认识，为研究提出高质量开发、高品质利用、高水平保护的国土空间战略目标、任务、政策及措施提供科学依据。在过去的十多年里，专家学者们对我国城市空间扩展进行了大量深入细致的研究，以特大城市或经济发达地区城市为主，研究内容包括土地利用时空动态（张增祥等，2012），以城乡建设用地、城市用地和建成区为表征的城市空间扩展（刘纪远等，2014；宁晓刚等，2018b；刘纪远等，2016）、城市空间扩展模拟和预测（何春阳等，2003）、城市空间扩展动力机制（刘纪远等，2009）等方面，并取得了丰富的、高水平研究成果。

3.1.1 城市空间扩展的内涵

城市空间扩展研究，首先要解决的是城市空间界定的问题。城市空间是城市地域范围内，一切城市要素（物质的和非物质的）的分布及其相互作用，并随着时间动态发展的系统或集合。城区，即城市区域、城区范围，是城市社会、经济、政治、文化等要素的主要运行载体，能够反映人口密度、社会经济组织、自然环境向建设用地环境转换的特征，并以用地形态来表现着城市空间结构的演变过程和演变特征，是城市空间的最直接体现。城市空间扩展指规模上表现出城区范围的扩大，由内往外向农村地域推进，由地面向空中、地下伸展；内涵上呈现出城市内在结构的调整，规模、密度和形态的更新演替，同时也是一个人地关系相互作用的过程（孙平军和修春亮，2014）。城市空间扩展遥感监测主要是对城市空间形态、结构的变化过程、演变规律和特征等进行监测与分析。

3.1.2 城市空间扩展研究内容

20 世纪 80 年代以来，随着城市发展速度的加快，城市空间格局发生了剧烈变化，国内外学者相继在城市扩展时空过程、城市空间形态变化、城市用地效率变化、城市扩展协调性、城市扩展占用土地类型 5 个方面开展了大量研究。

1. 城市扩展时空过程

城市扩展过程中会引起土地利用和土地空间形态的变化。空间形态是各种空间理念及各种活动所形成的空间结构的外在体现（黄亚平，2002），包含了城市空间形式、人类活动和土地利用的空间组织、城市景观的描述和类型学分类系统等多方面内容。城市扩展时空过程分析主要基于时间序列的多时相空间数据规律挖掘，分析城市空间扩展的规模、速度、强度、扩展方向、空间分异特征等内容，方法上主要包括 GIS 空间分析、数理统计、土地利用变化转移矩阵、流向百分比、动态度、相对变化率、景观指数、时空关联分析、突变点、断裂点和空间分形等方法（刘盛和，2002）。研究案例涉及全国、区域、大中城市以及山区、城市边缘区等多种尺度（方修琦等，2002；王新生等，2005；张宁等，2010）。

2. 城市扩展空间形态变化

随着城市扩展，城市形态在空间上发生演变，形成了一系列扩展模式。国外学者归纳了多种城市扩展的经典模式，Leorey 和 Nariida（1999）等将城市扩展分为边缘型、紧凑型和廊道型 3 种类型，Rapoport（1978）等将城市扩展分为轴向增长、同心圆式增长、扇形扩展及多核增长 4 种类型，Camagni 等（2002）将城市扩展分为边缘式、道路轴线扩展式、向内填充式、卫星城式和蔓延式 5 种类型。我国学者结合中国城市扩展的典型特征研究形成了其他一系列扩展模式，其中顾朝林和陈振光（1994）将城市扩展归纳为同心圆圈层式、飞地式、带型扩展式、轴间填充式等类型。杨荣南和张雪莲（1997）将城市扩展模式归纳为集中型同心圆式、沿主要交通线的带状式、跳跃组团式以及低密度连续蔓延式。段进（1999）则认为城市空间扩展是城市内部各种功能演替的结果，主要有同心圆扩张、星状扩张、带状生长与跳跃式生长 4 种扩张模式。刘纪远等（2003）将城市扩展模式分为填充型、外延型、廊道型和卫星城型。也有研究认为，城市空间扩展主要有紧凑扩展和松散蔓延扩展两种模式（闫梅和黄金川，2013）。在城市的规划管理中应结合具体城市扩展影响因素，为城市发展选择更合理、更有效的发展模式。

城市空间扩展模式研究的重点主要集中在城市扩展的格局（紧凑/分散）、方向变化、空间扩展类型等方面。对城市空间扩展模式的判识方法主要有凸壳原理、空间图形定量方法等（刘纪远等，2003；王新生等，2005；卓莉等，2006）。总体上当前研究大多集中于单个城市，而区域或者国家层面的城市空间扩展模式研究尚比较缺乏。同时，目前城市空间扩展模式研究大多还是基于时间序列的形态变化来定性分析城市空间的演替规律，定量化识别城市空间扩展模式的方法仍需要深化。

3. 城市用地效率变化

城市用地效率分析是对城市土地利用效率和集约程度进行分析评价，通常采用容积率、地均人口和地均 GDP 等指标进行衡量。以基于区县、市尺度统计年鉴数据开展人口与用地（肖池伟等，2016；刘云中和刘嘉杰，2020；Deng et al.，2021；周鹏超和张宏敏，2019；杨艳昭等，2013）、经济与用地（张俊凤和刘友兆，2013；许雪爽等，2017；Li and Liu，2018）的协调性和相关性研究为主。城市土地利用高效和集约更加注重生态、社会和经济效益的协调发展，是在经济、社会、环境效益相协调的前提下，单位面积城市用地上承载更多的人口和经济社会活动。

4. 城市扩展协调性

城市扩展协调性指人口增长和城区扩展的协调性。人口是影响城市扩展的重要因素之一，城市用地增长弹性系数是衡量城市扩展协调性的重要指标。中国城市规划设计研究院《2000 年城镇用地预测综合报告》指出，城市用地增长弹性系数的最优值为 1.12。当该值远高于 1.12 时，说明土地城镇化速度远超过人口城镇化速度，城市盲目扩张，土地利用率低；反之，说明人口城镇化速度高于土地城镇化速度，易造成城市交通拥挤、人居环境差等一系列城市问题。

5. 城市扩展占用土地类型

城市扩展占用土地类型分析将多期的土地利用数据与城区边界矢量数据套合，分析各时间段的占用土地利用类型差异，以及各区域占用土地利用类型差异（乔伟峰等，2016；王灿等，2017）。通常采用土地利用变化的转移矩阵法进行分析，该方法能够全面描述不同类别间的相互转化关系（冯仕超等，2012），可较具体全面地刻画出研究区各土地类型变化的结构特征与变化方向。该方法来源于系统分析中对系统状态与状态转移的定量描述，是国内外常用方法。

6. 存在问题与发展趋势

城市扩展不仅研究土地这一"有形"要素，还要研究城市社会经济等"无形"要素（兰肖雄等，2012）。随着城市规划与发展理念的革新，城市增长管理、紧凑城市、新城市主义、精明增长等理论出现并迅速发展，舒适的城市居住环境、低碳城市等需求被陆续融入城市扩展内涵（Tong et al.，2017）。以美国为代表的发达国家，则开始深入探讨"城市蔓延"的概念，"蔓延"类城市扩展的概念内涵日趋丰富（童陆亿，2020）。单一用途、不连续、低效城市用地常作为判别城市"蔓延"的标准（岳文泽等，2020）。考虑到不同国家和地区自然地理、社会经济与制度等背景差异，城市的"蔓延"极有可能是为了缓解人口压力、保护优质农田及生态用地、规避地形等建设用地开发障碍抑或配合区域发展战略（如"退二进三"、新区建设）催生的合理结果（赵燕菁，2014）。默认"密度越高越好"的判别标准，亦与未来可持续发展中"宜居城市"的理念相冲突（刘耀林等，2014）。

随着高分辨率、高时频的卫星遥感数据产生、图像处理技术的进步，以及城市管理目标与需求的改变，现有城市扩展理论已无法满足城市土地管理和可持续发展战略需求。现有二维的城市空间表达，以及重规模、轻效益的城市扩展研究已不能反映城市扩展绩效。"存量优化、减量化"等政策的实施，城市扩展中"只增不减"的理论假设在部分地区不再适用，需要注重现有用地基础上的城市更新。

3.1.3 城市空间扩展分析方法

基于城市空间扩展内涵的分析，以及现状和发展趋势分析，本书提出以高精度城区边界为基础的城市空间扩展分析方法，主要利用遥感技术获取城区边界信息，结合土地利用数据、城市规划资料、经济统计数据、人口统计数据等专题资料，通过叠置分析、缓冲区分析、凸壳分析、相关性分析、转移矩阵分析等方法，采用不同指标从不同尺度对城市空间扩展时空演变特征进行综合分析。城市空间扩展分析包括 5 个方面内容：城市扩展时空过程分析、城市空间形态变化分析、城市用地效率分析、城市扩展协调性分析、城市扩展占用土地类型分析（图 3-1）。

1. 城市扩展时空过程分析

城市扩展时空过程分析以各期城区的面积、扩展面积、扩展速度和扩展强度等为基本指标，结合行政区划界线，对不同城市城区时间变化过程进行分析。首先总体分析城市的城区面积及扩展情况，然后分析城区面积的空间差异。城区的扩展动态分析从全国、各省、各区域以及不同规模等级城市等不同空间尺度进行分析，对同一尺度下不同区域的统计结果进行纵向和横向比较，得出规律性的结论，并对扩展面积、扩展速度、扩展强度的变化和差异原因进行分析。其中扩展速度和扩展强度计算公式如下。

（1）扩展速度。扩展速度 V_i 为某一时间段内某城市城区面积的年增长速度，表示单位时间内不同城区扩展快慢的绝对（面积）差异。

$$V_i = \Delta U_{ij}/(\Delta t_j) \times 100\% \tag{3-1}$$

式中，V_i 为城市扩展速度；ΔU_{ij} 为 j 时段第 i 个研究单元城区扩展面积；Δt_j 为 j 时段的时间跨度。

（2）扩展强度。扩展强度 N_i 为某一时间段内某城市城区面积相对于基期城区的年扩展比例，表示单位时间内不同城区扩展快慢的相对（比例）差异。

$$N_i = \Delta U_{ij}/(\Delta t_j \times M_{ij}) \times 100\% \tag{3-2}$$

式中，N_i 为城市扩展强度；ΔU_{ij} 为 j 时段第 i 个研究单元城区扩展面积；Δt_j 为 j 时段的时间跨度；M_{ij} 为 j 时段初期第 i 个研究单元城区总面积。

2. 城市空间形态变化分析

紧凑度是城市空间形态分析的常用指标，表示城区空间紧凑程度。选用紧凑度为基本

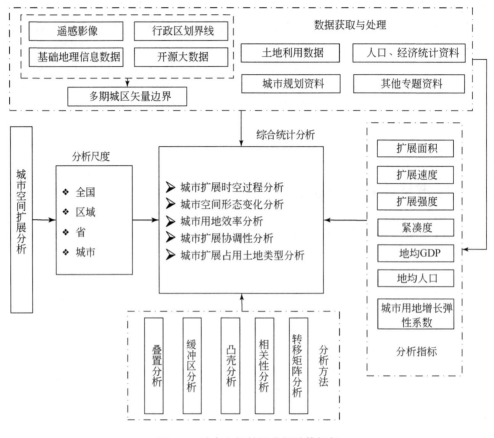

图 3-1 城市空间扩展分析总体框架

指标，对不同城市的平面轮廓形态特征和时空变化进行分析。紧凑度有很多计算方法，但以 Boyce 和 Clark（1964）提出的方法使用最为广泛。

$$BCI = 2\sqrt{\pi A}/P \tag{3-3}$$

式中，BCI 为城区的紧凑度；A 为城区总面积；P 为城区周长。式（3-3）以圆形作为标准计量单位，BCI 的值在 0~1，值越大表示城市形状越具有紧凑性，反之紧凑性越差，圆形区域的紧凑性为 1。一般来说，当城市处于迅速扩展的发展阶段时，紧凑度下降；当城市转为内部填充、改造发展阶段时，紧凑度上升。紧凑度的提高，有利于缩短城市内各部分之间的联系距离，提高城市基础设施和已开发土地的利用效率，提高资源的利用效率和降低城市的管理成本（张治清等，2013）。

3. 城市用地效率分析

选用地均人口和地均 GDP 两个指标开展城市用地效率分析。通过对全国、区域、省、城市等多个尺度的地均人口和地均 GDP 及变化进行纵向和横向比较，对用地效率的变化和空间差异性进行分析，掌握城市发展过程中用地效率变化情况。地均人口和地均 GDP 增大说明城市用地效率提高，反之用地效率降低。

（1）地均人口。地均人口是指单位城区面积上的人口数量。

$$B = P_i / A_i \qquad (3\text{-}4)$$

式中，B 为地均人口；P_i 为人口数量；A_i 为城区面积。

（2）地均 GDP。地均 GDP 是指单位城区面积产出的经济价值。

$$G = Q_i / A_i \qquad (3\text{-}5)$$

式中，G 为地均 GDP；Q_i 为地区生产总值；A_i 为城区面积。

4. 城市扩展协调性分析

以城市用地增长弹性系数为基本指标，按省份进行统计，并进行纵向和横向比较，对城区扩展和人口增长的协调性和空间差异进行分析。该指标是指一定时期内城区面积增长率与城区人口增长率之比，具体计算公式如下：

$$K = \mathrm{GR} / (\mathrm{PR} \times 100\%) \qquad (3\text{-}6)$$

$$\mathrm{GR} = \left(\sqrt[\Delta t]{A_t / A_0} - 1 \right) \times 100\% \qquad (3\text{-}7)$$

式中，K 为城市用地增长弹性系数；PR 为城市人口年均增长率；GR 为城区面积年均增长率；A_t 为某个时间段末城区的面积；A_0 为某个时间段初始城区面积；Δt 为时间段的跨度。

5. 城市扩展占用土地类型分析

将城区边界与土地利用数据叠加套合，从全国、各省、各区域、不同规模等级城市等多个单元统计城市空间扩展占用各土地类型的面积、面积占比等，分析不同土地类型被占用情况，以及不同单元的空间差异。

3.2 规划实施评估内涵与分析方法

我国城市规划实施评估起源于 20 世纪 90 年代中期的"实效评价"。2008 年，规划实施评估被纳入《中华人民共和国城乡规划法》，明确了城市规划实施评估的法律地位。2009 年，《城市总体规划实施评估办法（试行）》印发，该办法明确了评估内容以及多种方法相结合的评估模式。2019 年，《中共中央 国务院关于建立国土空间规划体系并监督实施的若干意见》印发，提出"建立国土空间规划定期评估制度，结合国民经济社会发展实际和规划定期评估结果，对国土空间规划进行动态调整完善"，指明了规划实施评估对国土空间规划的重要性。规划实施评估是确保规划从静态的蓝图规划向动态的政策规划转变、规划有效实施的重要环节，既有助于加强规划实施过程中的管理和督导，提高规划的指导性，强化规划的约束性，也有助于及时发现规划实施过程中出现的问题，找出问题的产生原因，从而提出问题的解决方法，及时进行宏观调控。

3.2.1 规划实施评估的内涵

规划实施评估是国土空间规划编制的重要基础性任务，主要目的是对现行各类空间规划的实施情况开展评估，摸清已有规划实施情况和现状存在的问题，为国土空间规划编制奠定基础。就范畴而言，规划实施评估包括规划编制评估、规划实施过程评估和规划实施效果评估。就方法而言，自从 1997 年 Baer 提出于基于一致性的评估方法和基于绩效的评估方法后，迄今为止衍生了众多基于这两类概念的评估方法，有从一致性评估（张军民等，2015；丁亮等，2020）或者绩效评估（孙施文，2016）单一评估方法出发，构建城市空间发展与规划目标的一致性评估指标，判断规划的空间布局与城市发展方向是否落到实处，或是判断规划实施是否对提高土地利用效率、效益，促进经济、社会、生态协调发展等方面产生积极影响；也有将一致性评估和绩效评估两者结合对规划实施情况综合评估（邓强等，2014）。在国土空间规划体系变革和科学技术进步的背景下，需要进一步推进规划实施评估研究。作为国土空间规划实施管理的配套举措，国土空间规划城市体检评估侧重于规划实施效果评估，为规划实施评估提供了重要的思路。自然资源部发布的《国土空间规划城市体检评估规程》（2021 年）中指出评判规划实施评估的 6 个方面。

（1）战略定位。分析实施国家和区域重大战略、落实城市发展目标、强化城市主要职能、优化调整城市功能等方面的成效及问题。

（2）底线管控。分析耕地和永久基本农田、生态保护红线、城镇开发边界、地质洪涝灾害、历史文化遗产保护等底线管控，以及全域约束性自然资源保护（包含山水林田湖草沙海全要素）目标落实等方面的成效及问题。

（3）规模结构。分析优化人口、就业、用地和建筑的规模、结构和布局，提升土地使用效益，推进城市更新等工作的成效及问题。

（4）空间布局。分析区域协同、城乡统筹、产城融合、分区发展、重点和薄弱地区建设等空间优化调整方面的成效及问题。

（5）支撑体系。分析生态环境、住房保障、公共服务、综合交通、市政公用设施、城市安全韧性、城市空间品质等方面的成效及问题。

（6）实施保障。分析实施总体规划所开展的行动计划、执法督察、政策机制保障、信息化平台建设，以及落实总体规划的详细规划、相关专项规划及下层次县级或乡镇级总体规划的编制、实施等方面的成效及问题。

3.2.2　城市空间结构的内涵

城市空间结构指以一套组织规则，连接城市形态和子系统内部的行为及相互作用，并将这些子系统连接而形成的城市系统（冯健和周一星，2003），是城市中物质环境、功能活动和文化价值等组成要素之间关系的表现方式。城市空间结构以其独特的方式展现了长期过程中城市发展与人类空间活动的叠加结果，城市空间结构主要包括以下 4 个方面：

（1）物质空间。城市物质空间即城市实体空间，以城市建筑为基本载体，为居民生存、生产和生活提供居住场所和生产空间环境设施，并为区域可持续发展提供基本的物质支撑（邓羽等，2017）。

（2）经济空间。经济空间是经济客体在空间中相互作用所形成的空间集聚形态和分工组织形式（郑文晖和宋小冬，2009）。在不同经济社会发展阶段下，经济空间具有不同的特征、结构和最佳模式。

（3）社会空间。城市社会空间作为城市空间结构最直观的体现，主要解释城市中社会组织和社会运行的时空过程及时空特征（陈志杰和张志斌，2015）。

（4）生态空间。生态空间是城市里唯一的自然或半自然的土地利用状态，是城市空间结构的基本要素之一（杨振山等，2015）。

当前我国大城市空间结构的突出问题在于城市空间要素或要素组合不合理，导致公共服务设施"供-需"不匹配、土地利用"供-需"不协调，即存在"供-需"矛盾，具体体现在公共服务设施空间失配、城市土地利用粗放、空间资源配置效率和社会公平无法兼顾等。

3.2.3　规划实施评估与城市空间结构的关系

1. 公共服务设施"供-需"配置视角

公共服务设施的合理性配置是规划实施评估的重要内容。伴随公共服务均等化、新型城镇化以及和谐宜居城市建设等发展战略的相继实施，城市公共服务设施布局与人口、居住用地的空间配套程度，公共服务设施体系与城市空间结构的协同关系备受关注。公共服务设施是指能够为居民日常生活提供各类公共产品和服务的空间载体，包括教育、医疗卫生、文化体育、商业服务、金融邮电、社区服务、市政公用和行政管理等不同类型设施（湛东升等，2019）。公共服务设施空间配置合理性与城市空间结构有着密切的联系。城市公共服务设施的构成类型以及布局受城市空间结构，如公共服务设施的空间集聚特征和区位影响（林雄斌等，2018）。两者的关系研究可以从研究视角、研究方法和研究数据三方面展开。

（1）研究视角方面。涉及学校（樊立惠等，2015；韩增林等，2020）、医院（曾文等，2017；刘倩等，2017）、文化设施（何丹等，2017；赵宏波等，2018）、购物场所（Pan et al.，2018；叶强等，2021；张小英和巫细波，2016）、绿地（Guyot et al.，2021）、交通（Hu et al.，2018；Lee et al.，2020）等，研究视角呈现多样化特征。

（2）研究方法方面。主要涉及以下几种：①GIS 空间分析法。基于 GIS 空间分析法，探索公共服务设施空间布局及协调关系的范式（孙瑜康等，2015；谢小华等，2015）。②可达性分析法。采用可达性分析法，计算公共服务设施的可达性，以及该类设施到其他公共服务设施的可达性（Gupta et al.，2016；柳泽等，2017；程敏和连月娇，2018）。③指标评价法。从公共服务设施数量、质量、空间分布等多方面出发，构建服务水平综合评价指标体系，探讨公共服务设施服务水平的空间分布格局和匹配特征（侯成哲等，2015；刘静和朱青，2016）。

（3）研究数据方面。以年鉴、公报（韩增林等，2015）、问卷调查（孙瑜康等，2015）、POI（湛东升等，2020）等作为主要数据源。

综上，研究方法发展相对成熟，但研究视角和研究数据方面还存在不足。研究多以城市作为基本单元分析单一城市公共服务设施的空间特点，从全国、不同地区、规模城市等多维度对比分析的研究仍然较少。另外，研究数据方面，年鉴、公报、问卷调查等传统的统计数据由于缺乏具体的地理位置信息，在研究空间布局方面存在不足；POI 等数据，由于代表性、分类体系等问题，在研究全国公共服务设施方面存在数据覆盖不足等问题；地理国情监测作为常态化监测手段，具有数据覆盖面广、信息丰富、质量可靠等特点，对全国层面多维度公共服务设施评估提供了强大的数据支撑。

2. 土地利用"供–需"协调视角

土地集约利用评价也是规划实施评估的重要内容。土地集约利用的概念最早来源于对农业利用的研究，由 David Ricardo 于 19 世纪初期在地租理论中首次提出，他认为集约利用是级差地租产生的原因（王温鑫等，2017）。随着工业化和城镇化的发展，城市扩展带来了诸多土地利用问题，如资源浪费、交通拥挤、环境恶化等。在城市土地扩展与土地资源供给矛盾不断加深的背景下，土地集约利用受到了广泛重视。构建"集约高效的生产空间"，已成为新时代高质量发展的内涵要求（杨俊等，2020）。土地集约利用就是增加存量土地上的投入，以获得更多产出的土地开发经营方式（王群等，2017）。土地集约利用评价与城市空间结构有着密切的联系，评价指标体系可从强度、结构和布局、可持续性等方面建立两者的关系。

（1）强度方面。强度分为土地投入强度，如地均基础设施投资（赵敏宁等，2014）；土地产出强度（单位面积的产值、就业人口等）（何为和修春亮，2011；范胜龙等，2017）；土地利用强度（土地的建筑密度、容积率、使用率、开发率等）（杨永春等，2008）。评价方法有压力–状态–响应（pressure-status-response，PSR）模型（朱一中和曹裕，2011）、土地利用变化及其空间效应模型（CLUE）（吴健生等，2012）、元胞自动机（cellular automaton，CA）模型（杨俊等，2015）等，评估数据以统计年鉴数据为主。

（2）结构和布局方面。城市土地利用结构因子是主要指标，包括居住用地比例、工业仓储用地比例、公共设施用地比例、绿地比例、耕地比例等（王秀等，2017），在评价过程中注重土地利用合理布局及结构优化，常用的评价方法有层次分析法（analytic hierarchy process，AHP）、主成分分析法、模糊数学法等（范辉等，2012），评估数据以面板数据居多。

（3）可持续性方面。以可持续利用程度、生态因素为主，如城市空气质量达标率、污水集中处理率、生活垃圾无害化处理率等（赵会顺等，2019），评估方法有层次分析法、多因子综合法等，评估数据主要是面板数据。

土地集约利用评价是城市土地利用研究的热点领域，已形成了一套相对成熟的评价技术体系，对城市的土地利用空间配置产生了积极影响。但众多城市土地集约利用研究中，多采用面板数据构建土地集约利用评价指标，致使在评价精度方面存在不足。以行政区划为基本评价单元进行土地集约利用评价，这种方式虽便于行政管理，但却难以体现空间中各要素的关联性，导致空间内部微观特征难以测度。

3.2.4　规划实施评估方法

基于规划实施评估内涵的分析，以及规划实施评估与城市空间结构的关系梳理，本书提出以高精度城区边界和自主监测获取的城市国土空间要素为基础的规划实施评估方法。结合人口、地表覆盖等专题资料数据，通过构建人均各类设施用地面积、各类设施服务能力（覆盖率）、绿化覆盖率、各类设施千人拥有量等基本统计分析指标，采用路径分析、叠置分析、缓冲区分析、相关性分析等分析方法，从全国、区域、不同规模等级城市、典型城市等多个尺度开展城市基本公共服务设施状况分析、城市综合交通网络设施状况分析、城区绿化覆盖状况分析、城市土地集约利用分析。规划实施评估分析框架如图 3-2 所示。

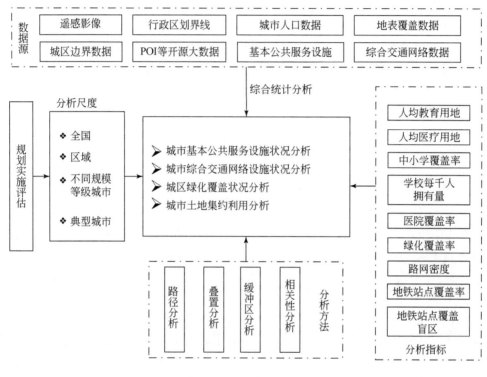

图 3-2　规划实施评估分析框架

1. 城市基本公共服务设施状况分析方法

通过统计各类基本公共服务设施不同服务半径内房屋建筑区覆盖面积和人均各类设施用地面积等指标来评价公共服务设施水平。

城市基本教育设施评价利用城市内部国土空间要素监测获取的学校面数据和点数据，参考《城市用地分类与规划建设用地标准》（GB 50137—2011）和《中小学校设计规范》（GB 50099—2011），设定城市中小学服务半径，其中小学服务半径为 500m，中学为 1000m，对中小学分别做缓冲区；然后将两个缓冲区求和，并与从地理国情监测数据中提取的房屋建筑区数据求交集，提取出相交部分的房屋建筑区；最后根据小学、中学缓冲区内的房屋建筑区面积与房屋建筑区总面积比值计算中小学覆盖率。同时结合统计年鉴中的市辖区人口数据，统计学校每千人拥有量和人均教育用地面积等指标，对城市的基础教育设施状况进行综合评价。

城市基本医疗设施评价利用城市内部国土空间要素监测获取的各等级医院作为基础数据，参考《城市公共设施规划规范》（GB 50442—2008）规定的医疗设施评价准则，设定三级、二级、一级以及无等级医院的服务半径分别为 12 000m、6000m、2000m 和 1000m，对采集为面和点的不同等级医院数据分别做缓冲区；然后将各缓冲区求和，与从地理国情监测数据中提取的房屋建筑区求交集，提取出相交部分的房屋建筑区；最后根据不同等级医院缓冲区内的房屋建筑区面积与房屋建筑区总面积比值计算各市医院覆盖率。同时结合统计年鉴中的市辖区人口数据，统计医疗卫生基础设施人均建设用地指标，对城市的医疗服务设施状况进行综合分析。

（1）学校覆盖率。表征中小学在地理空间上覆盖和服务的范围与能力，一定程度上反映区域内基本公共教育设施服务水平，以小学为例的计算公式如下：

$$C = \frac{A_i}{A_j} \times 100\% \qquad (3-8)$$

式中，C 为小学覆盖率；A_i 为小学 500m 缓冲区内的房屋建筑区面积；A_j 为城市房屋建筑区总面积。同理可计算获得不同等级医院覆盖率，反映基本公共医疗设施服务水平。

（2）学校每千人拥有量。反映区域内基本公共教育配套及完善程度。

$$G = \frac{E}{P} \times 1000 \qquad (3-9)$$

式中，G 为学校每千人拥有量；E 为学校数量；P 为市辖区人口数量。同理可计算获得其他设施的每千人拥有量。

2. 城市综合交通网络设施状况分析方法

交通网络发展对城市的社会、环境和经济发展等多方面具有重要影响，《中共中央 国务院关于进一步加强城市规划建设管理工作的若干意见》提到，科学、规范设置道路交通安全设施和交通管理设施，提高道路安全性。优化街区路网结构，树立"窄马路、密路网"的城市道路布局理念，到 2020 年，城市建成区平均路网密度提高到 8km/km²，道路面积率达到 15%。根据上述要求设定路网密度、道路面积率和地铁站点覆盖率等指标反映城市综合交通网络设施配置水平。

利用城市内部国土空间要素监测获得的道路线和面数据、地铁站点数据，结合地理国情监测成果、统计数据及其他主题参考资料数据，按照不同类别的道路统计道路面积、长度、地铁站点 500m 覆盖率对城市综合交通网络现状进行分析，并通过与历史年份指标比较，开展变化分析。

（1）路网密度。指一定范围内的道路总里程与该范围面积的比值，衡量一个区域道路网络便利程度。为了保证各城市路网密度的可比性，统计口径的一致性，采用城区范围作为指标统计范围。本书中的道路指城市市辖区范围内的公路（包括国道、省道、县道、乡道、专用公路以及线路之间的连接道）和城市道路（包括快速路、主干路、次干路、支路）。

$$D = L/A \qquad (3-10)$$

式中，D 为路网密度；L 为城区范围内的道路总长度；A 为城区面积。

（2）道路面积率。指城市内城市道路用地面积的占比，是反映城市道路拥有量的重要指标。

$$R_d = R/C \qquad (3\text{-}11)$$

式中，R_d 为道路面积率；R 为城市市辖区范围内道路总面积；C 为市辖区总面积。

（3）地铁站点覆盖率。反映城市内地铁站点辐射范围，是城市地铁站点乘坐便利程度的重要体现。

$$S = \frac{H_p}{A_p} \times 100\% \qquad (3\text{-}12)$$

式中，S 为地铁站点覆盖率；H_p 为某城市市辖区范围内地铁站点 500m 缓冲区内的房屋建筑区面积；A_p 为城市市辖区范围内的房屋建筑区总面积。

（4）地铁站点覆盖盲区比例。反映城市内地铁站点服务区范围内无法覆盖到的人口比例。

$$Q = \frac{P_m}{P_n} \times 100\% \qquad (3\text{-}13)$$

式中，Q 为地铁站点覆盖盲区比例；P_m 为某城市城区范围内地铁站点 500m 缓冲区内未覆盖人口数；P_n 为城市城区范围内的总人口。本书中基于 100m 分辨率的 WorldPop 人口栅格数据统计总人口。

3. 城区绿化覆盖状况分析方法

《国家新型城镇化规划（2014—2020 年）》在"优化城市空间结构和管理格局"专题中指出要统筹中心城区改造和新城新区建设，提高城市空间利用效率改善人居环境。根据上述要求设定城区绿化覆盖率指标，反映城区居住环境状况。具体方法是以地理国情监测数据中的林草覆盖数据为基础，按照评估年份的城区范围，基准年份到评估年份新增城区范围对林草覆盖进行裁切，获取不同边界范围内林草覆盖斑块分布情况并统计林草覆盖面积，即城区绿化覆盖面积。根据统计结果计算评估年份城区范围和新增城区范围内绿化覆盖率。从城区绿化覆盖率、新城区绿化覆盖率变化、旧城区绿化覆盖率变化等角度分析城市绿化覆盖情况。其次结合各城市绿化覆盖率规划实施目标，将绿化覆盖情况与规划实施情况进行对比，分析城市绿化规划实施完成情况。

城区绿化覆盖率是指城区范围内的绿化垂直投影面积之和与城区面积的百分比。

$$C = a/A \times 100\% \qquad (3\text{-}14)$$

式中，C 为城区绿化覆盖率；a 为城区绿化覆盖面积；A 为城区面积。

4. 城市土地集约利用分析方法

城市土地集约利用分析以城市低矮杂乱房屋建筑区监测数据、地理国情监测中的房屋建筑区数据为基础，对城市低矮杂乱房屋建筑区改造情况进行分析，并在空间上将不同的城市进行横向比较，分析不同城市所处的发展阶段和特征差异，结合当地发展状况及规划建设等参考资料，对城市低矮杂乱房屋建筑区改造存在的问题进行分析，提出对策和建议。同时，选择典型城市，分析城市低矮杂乱房屋建筑区的房屋建筑区类型，对土地开发强度进行对比分析，找出差异和原因，提出城市土地集约节约利用的建议。

城市低矮杂乱房屋建筑区面积占比是指城市低矮杂乱房屋建筑区面积占城区面积的比例，占比越大，表示城市土地集约节约利用效率越低。

$$C_p = C/A \times 100\%$$ (3-15)

式中，C_p 为城市低矮杂乱房屋建筑区面积占比；C 为城市低矮杂乱房屋建筑区面积；A 为城区面积。

3.3 区域协同发展内涵与分析方法

区域协同发展指协调两个或者两个以上的不同资源或者个体，相互协作完成某一目标，达到共同发展的双赢效果。协同发展论已被当今世界许多国家和地区确定为实现社会可持续发展的基础。国土空间规划作为现阶段我国各级各类空间发展的指南、可持续发展的空间蓝图，空间维度上承上启下、时间维度上接续近远，表明规划实施落实由空间维度逐步向时间维度转换，同时也是各类开发保护建设活动的基本依据。当前我国城镇化进程快速推进，城市群面临着空间无序蔓延、生态环境恶化、产业结构不合理、增长方式粗放、资源浪费与短缺并存等问题。这些城市发展历程中各类问题与矛盾的出现从侧面佐证了单一城市不可能承载所有的功能，促进空间协同发展是合理利用资源、解决矛盾的必然选择，亟须在用地约束下促进城市间协作分工、优势互补的区域协同发展。区域的整体价值将基于城市间的互动合作而持续放大，区域空间协同发展的趋势也将成为必然。区域协同发展应立足于国土空间规划，坚持问题导向，对区域发展现状、存在的各类问题进行总结与改善，指导区域协同发展各类计划制定和有序实施。

区域协同发展是国土空间规划的重要目标。作为现阶段工业化和城镇化发展到高级阶段的产物，城市群已成为我国区域发展的代表性地区。城市群作为以 1 个超大城市或特大城市为核心，由至少 3 个以上大城市为基本单元，依托发达的基础设施网络，形成经济联系紧密、空间组织紧凑并最终实现同城化和高度一体化的群体（方创琳，2017），在区域协同发展的各个领域发挥着引导和统领的作用。在国土空间规划体系下，城市群空间格局也包括"三生空间"，"三生空间"的协同发展同样是实现城市群空间格局合理有序的重要保障。其中包括生产空间协同，即强化城市群各城市间的经济和产业联系，构建以交通网络串联的产业合作平台；生活空间协同，提高城市群城市间人口的流通强度，打造适宜居住和旅游的生活区和服务设施；生态空间协同，城市群及其周边城市的环境共享共治，协力提高城市群生态安全格局。区域协同发展是国家从顶层设计和战略高度作出的谋划，指导全国各级区域在产业、经济、交通、用地、生态等各个方面的调整与发展，通过国土空间规划对区域重大发展战略、重点项目落地形成空间引导和有力的支撑保障。

3.3.1 区域协同发展的内涵

协同学是区域协同发展的核心理论基础。该理论最早由德国著名物理学家 Hermann

Haken 在 20 世纪 70 年代提出，他认为一个复杂开放、远离平衡状态的系统在与外界进行物质、能量交换的情况下，通过内部各个子系统之间的相互影响、相互合作，使整个系统从混沌无序变为时间、空间、功能上稳定有序的结构（Haken，1981）。协同学理论认为，在城市群发展环境中，各个城市子系统间存在着相互影响、相互合作、相互干扰和制约的非线性关系。由多个城市组成的城市群系统，由于城市子系统的相互作用和协作，呈现出某种程度的协同规律性。协同论应用于城市群，可将城市之间的关系分成竞争关系、合作关系和共生关系 3 种情况，每种关系都必须使城市之间的各种因子保持协调消长和动态平衡，才能适应环境，从而实现可持续、健康发展。

区域协同发展作为城市群进程中的关键目标之一，涵盖了城市群发展过程中的多个方面（图 3-3），具体内涵包括实现规划同编、交通同网、产业同链、城乡同筹、市场同体、科技同兴、金融同城、信息同享、生态同建和环境同治的协同发展共同体（方创琳，2017）。通过协同发展，城市群内部多个要素相互协调、实现系统性发展，从而进一步解决当前以城市群为代表面临的区域性重大问题。本节重点探讨和阐述产业协同、生态协同、交通协同、环境协同的具体内涵。

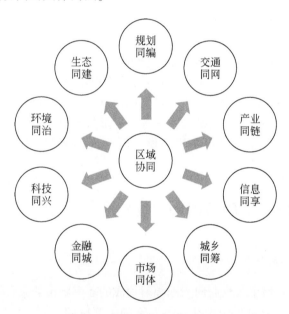

图 3-3　区域协同发展内涵示意（方创琳，2017）

产业协同是区域协同发展之基，也是城市群协同发展的基本支撑。城市群经济发展必须充分发挥各城市的资源禀赋和地域优势，突出特色，深化分工，优化结构，延伸产业链条，加快产业集群建设，在城市群内部形成有链有群型的产业体系，把城市群建设成为各城市产业共链、风险共担、利益共沾的"经济共同体"和"利益共同体"。

生态协同是区域协同发展之底。作为城市群协同发展的基底，区域发展过程中必须按照保护基底的要求，按照生态功能区划和主体功能分区要求，以城市群为空间尺度，推进区域性生态建设的一体化和景观生态结构的同构同建，实现"共享一片蓝天，共饮一河清水，共享自然环境"的生态共建共享目标。

交通协同是区域协同发展之脉。通过在城市群内部建设客运快速化、货运物流化的智能型综合交通运输体系，实现城市之间交通同环、收费同价、道路同网、标准同等，形成由城区快速轨道交通系统、城际高速铁路系统和环状或放射状高速公路网系统组成的综合交通运输系统，实现城市群发展的半小时经济圈、1 小时经济圈和 2 小时经济圈的建设。

环境协同是区域协同发展之源。当前环境污染问题在城市发展过程中不容忽视。城市群内部所涉及的大气污染、水污染和固体废弃物污染等跨行政区划的环境污染综合整治问题，无法由某一个城市独立完成，需要多个城市共同合作、协同作战，实现联防联控联治，以及对城市群内大气环境和水环境的同防同治。

国外关于区域协同发展的研究相对较早。1966 年美国经济学家 John Friedman 提出区域空间结构演变理论。随后德国著名物理学家 Hermann Haken 创立了协同学理论（Haken，1981），此后该理论成为区域协同发展的核心理论。20 世纪后期，国外学者开始从单纯的理论研究转为对某一现实问题的研究，以产业、经济等方面作为区域协同发展的切入点，但更偏向于定性研究。21 世纪以来，学者为得到更加直观、准确的评价结果，开始对区域协同发展进行定量研究。国内对于区域协同发展问题的研究开始于 20 世纪 90 年代，研究内容主要包括区域协同发展的内涵（方创琳，2017）、影响因素（李琳和刘莹，2014）、评价方法（梁龙武等，2019）和发展机制（王郁和赵一航，2020）等。随着经济全球化、工业化和城镇化水平的不断提高，国内学者对区域协同发展的研究不断深入，研究方法由定性为主转向定量为主、定性为辅，研究要素从人口、经济、资源等传统因素为主变为信息、科技、生态环境、公共服务与基础设施等新因素与传统因素相结合，同时研究尺度也不断扩展与细化，从全国、省域逐步转向城市群（梁龙武等，2019）、都市圈（王丽艳等，2020）。

3.3.2 城市群空间格局的内涵

1. 城市群空间格局认知

城市群作为以中心城市为核心向周围辐射构成的多个城市的集合体（顾朝林，2011），现已成为我国城镇化发展过程中承载各类要素的主要空间形式，同时具备"实体地域空间"和"网络空间"特征（苗长虹和胡志强，2015）。作为"实体地域空间"，城市群由城市间联系紧密、区域特征明显、地域范围清晰的空间实体单元组成。城市群的地域空间发展表现出鲜明的空间特征，不断演化和构筑了大量空间与区域差异。现有研究主要通过人口要素（王振坡等，2016；张国俊等，2018）、用地要素（宁晓刚等，2018a，2018b；胡盼盼等，2021）、经济要素（王青和金春，2018；晁静等，2019）、社会要素（张建清和严妮飒，2017；马海涛和徐楦钫，2020；刘海龙等，2021）、生态环境要素（陈一溥和郑伯红，2021；李空明等，2021；欧阳晓等，2021）等基本空间要素的布局来识别城市群空间形态、结构（孙斌栋等，2017；许芸鹭和雷国平，2018；熊鹰等，2019；姚常成和吴康，2020），对城市群空间格局及内部空间协调性展开研究。因此，城市群实体地域空间格局通过对人口、经济、用地等各类地理要素的空间分布与配置，识别空间形态与结构，判断其中心地特征，以此作为城市群实体地域空间认知的基本依据（武廷海和张能，2015）。

与"实体地域空间"相比，"网络空间"具有开放性、动态性和边界不确定性等特点。网络一般由节点和联系构成，任何相互联系的客观事物，尤其是复杂交织彼此连接的相互作用现象，都可将其抽象化为由节点和连接节点之间的边构成的"网络图"。城市群作为"网络空间"，可以被抽象为由"点"（城镇节点）和"轴"（城市间联系网络）组成（武廷海和张能，2015）。城镇节点是在考虑区位基础上，多以市域范围内人口、用地、经济等要素规模来定量表征。内部各个节点依托于一体化的交通和信息联系反映城市群网络结构。

随着信息技术的快速发展，资本和技术的流动大大加快，信息交换的时间大幅缩短，城市间联系已经不再受到空间距离的限制。城市群内部由城镇节点和城市间物质循环、能量流动、人员往来和信息传递等社会经济联系构成的空间网络发展模式已成为现代城市体系的基本特征，城市间人员、资金、信息等交流频繁，时空大数据技术为城市群空间范围的识别和空间结构分析提供了新的数据基础、方法与手段。城市基础设施网络会带来区域范围内人口、经济等要素流动，其联系的紧密程度常用来衡量城市作用的强弱，尤其是交通网络与城市群空间网络紧密相关，一些学者从国家、区域尺度上探讨公路、铁路、航空交通网络对城市群空间结构的影响（Cui et al.，2019；Gorochnaya and Mikhaylov，2020；Tong et al.，2020；Zhao et al.，2021）。

综上，现有研究针对城市群空间格局认知主要从以下三方面展开：一是通过对城市群内部各类空间要素的分布与配置情况进行空间格局认知和分析；二是考虑城市群区域的开放性，实现从关注单个城市走向城市间关系的探讨；三是对城市群中重要节点城市、城镇带进行识别。城市群空间结构中节点的重要性已经不仅取决于规模和等级，更重要的是与其他城市间的联系强度以及在社会经济、产业分工等链条中的功能与地位。未来在城市群空间格局认知过程中，将城市群看作实体地域概念的基础上，需要更加强调多要素下"流"和"网络"联系的本质。

2. 城市群空间格局研究内容

1）城市群生态空间格局变化分析

生态空间是城市空间的重要组成部分，为城市提供生态系统服务。生态空间协同关系到"山水林田湖草"各类生态系统，是人类进行社会经济活动的场所，与新型城镇化进程息息相关，同时也是实现城市群健康良性发展的自然基础与生态保障。优化城市群生态空间结构有利于提高区域生态环境承载力并促进社会经济与生态环境的和谐发展（杨天荣等，2017）。当前生态空间作为具有重要生态功能、以提供生态产品和生态服务为主的区域，在保障国家或区域生态安全中发挥重要作用。关于生态空间的诸多学术问题已成为学者们关注的重点。现有的研究范围涵盖陆地和海洋，地域尺度跨度较大。研究内容主要集中在对生态空间的概念界定（王甫园等，2017）和生态空间格局变化研究两大类。其中变化研究主要包括生态空间的监测与空间格局识别（张雪飞等，2019）、生态空间演化特征分析及预测（陈永林等，2018）、生态空间重构与优化（杨天荣等，2017；章瑞等，2022）、生态空间保护与利用（王智勇，2013）等。

生态空间的概念界定。国内对于生态空间的概念界定主要基于生态功能论和生态要素论2个视角。第一类观点强调生态空间是指城市内以提供生态系统服务为主的用地类型所占有的空间，包括城市绿地、林地、园地、耕地、滩涂苇地、坑塘养殖水面、未利用土地等类型，是与构筑物和路面铺砌物所覆盖的城市建筑空间相对的空间。其中耕地因其具有经济产出的核心目的，因此是否能够作为生态空间还存在较大的争议。第二类观点是从生态要素的角度界定，认为城市生态空间是指"城市生态系统中城市土壤、水体、动植物等自然因子的空间载体"。对这一概念认识的分歧主要集中在下垫面的要素。国外研究较多的为绿色空间，与我国的生态空间具有相似之处。关于绿色空间定义主要有3种观点：一是认为绿色空间内涵包含了所有绿色植被覆盖的土地类型（含耕地等）。二是将绿色空间定义为有植被覆盖的具有自然、享乐功能的开敞空间，强调绿色空间的开放性。三是将自然环境分为"绿色空间"和"蓝色空间"，前者往往包含有植被覆盖的开敞区域（如公园、体育场）和保护地（如森林），也可以是后院花园、农场或者任何其他以植被覆盖为主导的空间，而后者主要是指水体占有的空间（如湖泊、海洋、河流等），但很少包含人造特征（如水喷泉和雕塑）的构筑物。

生态空间格局变化研究。生态空间作为一种重要的土地利用空间形态，在自然要素和人类活动的共同作用下将发生深刻的变化。相较于静态的空间特征分析，如何基于生态空间演变的分析来修复区域生态格局和引导生态空间的优化与完善，显得尤为重要。空间演变研究主要集中在生态用地数量、面积的变化以及生态空间格局的变化，主要聚焦于生态空间的演变过程、结果及驱动因素的分析（章瑞等，2022），研究方法主要包括利用GIS空间分析技术定量刻画生态空间分布格局（杨天荣等，2017），利用"斑块–廊道–空间"识别生态空间结构（孙道成和杨立，2020），利用未来土地利用模拟（future land use simulation，FLUS）模型（王旭等，2020）、CA-Markov模型（陈永林等，2018）等模型方法对生态空间演变规律进行归纳总结，从而预测未来发展趋势。

生态空间格局变化一定程度上反映了区域生态协同发展状态。随着城镇化进程不断推进，城市群原有生态空间结构遭到一定程度的破坏，导致人口、资源、环境压力逐渐增大、生态环境恶化、资源供给不足等区域生态安全问题日益突出，并上升到国家安全层面。未来生态空间的数量规模及空间格局将直接影响到国土空间的生态安全以及区域生态协同发展。因此，合理优化城市群生态空间格局，保障区域生态安全需求，协调环境与发展和谐共赢，对于实现中国生态文明发展目标与新型城镇化发展战略具有重要的理论和现实意义。

2）城市群空间联系格局变化分析

城市群空间联系涉及内部各城市间的人口、经济、交通等多个要素，因此城市群空间联系格局变化在一定程度上反映出区域综合协同发展成效。随着城市群空间联系格局逐步从"单中心"、"多中心"转变为"网络型"，内部各城市综合发展水平逐步提升，城市间相互作用强度不断加强，推进了区域协同发展进程。

国内外城市群空间联系对不同地域尺度下区域内、区域间的空间联系及空间相互作用主要开展以下研究：一是城市群空间联系的格局演化，基于交通运输流（航空流、铁路/高铁流、公路流等）（安俞静等，2019；Zheng and Cao，2021）、可达性（宗会明等，2020）、经济联系度/资金流（金融机构分布、跨国或跨地域企业分布等）（Yu et al.，2018）、信息流（电话通信交流量、定位数据、搜索引擎数据等大数据）（Fang et al.，2020）、城市外向服务流（城市流）等角度对空间联系进行测度研究逐渐成为新的热点。方法多为可达性测度（最短时间/空间距离）（唐恩斌和张梅青，2018）和引力（重力）模型（胡盈和韩增林，2019；杨蕙嘉和赵振宇，2021；张玉强和李民梁，2021）。二是交通（主要是高铁）对城市群空间联系的影响。高铁的建设和发展加剧了区域间"时空收敛"和"同城效应"，更多研究开始关注高速铁路发展对于区域空间结构、经济空间格局重组的塑造问题。规模（城市综合规模）-距离（时间/空间距离）-频次（城间列车开行频次）是影响城市间可达性和联系度的重要因素，其在高铁驱动研究中的重要性不容忽视（Cui et al.，2019；Pan et al.，2020）。以微博、豆瓣、百度贴吧等社交工具，百度指数、CN 域名、手机信令和实时位置等大数据为主的城市网络研究也逐渐成为城市群空间结构研究的崭新方向。通过多源数据开展城市群内部各要素流空间的动态演化过程，对于定量理解城市群空间联系的时空变化十分重要。城市群空间联系格局分析理论方法主要包括流空间理论（Li and Duam，2020）、社会网络分析（Zhu et al.，2021）、空间分析［起始矩阵（origin-destination，OD）］和复杂网络分析（城市中心性分析、聚类系数分析、结构洞分析、核心-边缘结构分析）等。总体来看，国内外学界对城市群空间联系多从单一要素角度对城市群相互作用强度进行研究，难以全面反映城市群的内外联系强度和方向。随着研究方法多样化、数据来源多元化，未来应考虑多重要素流及城市综合发展规模表征下的城市群空间联系强度测度模型构建。

3）城市群交通可达性格局变化分析

交通可达性格局在一定程度上反映出区域交通基本公共服务水平，交通通达能力和便捷程度，以及交通一体化服务质量。通过对交通可达性格局变化的分析，刻画区域公路路网、铁路路网、航空网络等多层级交通发展水平与区域交通协同发展程度，识别交通短板与盲区，有利于加快构建便捷、高效的互联互通综合交通网络，推进区域交通协同发展。

1959 年，Hansen 首次提出可达性概念，即交通网络中各节点相互作用的机会大小。1979 年，Morris 等对其加以完善，指出可达性是指通过旅行距离、时间、成本等对空间分离程度的度量，反映了通过某种交通方式或组合从出发地到目的地的便捷程度。交通作为联系物流、人流与各类空间的基础设施，其空间布局、方式结构等也决定了不同国土空间实现经济社会活动的效率、经济性和可能性，是国土空间的重要支撑。当前，可达性已经被广泛运用于地理学、规划学和经济学等多个学科领域。国内外学者已经开展了许多关于交通可达性分析研究，分别从宏观（国家层面）、中观（城市群及省域、城市层面）、微观（城市内部及旅游景点）等多个视角研究了可达性的空间格局与变化趋势。研究内容包括交通网络可达性空间格局（李秋丽，2017；安俞静等，2019；黄洁等，2020）、区域交通枢纽与廊道的识别（金凤君和陈卓，2018）、高速铁路效应及其对区域可达性影响（黄洁等，2020），以及基于客运流量的城市可达性分析等（王姣娥和景悦，2017）。常见的研究方法包括以欧氏距离、时间距离（宗会明等，2020）、空间距离、要素流动（王萌，

2016）为基础，利用交通路网数据、开源大数据和传统的统计数据等多源数据，通过计算点与点之间、栅格与栅格之间的出行成本来定量刻画区域交通可达性的空间格局。

4）城市群产业发展格局变化分析

近年来，随着我国城镇化进程的加快及城市群的建设发展，越来越多的学者将城市群与产业协同发展结合起来进行研究。当前城市群空间成为区域经济发展的重要承载依托，产业结构的升级转型渗透在经济发展过程中，因此对于城市群地区的产业发展研究意义重大。一些经济研究指出，产业发展及周期变动存在于经济发展的过程中，其中代表性理论包括亚当·斯密提出的产业层次理论（Smith，2002）、科林·克拉克提出的"配第–克拉克"定律（Clark，1940）、西蒙·库兹涅茨提出的产业结构变动分析（Kuznets和常勖，1999）、霍夫曼提出的"霍夫曼定理"（王师勤，1988）、钱纳里提出的产业结构转换的标准形式（Chenery et al.，1988）、迈克尔·波特的经济学协同等。

城市群产业发展作为协同发展的重要领域之一，摸清内部各城市的产业结构、产业发展变化情况，有助于产业间和城市间的协同发展，从而促进城市群地区的可持续发展。产业结构是指不同产业之间的产业关联，即国民经济的各个产业部门之间的联系和比例关系。度量城市群产业结构的传统方法有区位熵法（高文娜，2021），以及在此基础上产生的专业化指数法、城市流分析法、相似系数法和克鲁格曼系数法，通过对地区间各产业份额之差加和，从整体上研究产业结构的相似程度。为了反映产业整体上的趋同性，同时也展现内部各行业的具体结构，部分研究采用了灰色关联分析法，将各地产业结构以若干条曲线描绘在一个图形上，用灰色关联度表示产业结构的相似性。研究内容包括三个方面：一是通过对区域产业结构变化进行分析与研究，结合区域资源禀赋及其社会经济发展情况，识别不同地区的产业结构及其发展差异（李春生，2015）；二是探索城市群地区产业协同发展的模式与机制（向晓梅和杨娟，2018）；三是对城市群发展过程中的产业同构性进行分析评价（白孝忠和孟子贻，2018）等。

全国经济普查通过全面调查各地区第二、第三产业的发展规模、布局和效益，了解产业组织、产业结构、产业技术、产业形态的现状以及各生产要素的构成，定量反映改革发展新进展，其反映区域经济规模的同时，也为探索各地经济和产业动态发展变化等提供了科学准确的统计支持。众多学者利用经济普查数据对区域经济发展（张旺和申玉铭，2012；刘安国等，2013；王晓霞，2016；刘骁啸和吴康，2020）、产业空间格局（贺灿飞等，2008；刘洪铎，2013；刘汉初等，2019）、产业转移（黄顺魁等，2013；刘安国等，2013）等方面进行了大量的研究。产业转移作为区域协同发展的有效形式，其时空格局变化也是学术界关注的热点之一（刘安国等，2013）。从地域尺度上来看，分别从国家层面、城市群和城市对经济发展格局（贺灿飞和朱晟君，2020；王卓和王璇，2021）、产业分工（李斌等，2007）及产业发展演变（程钰等，2012；闫曼娇，2016）进行研究，为国家的区域发展战略和产业布局提供了参考依据。从研究方法上来看，通常利用基尼系数（李震等，2010）、行业集中度、专门化指数、赫芬达尔指数（关爱萍和陈锐，2014）等来衡量产业发展变化，并定量测度区域产业空间分布。

随着经济发展的不断深入，处于转型期的中国经济开始出现阶段性的新特征，产业格局并非是单一产业在地理空间上不断汇聚。伴随着相关产业的协同发展，尤为突出的是生产性服务业高度集聚的地区,其制造业也较为发达。识别产业空间格局变化,可以有效对标各项产业协同发展政策实施的效果,暴露短板,发现问题,及时作出有针对性的调整,为实现区域产业协同发展提供参考依据。

3.3.3 区域协同发展与城市群空间格局两者的关系

全球化发展与区域竞合加剧,城市与区域正经历着巨大变革,城市间以空间协同的形式取长补短、实现合作共赢已成为城市群经济社会可持续发展的主要方式之一。城市群是中国推进新型城镇化的空间主体,同时也是未来社会经济发展中重要的地域空间组织形式(方创琳,2014)。2021 年出台的"十四五"规划中明确指出,推进以人为核心的新型城镇化;全面提升城市品质,实施城市更新行动,推动城市空间结构优化和品质提升。合理确定城市规模、人口密度、空间结构,促进大中小城市和小城镇协调发展。完善城镇化空间布局,优化城市群内部空间结构,形成多中心、多层级、多节点的网络型城市群。

通过对城市群各类地理要素在空间上的发展格局进行分析,可为区域协同发展提供参考依据。城市群内部人口、经济、产业、公共服务等各类要素在空间上的集聚程度和集聚状态形成了城市群空间格局。空间是各类活动的发生地和承载地。空间格局不仅是城市群发展水平的外在表现形式,也是提升以城市群为代表的区域协同发展水平的重要切入点。要达成协同发展的目标,优化城市群空间布局是关键。对城市群内部中心城市的规划布局,重在提升综合能级与辐射带动能力;对区域性中心城市的规划布局,重在提高基础设施和公共服务设施配套标准;对其他中小城市及一般县城,重在补齐城市基础服务设施和公共服务设施短板;轴带地区作为优化城市群国土空间格局的骨架,也是引领区域经济社会发展的重点地区。

城市群系统中多个城市相互协同作用而产生的整体或集体效应称为有序效应。城市群系统能否产生有序效应,是实现区域协同发展的重要前提之一。区域协同是由系统内部各城市的协同作用决定的,通过协同一切可以协同的力量来弥补城市的不足。协同得好,城市群空间格局布局合理,系统的整体性功能就好,产生"1+1>2"的协同效应。以城市群为例的区域协同发展,是将城市群看作一个动态变化的总系统,内部各城市为各个子系统。当各子系统中各类资源、人口、信息、技术等要素分配不均时,城市群要素流动混乱,总系统处于不稳定的无序结构。而当各子系统结合自身优势,合理分配各项要素时,产生"1+1>2"的协同效应,则使城市群这一总系统形成时间、空间、功能上的有序稳定结构。

协同发展是城市群空间格局科学有序的内在动力。在外部能量流、信息流和物质流输入的条件下,城市群系统会通过多个城市之间的协同作用而形成新的时间、空间或功能有序结构,这种过程是城市群系统从无序向有序演化的自然过程(黄磊,2012)。上述对城市群各类地理要素空间格局及各个城市的功能协同分析,为实现协同发展提供参考。

3.3.4 区域协同发展分析方法

基于区域协同发展内涵的分析,以及区域协同发展与城市群空间格局的关系梳理,本书提出以高精度时空信息数据为基础，从用地、产业、空间联系、交通可达性等方面出发的区域协同发展分析方法。选取扩展面积、扩展速度、扩展强度、生态空间、主导产业、空间联系等指标刻画城市群空间格局，围绕用地空间扩展、生态空间变化、产业发展格局变化、交通可达性格局变化等区域协同发展关注的重点领域开展分析，分析的基本框架如图3-4所示。

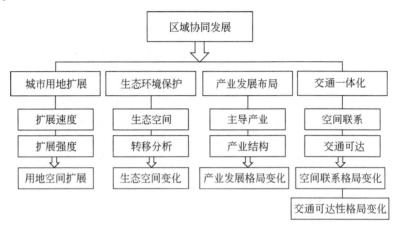

图3-4　区域协同发展分析基本框架

1. 城市群用地空间扩展分析方法

利用多期的城区边界矢量数据，以城区面积、城区扩展面积、城区扩展速度和城区扩展强度为基本分析指标，结合行政区划界线，对城市群内不同城市开展城区扩展时空过程分析。具体指标含义、计算公式及取值详见表3-1。

表3-1　城市空间扩展监测基本指标

序号	指标名称	公式	意义	取值范围
1	城区面积/km²	A_i A_i 为城区面积，i 为监测时相	面积是研究城市空间扩展的最基本特征，表示城市空间范围的大小	$(0, +\infty)$
2	城区扩展面积/km²	$dA = A_{i+t} - A_i$ dA 为城区扩展面积；A_{i+t} 是指 t 时间段后的城区面积	经过某一时间段后城区面积增加的绝对值	$(-\infty, +\infty)$
3	城区扩展面积占比/%	$P_m = dA_m / \sum_1^n dA_m$ P_m 为某城市城区扩展面积占比；dA_m 为某城市城区扩展面积；m 为城市序号；n 为所有城市个数	某一城市的增加量占所有城市总量的比例	$(0, +\infty)$

序号	指标名称	公式	意义	取值范围
4	城区扩展速度/（km²/a）	$V_i = \Delta U_{ij} / (\Delta t_j) \times 100\%$ V_i 为城市扩展速度指数；ΔU_{ij} 为 j 时段第 i 个研究单元城区扩展面积；Δt_j 为 j 时段的时间跨度，单位为年	某一时间段内各城市城区面积的年增长速度，表示单位时间内不同城区扩展快慢的绝对（面积）差异	$(-\infty, +\infty)$
5	城区扩展强度/%	$N_i = \Delta U_{ij} / (\Delta t_j \times M_{ij}) \times 100\%$ N_i 为城市扩展强度指数；ΔU_{ij} 为 j 时段第 i 个研究单元城区扩展面积；Δt_j 为 j 时段的时间跨度；M_{ij} 为 j 时段初期第 i 个单元城区总面积	某一时间段内各城市城区面积相对于基期城区的年扩展比例，表示单位时间内不同城区扩展快慢的相对（比例）差异	$(-\infty, +\infty)$

2. 城市群生态空间变化分析方法

本节中城市生态空间主要指城区范围内的林草覆盖和水域范围。利用地理国情监测成果中的地表覆盖数据，提取城区内生态空间数据，基于土地利用转移矩阵分析其面积变化及转移情况。

土地利用转移矩阵来源于系统分析中对系统状态和状态转移的定量描述（徐岚和赵羿，1993）。通常土地利用转移矩阵（表 3-2）中行表示 T_1 时间节点土地利用类型，列表示 T_2 时间节点土地利用类型。P_{ij} 表示 T_1-T_2 期间土地类型 i 转换为土地类型 j 的面积占土地总面积的百分比；P_{ii} 表示 T_1-T_2 期间土地类型 i 保持不变的面积百分比。P_{i+} 表示 T_1 时间节点地类 i 的总面积占比，P_{+j} 表示 T_2 时间节点地类 j 的总面积占比。P_{i+}-P_{ii} 为 T_1-T_2 期间地类 i 面积减少的百分比；P_{+j}-P_{jj} 为 T_1-T_2 期间地类 j 面积增加的百分比（刘瑞和朱道林，2010）。

表 3-2　土地利用转移矩阵

指标		T_2				P_{i+}	减少
		A_1	A_2	…	A_n		
T_1	A_1	P_{11}	P_{12}	…	P_{1n}	P_{1+}	$P_{1+}-P_{11}$
	A_2	P_{21}	P_{22}	…	P_{2n}	P_{2+}	$P_{2+}-P_{22}$
	…			…			
	A_n	P_{n1}	P_{n2}	…	P_{nn}	P_{n+}	$P_{n+}-P_{nn}$
P_{+j}		P_{+1}	P_{+2}	…	P_{+n}	1	
新增		$P_{+1}-P_{11}$	$P_{+2}-P_{22}$	…	$P_{+n}-P_{nn}$		

3. 城市群产业发展格局变化研究方法

1）空间基尼系数

空间基尼系数用于测度城市群直辖市/地级市尺度下的法人单位数在空间分布上的均衡程度。空间基尼系数由美国经济学家克鲁格曼于1991年提出，原用于测算美国制造行业的集聚程度（李震等，2010；关爱萍和陈锐，2014），现已拓展到各种地理要素。计算公式如下：

$$I = -\sum_{i}^{M} P_i \ln P_i$$
$$I_m = \ln M$$
$$\text{Gini} = \frac{I}{I_m}$$
$$C = 1 - \text{Gini}$$

(3-16)

式中，M 为城市群直辖市/地级市的个数；P_i 为第 i 个直辖市/地级市法人单位数占城市群法人单位总数的比例；Gini 为空间基尼系数；C 为分布均衡度。Gini 介于 0～1，其值越大，则 C 越小，表明地理要素在此区域集中程度越高，空间分布均衡程度越低。

2）趋势面分析

趋势面分析用于判断城市群各区县法人单位数在空间上的变化趋势。趋势面分析是基于数学分析利用数学曲面模拟地理系统要素在空间上的分布及变化趋势的一种统计方法，实质上是通过回归分析原理，运用最小二乘法拟合一个二元非线性函数，模拟地理要素在空间上的分布规律，展示地理要素在地域空间上的变化趋势。在趋势分析图中，两个曲线分别代表着地理要素 Z 与经度、纬度的拟合曲线（阶数设置可视情况选择，一般设置阶数为 2 或 3），此外 YOZ 面、XOZ 面、XOY 面分别绘制了空间点的投影。在这种情况下，趋势的影响力从区域的中心到各个边界逐渐减弱（即最大值出现在区域的中心，最小值出现在边界的附近）。

3）专门化指数

专门化指数用于定量分析城市群各城市的主要经济职能，从而确定城市的性质。专门化指数可衡量各区域的专业化部门，计算公式如下：

$$I_{ij} = \frac{X_{ij} / \sum X_j}{X_j / \sum X_j}$$

(3-17)

式中，X_{ij} 为 i 市 j 行业从业人员数；X_j 为城市群 j 行业从业人员数。式（3-17）中分子表示城市群某地级市某行业从业人员所占比例，分母表示城市群该行业从业人员所占比例；一般来说，专门化指数（I_{ij}）越大，表明 i 城市 j 行业在该地区的专业化意义越大。根据各城市各行业 I_{ij} 值的大小，可以确定各城市各行业的排序，再结合城市与研究区之间关系的定性分析，最后确定城市的主导行业性质和发展方向。

4）相似系数

相似系数用于衡量城市群各地间产业结构的趋同程度，旨在识别各地产业是否逐步实现错位发展。相似系数由联合国工业发展组织（United Nations Industrial Development Organization，UNIDO）国际工业研究中心提出，是来衡量各地区间结构（产业结构、就业结构、消费结构等）相似程度的指标，计算公式如下（李震等，2010）：

$$S_{ij} = \sum_{k=1}^{n} X_{ik}X_{jk} \bigg/ \sqrt{\sum_{k=1}^{n} X_{ik}^2 \sum_{k=1}^{n} X_{jk}^2}$$ (3-18)

式中，S_{ij} 为产业结构相似系数；X_{ik} 和 X_{jk} 分别为 i 地区和 j 地区中 k 产业的从业人员数。S_{ij} 取值范围为 0～1，相似系数值越高，两地之间的产业结构相似程度越高。

4. 城市群空间联系格局变化分析方法

由于各城市的社会经济水平、城区范围、交通可达性参差不齐，各城市间的空间联系强度差异显著。城市间空间联系强度利用引力模型计算得到。引力模型是基于距离衰减原理和牛顿万有引力公式构造的，是一种应用十分广泛的空间关联模型，其一般形式为

$$F_{ij} = K \frac{Q_i Q_j}{d_{ij}^r}$$ (3-19)

式中，F_{ij} 为城市 i 和城市 j 之间的关联强度大小；K 为引力常数，取 1；Q_i、Q_j 分别为 i、j 两个城市的质量；d_{ij} 为两个城市间的距离；r 为距离摩擦系数，在城市群尺度一般取值为 2。通常情况下，城市间的相互联系主要作用于城区之间，采用城区范围内的夜间灯光总量表示城市质量 Q，夜间灯光总量使用 NPP/VIIRS 数据的 8～10 月 3 个月的平均值。城市空间联系强度以 10^9、10^8、10^7、10^6 为界分为 5 个等级，最高为一级，最低为五级。

其中，夜间灯光数据包括 NPP/VIIRS 年合成产品和月合成产品，数据来源于国际环境信息中心官网（www. ngdc. noaa. gov/eog/viirs/）。月合成产品没有去除火光、油气燃烧、火山喷发和背景噪声，而年合成产品包含无云平均夜间灯光辐射值，且去除了暂时性夜间灯光。利用年合成产品可对 NPP/VIIRS 8～10 月 3 个月的数据处理以消除噪声的影响。具体处理方法如下：①假设一个像元的 DN 值在某年的年合成产品中为 0，则在其他年份中对应位置也为 0，基于上述假设分别用年产品中大于 0 的 DN 值生成掩膜，应用到月合成产品。②将月合成产品中 DN 值小于 0 的像元的 DN 值设置为 0。③为了降低油气长期燃烧的火光使得 DN 值偏大的影响，将年合成产品中研究区各城市市区位置（排除港口、机场、化工厂等）的最大值作为阈值，年 DN 值大于阈值的像元用其周围 DN 值小于阈值像元的最大值代替；对同一年份用 8～10 月 3 个月数据的平均值来表示全年的平均夜间灯光辐射值。④投影转换为 Albers 等积投影，分辨率设置为 500m。

选取时间距离表征城市间距离，即采用铁路和公路的最短旅行时间，时间以小时为单位。铁路时间来源于 12306 网站（www. 12306. cn/index/）列车时刻表中速度最快列车车型的平均时间，公路时间通过百度地图应用程序接口（application programming interface，API）获取。现状年份两个城市的铁路时间距离，使用 12306 网站列车时刻表中最快的相同车次类型的平均时间；历史年份的铁路时间距离，则结合车次类型、全国铁路旅客列车时刻表和中国高速铁路运营线路图进行修正获取；现状年份两个城市的公路时间距离，使用百度地图的批量算路 API 获取的两个城市人民政府之间驾车所需的时间；历史年份的公路时间距离，使用收集的公路矢量计算。

5. 城市群交通可达性格局变化分析方法

利用地理国情监测成果中的交通路网数据，基于最短成本距离模型，开展铁路、公路及综合交通可达性时空格局演变分析。城市群综合交通可达性及等时圈变化分析流程如图3-5 所示。

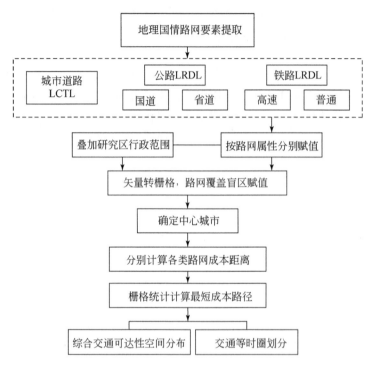

图 3-5　城市群综合交通可达性及等时圈变化分析流程

可达性测度是用于评估城市群交通一体化及空间联系的有效方法，因此采用"平均最短出行时间"和"城市交通圈"作为可达性的指标。城市之间的最短出行时间通过加权栅格法测算，具体步骤如下：①将研究区转化为 1km×1km 的栅格。②借鉴相关研究成果，按照不同类型交通的运行速度对交通网络分别赋予不同的属性值，其中高铁、普通铁路分别为 300km/h、120km/h，公路中的国道、省道、城市道路分别为 90km/h、60km/h、60km/h，无交通网络覆盖的陆地和海域的空白区域赋予默认值 10km/h。③将不同类型交通的时间成本栅格叠加建立最短时间成本栅格。④利用 ArcGIS 空间分析中成本距离模块计算各个节点城市的最短出行时间，构建出行时间成本矩阵。每个城市的交通等时圈通过对各城市出行成本栅格叠加取最小值获得。平均最短出行时间为某城市与研究区内其他城市最短出行时间的平均值，综合反映城市在研究区内的可达性水平，计算方式为

$$AT_i = \frac{\sum_{j=1}^{n} T_{ij}}{n-1} \quad i,j = 1,2,3,\cdots,n, i \neq j \tag{3-20}$$

式中，AT_i 为城市 i 与研究区内其他城市间的平均最短出行时间；T_{ij} 为城市 i 到城市 j 的最短出行时间；n 为研究区的城市数量。

3.4 城市高质量发展内涵与分析方法

高质量发展是十九大首次提出的新表述，表明中国经济由高速增长阶段转向高质量发展阶段。高质量发展的本质内涵，是以满足人民日益增长的美好生活需要为目标的高效率、公平和绿色可持续的发展。城市作为人类生存、聚集、活动的重要场所，是高质量发展的重要载体。

3.4.1 城市高质量发展的内涵

实现城市高质量发展是中国现阶段推进新型城镇化的重要目标与战略导向（张跃胜等，2021）。围绕这一核心问题，各领域的学者们建言献策，提出了多角度理解，主要概括为以下几种。

（1）突出社会环境。从社会环境出发，认为高质量发展应能够满足人的多层次需求，既为人民提供高质量的产品和服务以满足人的基本需要，也要保障公平正义，为人的自我实现创造社会环境和基本条件。

（2）社会环境与自然环境结合。城市高质量发展要同步为居民营造更高效活跃的经济环境、更便捷舒适的居住环境、更公平包容的社会环境，以及更加绿色健康的自然环境（张文忠等，2019）。

（3）突出综合性。从综合的角度出发，认为高质量发展是高质量的城市建设、高质量的基础设施、高质量的公共服务、高质量的人居环境、高质量的城市管理和高质量的市民化的有机统一（方创琳，2019）。

虽然上述分类是相对的，但它们的整体意义指向是一致的：一是以"满足人民日益增长的美好生活需要"为根本目的。二是以"五大发展理念"为行动纲领，创新、协调、绿色、开放、共享缺一不可。三是以"高质量"为根本要求，既涵盖微观层面的产品和服务，也涵盖宏观层面的结构和效率；既涵盖供给环节，也涵盖分配环节、流通环节和需求环节；既涵盖经济领域，也涵盖其他各个领域。四是以"可持续"为根本路径，不断优化各种关系。理解这些意义，是科学构建高质量发展评价指标体系的前提。城市高质量发展不能以城市的数量扩张和城镇化率的提升为目标，而要以城市发展是否符合集约高效、以人为本的发展理念作为新的评判基准。

当前，随着我国城镇化进程的推进，环境质量下降、宜居度降低、公共服务不均衡、不充分等城市问题日益突出，直接影响着人民生活质量。如何协调城市发展与城市品质的关系，实现城市的高质量发展，是中国急需解决的问题。其中，高质量的人居环境要求优化城市生态、生产、生活空间，建设宜居宜业的生态城市和低碳城市，从而使城市环境污染得到全面治理，城市人居环境质量得到全面提升；高质量的公共服务要求建成均等化的基本公共服务设施，居民老有所养，病有所医，建成完善的养老服务设施、便捷的医疗服务设施、现代化的教育培训设施、高效的科技创新设施，以及健全的社会保障设施和金融、保险等其他公共服务设施（方创琳，2019）。因此，开展城市高质量研究既能解决制约城市科学发展的突出矛盾和深层次问题，也是把城市规划好、建设好、管理好的重要手段，是促进城市高质量发展的重要保障。本书聚焦于高质量的公共服务和高质量的人居环境两个方面，试图从社区生活圈评估和城市可持续性评价两个方面探索城市高质量发展。

1. 高质量发展与社区生活圈两者的关系

改革开放以来，中国城镇化率从1978年的17.92%上升到2019年的60.60%（曾国军等，2021）。在快速城镇化的背后，"城市病"问题日益突出。"以人为核心的城镇化，使城市更健康、更安全、更宜居，成为人民群众高品质生活的空间"的城镇化模式已成为当前时代发展的新诉求。在以人为本、高质量发展的需求背景下，将居民日常生活作为对象、结合物质空间规划和社会规划的社区生活圈规划将是未来城市规划转型的落脚点（柴彦威等，2020）。因此，对社区生活圈开展深入评价，有效检验城市空间品质，对于实现公共资源的均等化、精准化配置以及实现城市高质量发展具有重要意义。生活圈概念最早始于日本"农村生活环境整备计划"，并应用于日本的"全国综合开发计划"，主要研究城市地域范围（孙道胜等，2016）。之后生活圈的研究逐渐扩散至韩国、中国台湾地区，随后在中国大陆也逐渐兴起，其研究与实践的空间尺度涵盖了区域、城市到社区各个层面，且均有不同的适用内涵（李萌，2017）。2019年5月，《中共中央 国务院关于建立国土空间规划体系并监督实施的若干意见》提出，要着力完善交通基础设施和公共服务设施，促进基本公共服务均等化，打造宜居、宜业、宜游、宜学、宜养的社区生活圈，实现高品质生活、建设美好家园。2020年8月，自然资源部公布的《市级国土空间总体规划编制指南（试行）》指出，要完善城乡基础设施和公共服务设施网络体系，改善可达性，构建不同层次和类型、功能复合、安全韧性的城乡生活圈；城乡生活圈可分为都市生活圈、城镇生活圈、社区生活圈等。2021年，自然资源部印发的《社区生活圈规划技术指南》（TD/T 1062—2021）给出了社区生活圈的具体定义，指在一定的空间范围内，全面与精准解决生活各类需求、融合居住和就业环境、强化凝聚力和应急能力的社区生活共同体。生活圈建设也已成为新时代国土空间规划的重要内容之一。目前，上海、北京、广州、长沙、济南、厦门、杭州、武汉等城市已经出台了当地的社区生活圈规划和相应导则。社区生活圈日益成为城市地理和城市规划等相关学科的研究前沿，社区生活圈评估也得到了加速推进（肖作鹏等，2014；柴彦威和李春江，2019；李彦熙等，2021）。社区周边公共服务设施等空间要素的分布特征、可达性、完整度和匹配度是社区生活圈评估的核心内容。分布特征重点在于讨论15min覆盖范围内公共服务设施的具体分布情况（张夏坤等，2021）；可达性讨论在一定的时间范围内可达到的公共服务设施（韩增林等，2020）；完整度研究生活圈范围内公共服务设施的类型以及完善程度（金云峰和杜伊，2018）；匹配度基于人口的分布特点，探讨人口空间特征与公共服务设施的匹配关系（常飞等，2021）。社区生活圈研究从"以物为本""见物不见人"的城市发展观转向"以人为本""人民的城市"发展观，从关注数量规模增加转向重视内涵质量提升（柴彦威和李春江，2019）。

2. 高质量发展与城市可持续性评价两者的关系

城市可持续性已成为全球最重要的城市发展议题。联合国第十一个可持续发展目标提出建设包容、安全、有抵御灾害能力和可持续的城市及人类住区，标志着人类开始共同采取行动来应对诸多城市问题。联合国城市可持续发展目标契合了城市高质量发展中对城市人居环境建设的要求，城市可持续性评价作为验证城市居住环境的重要手段，对于推进城市可持续转型发展和实现高质量发展意义重大。

城市可持续性评价模型主要分为基于指标体系的评价方法和基于单一单元（如生物生产性土地、水、能源等）的评价方法两类。基于指标体系的评价方法主要通过建立综合指标体系来对城市可持续性进行评价，这类方法通过从环境、经济、社会等多个角度出发，按照一定的标准选取适当的指标构成指标体系，再通过一定的权重计算方法得到子指标权重，逐层加权得到最终评价结果。基于单一单元的评价方法旨在通过一种在经济、社会和自然过程方面受到限制，且在衡量可持续性时要考虑的单一单元来进行经济活动和环境保护两者之间的平衡。基于单一单元的评价方法无法像基于指标体系的评价方法一样考虑众多方面，但能够通过单一单元来构建同各类经济、社会活动和环境变化之间的关系，能够提供清晰的动态演化图。

1）基于指标体系的评价方法

20 世纪 60 年代以来，人类文明逐渐步入生态文明模式，可持续发展理念逐渐深入人心。自 1987 年世界环境与发展委员会正式提出可持续发展的概念和 1992 年联合国环境与发展大会制定《21 世纪议程》（Dahl，2014）以来，可持续发展指标体系研究开始蓬勃发展。联合国可持续发展委员会参照《21 世纪议程》观点要求，提出了以"驱动力–状态–响应"为基本构架，包括社会、经济、环境、制度四类共 134 个指标的可持续发展指标体系（Zhou et al.，2015），为各国指标体系构建提供了参照，但同时也存在着数据难以获得、可操作性差等问题。2006 年，中国科学院提出了一套包括总体层、系统层、状态层、变量层和要素层五个层级的中国可持续发展指数（Liu et al.，2015b）。2007 年，中国现代化战略研究课题组等联合提出了一套涉及 12 个领域，包括 3 个子指数和 30 个具体指标的生态现代化指数。2012 年，Mori 和 Christodoulou 讨论了城市可持续发展评价中存在的概念问题，包括可持续概念、城区定义、城市可持续以及发展水平不同的城市评价存在的差距，并从考虑外部影响和三重底线以及方法方面对众多城市可持续指标进行了总结和评价，提出了构建新型城市可持续指标的四点要求，于 2015 年提出了城市可持续发展指标的方法框架（Mori and Yamashita，2015），为城市可持续性评价提供了重要的理论支持；之后分析了不同的城区定义和边界划分方法对城市可持续评价指标的影响（Uchiyama and Mori，2017）。然而，如表 3-3 所示，城市可持续发展指数很少考虑真正的"城区"，绝大多数指数采用行政区划边界来进行指标的计算。多数指数甚至只包括原始指标和人均指标，发展中城市的指数往往高估，而发达城市的指数往往低估（Atasoy，2017）。此外，不同类型的指标，即原始指标、人均指标、地均指标的影响仍不明确。

表 3-3　城市可持续发展指数指标类型及城区定义

可持续发展指数	原始指标	人均指标	地均指标	城区定义
环境可持续指数 （environmental sustainability index，ESI）	√	√	√	人口化土地面积
环境脆弱性指数 （environmental vulnerability index，EVI）	√	√		
环境绩效指数 （environmental performance index，EPI）	√	√		
环境退化指数 （environmental degradation index，EDI）	√	√		
国家生物多样性指数 （national biodiversity index，NBI）	√			
城市总体发展指数 （gross city development index，GCD-Index）	√	√		
人类发展指数 （human development index，HDI）	√	√		
地球生态指数 （living planet index，LPI）	√			
绿色城市指数 （green city index，GCI）	√	√		行政区
城市发展指数 （city development index，CDI）	√	√		行政区
全球城市指数 （global urban index，GUI）	√	√		行政区

2）基于单一单元的评价方法

生态足迹（ecological footprint，EF）（Herva and Roca，2013；Galli et al.，2014；Fu et al.，2015）是一种通过比较给定人口区域的生态系统承载力与人类的资源消耗和废弃物量之间关系来衡量当前生态系统可持续发展能力的方法。生态效率法是一种重要的定量分析方法（Tremblay et al.，2012；Picazo-Tadeo et al.，2012；Teng and Wu，2014），它通过计算广义的"产出/投入"，来衡量一个区域的可持续发展程度。数据包络分析（data envelopment analysis，DEA）（Soteriou and Stavrinides，2000；Carayannis et al.，2016）是以相对效率概念为基础的一种系统性分析方法，对于相同类型决策单元，根据多指标投入和多指标产出进行相对有效性评价，可以解决生态效率法因缺乏数据而无法核算的问题。实际中常将两种方法相结合构成生态效率 DEA，用于生态可持续发展评价（Ullah et al.，2016）。

3）赋权方法

指标权重综合计算方法有很多，当前主流的赋权方法有平均赋权法（He et al.，2015）、德尔菲法（Mukherjee et al.，2015）、层次分析法（Saaty and Vargas，2012）、主成分分析法（Bro and Smilde，2014）和因子分析法（Asparouhov and Muthén，2014）、熵权法等。

尽管各国从不同方面提出了各种可持续性评价指标，然而这些指标也存在一些问题。首先，不同的城区定义和边界划分方法对城市可持续评价指标有巨大影响，但大多数城市可持续发展指数并未考虑城区的影响而直接采用行政区划。其次，各类评价方法在评估不同经济水平的城市时存在偏见。发达城市在经济方面的良好表现经常可以抵消环境方面的不良表现（Uchiyama，2017）。使用与经济和人口高度相关的原始指标、人均指标可能与这个问题高度相关，但不同类型指标（原始指标、人均指标、地均指标）对评价结果的影响仍不明确。最后，由于不同模型之间的不可比性，结果的准确性难以验证。总之，目前还缺乏一种考虑真正"城区"而不是行政区的客观、可靠的城市可持续性评价方法。

3.4.2　城市高质量发展对时空信息的需求

时空信息，是国家经济社会发展和资源管理的重要战略性信息资源与关键生产要素，对开展数字化治理、提升高质量发展水平至关重要。当前，我国正处于以数字化转型助力高质量发展的关键时期。高质量背景下，发展的目的不再是解决"有没有"的问题，而是要解决"好不好"的问题。实现城市高质量发展必须从过去注重速度和规模转向效率和质量，其中，时空信息数据作为测度城市发展效率和质量的重要数据基础，已成为当前学者们研究的重点，真实客观的时空信息是得出真实客观结论的前提，在客观真实数据信息的基础上构建一套科学合理的评价指标体系，对于推动城市高质量发展意义重大。

城市高质量发展对时空信息的需求，主要包含以下三类数据：①官方数据。官方数据包括地理国情监测、年度土地变更调查、第三次全国国土调查数据等行业部门地理信息数据，以及部门统计资料、统计年鉴、行业统计公报等权威发布的社会经济数据。官方数据具有规范、权威等特点，在一定程度上满足了学者们城市高质量研究。②社会大数据。社会大数据因其能够捕捉人的行为、地块功能和活力等优点，能够弥补常规数据与手段难以发现的某些城市发展现象及问题，但也存在一定的局限性，如冗余问题、真实性问题和代表性问题；同时，POI数据拥有的属性也有限，不包含公共服务设施的规模、等级、所有权等信息，因此，大数据的使用应与官方数据相结合，以确保评估结果准确可信。③遥感数据。遥感具有全面性、准确性、时效性等特点，在监测土地类型变化方面具有优势，与其他数据相结合可服务于地区公共服务设施和国土空间利用的客观评价。新一代空间、人工智能等技术赋予了时空信息获取技术创新发展的新动能。

3.4.3　城市高质量发展分析方法

高质量发展包括众多方面，其中高质量的公共服务要求和高质量的人居环境是高质量城市所关注的两块重要内容，本书从社区生活圈评估和城市可持续性评价两个方面阐述城市高质量发展分析方法。

1. 社区生活圈评估方法

社区生活圈体现了"以人民为中心"的城市发展观，以顺应社情民意、服务市民生活为主要出发点，打造高品质社区、提升居民幸福感。本书所指的社区生活圈是社区公共资源配置和社会治理的基本单元，是在步行可达范围内，配备居民日常生活所需的各类基本服务功能和公共活动场所，以及安全、便捷、舒适、绿色的生活空间。本书选用与居民生活息息相关的六类公共服务设施作为研究对象，采用缓冲区分析、网络分析、覆盖率分析等方法，首次在全国层面开展社区生活圈评估，以促进人民生活充实安定、居住环境品质的改善。

1）评估指标构建

综合考虑指标代表性和数据可获取性，选取社区公交站点步行5min覆盖率、社区购物步行5min覆盖率、社区卫生服务设施步行15min覆盖率、社区中小学步行15min覆盖率、公园绿地步行5min覆盖率、社区体育设施步行15min覆盖率六大指标，从出行便捷、购物便利、医疗共享、教育服务、社区体育、绿色休闲六个方面对社区生活圈的建设情况进行体检评估，其内涵、数据来源及计算方法见表3-4。

表3-4　社区生活圈指标内涵及计算方法

名称	范围	内涵	数据来源及计算
社区公交站点步行5min覆盖率	城区	指公交站点5min步行范围覆盖的居住小区占所有居住小区的面积比例	基于抓取的百度POI、点评数据（如大众点评）矢量点数据，首先对不同来源数据进行名称、类别及空间位置相似度计算，实现多源数据的清洗与融合；然后对数据属性及类别进行筛选，得到城市涉及"公交站点"矢量点数据；进一步计算其300m缓冲区内的城镇居住小区面积，其中若相交面积大于某一居住小区面积的50%，则服务面积为该居住小区的整体面积，若相交面积小于50%，则认为为0。最后计算服务面积与城区内城镇居住小区面积的比值，得到社区公交站点步行5min覆盖率
社区购物步行5min覆盖率	城区	指购物中心5min步行范围覆盖的居住小区占所有居住小区的面积比例	基于抓取的百度POI、点评数据（如大众点评）矢量点数据，首先对不同来源数据进行名称、类别及空间位置相似度计算，实现多源数据的清洗与融合；然后对数据属性及类别进行筛选，得到城市涉及"购物中心、便利店、商场等"矢量点数据；进一步计算其300m缓冲区内的城镇居住小区面积，其中若相交面积大于某一居住小区面积的50%，则服务面积为该居住小区的整体面积，若相交面积小于50%，则认为为0。最后计算服务面积与城区内城镇居住小区面积的比值，得到社区购物步行5min覆盖率

名称	范围	内涵	数据来源及计算
社区卫生服务设施步行15min覆盖率	城区	指卫生服务设施15min步行范围覆盖的居住小区占所有居住小区的面积比例	基于抓取的百度POI、点评数据（如大众点评）矢量点数据，以及智慧城市时空大数据平台中积累的涉及卫生服务数据，首先对不同来源数据进行名称、类别及空间位置相似度计算，实现多源数据的清洗与融合；然后对数据属性及类别进行筛选，得到城市涉及"医疗保健中心、卫生室、诊所等"卫生服务中心、"医疗保健的卫生站、卫生点"卫生服务站矢量数据；对于服务中心，计算其1km缓冲区内的城镇居住小区面积，对于服务站，计算其300m缓冲区内的城镇居住小区面积，最后合并二者相交区域，其中若相交面积大于某一居住小区面积的50%，则服务面积为该居住小区的整体面积，若相交面积小于50%，则认为为0。最后计算服务面积与城区内城镇居住小区面积的比值，得到社区卫生服务设施步行15min覆盖率
社区中小学步行15min覆盖率	城区	指中小学15min步行范围覆盖的居住小区占所有居住小区的面积比例	基于抓取的百度POI、点评数据（如大众点评）矢量点数据，以及智慧城市时空大数据平台中积累的涉及教育学校数据，首先对不同来源数据进行名称、类别及空间位置相似度计算，实现多源数据的清洗与融合；然后对数据属性及类别进行筛选，得到城市"小学"和"中学"矢量点数据；进一步计算其1km缓冲区内的城镇居住小区面积，其中若相交面积大于某一居住小区面积的50%，则服务面积为该居住小区的整体面积，若相交面积小于50%，则认为为0。最后计算服务面积与城区内城镇居住小区面积的比值，得到社区小学步行15min覆盖率
公园绿地步行5min覆盖率	城区	指公园绿地5min步行范围覆盖的居住小区占所有居住小区的面积比例	基于抓取的百度POI、点评数据（如大众点评）矢量点数据，以及智慧城市时空大数据平台中积累的大于400m²以上的公园绿地矢量面数据，首先对不同来源数据进行名称、类别及空间位置相似度计算，实现多源数据的清洗与融合；然后对数据属性及类别进行筛选，得到城市"公园绿地"矢量数据；进一步计算其300m缓冲区内的城镇居住小区面积，其中若相交面积大于某一居住小区面积的50%，则服务面积为该居住小区的整体面积，若相交面积小于50%，则认为为0。最后计算服务面积与城区内城镇居住小区面积的比值，得到公园绿地步行5min覆盖率
社区体育设施步行15min覆盖率	城区	指体育设施15min步行范围覆盖的居住小区占所有居住小区的面积比例	基于抓取的百度POI、点评数据（如大众点评）矢量点数据，以及智慧城市时空大数据平台中积累的涉及体育场馆矢量数据，首先对不同来源数据进行名称、类别及空间位置相似度计算，实现多源数据的清洗与融合；然后对数据属性及类别进行筛选，得到城市涉及"综合体育馆、游泳馆、健身中心、网球场、足球场、足球馆、篮球馆、排球馆、羽毛球馆、乒乓球馆等"矢量点数据；进一步计算其1km缓冲区内的城镇居住小区面积，其中若相交面积大于某一居住小区面积的50%，则服务面积为该居住小区的整体面积，若相交面积小于50%，则认为为0。最后计算服务面积与城区内城镇居住小区面积的比值，得到社区体育设施步行15min覆盖率

2）缓冲区分析法

缓冲区分析法用于计算小区一定半径距离内的某类公共服务设施数量、面积等。一定半径距离所覆盖的部分即缓冲区，通常认为缓冲区范围内的人群能够到达公共服务设施，而缓冲区以外的人群则不能享受到该服务。该方法计算简单，易于在规划中使用。

3）网络分析法

网络分析法可以基于现状路网构建交通网络体系进行服务范围分析，相较于直接选取直线距离作为服务半径，能更加真实地反映设施点的实际服务范围。具体分析步骤为：①在道路数据属性表中对道路进行速度赋值，根据道路长度计算出步行所耗时间，添加步行时间成本属性作为时间阻抗，构建出具有拓扑关系的城市道路交通网络；②基于创建的道路网络数据集通过网络分析工具构建服务区，加载公共服务设施的位置点，依据《社区生活圈规划技术指南》（TD/T 1062—2021）提出的公共服务设施15min步行可达要求，设置15min阻抗中断值，求解公共服务设施15min服务区范围；③采用空间连接方法将公共服务设施15min服务区与城市小区进行叠加处理，得到公共服务设施15min服务区所能覆盖的小区数，进而获得公共服务设施小区覆盖率。

4）覆盖率

服务区分析模型中设定距离阻抗，以某类公共服务设施为中心生成"反向社区生活圈"，如果该范围覆盖了某小区，就说明该小区在社区生活圈内可以到达该类公共服务设施。测度公式为

$$覆盖判断：Y_{n,a} = \begin{cases} 1 & Y \in \sum_{i=1}^{m} S_{a_i} \\ 0 & 其他 \end{cases} \tag{3-21}$$

$$覆盖率：R_a = \frac{\sum_k M_{n(a)}}{\sum_{n=1}^{k} M_n} \tag{3-22}$$

式中，$Y_{n,a}$ 为小区在1km内是否存在 a 类公共服务设施，存在即表示被覆盖；S_{a_i} 为网络分析中第 i 个 a 类设施的步行可达范围，共有 m 个设施点；$M_{n(a)}$ 为被 a 类公共服务设施覆盖的小区人口总和；$\sum_{n=1}^{k} M_n$ 为某区域内 k 个小区的总人口数。

2. 城市可持续性评价方法

合理的评价指标体系是可持续性评价的基本要求，受城市类型、城市发展水平、人口数量等诸多因素影响，构建一种能够考虑上述因素影响的城市可持续评价模型是开展横向比较的关键。将笔者研究团队得到的城区面积引入城市可持续评价，摒弃原始（总量）指标、人均指标、地均指标混用的做法，统一采用地均指标，构建城市地理环境指数（urban geographic environment index，UGEI）模型（图3-6），并同采用原始（总量）指标、人均指标和以城市行政区面积为分母的地均指标结果进行比较，验证模型的客观性和可靠性，并从压力、状态、响应及总体状态等方面对城市可持续性进行评价。

1）城市地理环境指数模型

城市地理环境指数模型包括压力（P）、状态（S）和响应（R）三个因素。考虑森林、草原、耕地、湿地、建设用地、大气等与自然资源和地理环境密切相关的方面，从上

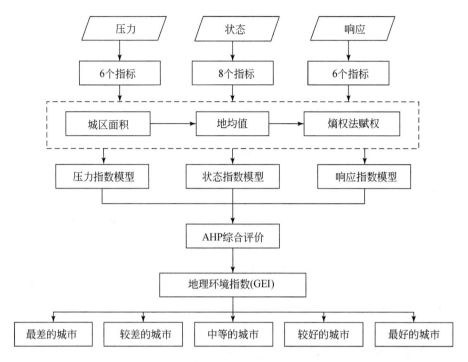

图 3-6 城市地理环境指数模型框架

述三个因素中选取 20 个指标构建指标体系，具体指标体系见表 3-5。

表 3-5 城市地理环境指数指标体系

子指数	组成	指标内容	单位
压力（P）	人口	P_1 人口数	万人
		P_2 人口自然增长率	%
	产业结构	P_3 第二产业占比	%
	污染物排放	P_4 一般工业固体废物产生量	万 t
		P_5 污水排放量	100 万 t
		P_6 废气主要污染物排放量	100t
状态（S）	生物量	S_1 生物丰度指数	无量纲
	地表覆盖	S_2 建筑物用地面积	km^2
		S_3 耕地面积	km^2
		S_4 林地面积	km^2
		S_5 草地面积	km^2
		S_6 其他植被覆盖面积	km^2
		S_7 水域面积	km^2
	空气质量	S_8 全年空气良好天数	天

子指数	组成	指标内容	单位
响应（R）	植树种草	R_1 造林面积	km^2
	环保投资	R_2 水利、环境和公共设施管理业投资	亿元
		R_3 农林牧渔业投资	亿元
	污染治理	R_4 污水处理厂集中处理率	%
		R_5 一般工业固体废物综合利用率	%
		R_6 生活垃圾无害化处理率	%

环境压力主要从人口、产业结构和污染物排放三方面进行分析。选择 P_1 和 P_2 反映人口压力，P_3 反映工业化的压力，$P_4 \sim P_6$ 反映典型的污染物及废弃物处理。环境状况取决于生物的丰度、土地覆盖、水和空气的质量。S_1 是反映生物丰度的生物丰度指数，S_2 作为负向指标反映土地覆盖中建筑面积，$S_3 \sim S_6$ 反映耕地、林地、草地及其他植被覆盖土地的分布现状，S_7 反映水资源状况，S_8 反映主要城市空气质量的总体情况。人类的响应主要包括预防、保护和投资等。R_1 反映植树造林情况，R_2、R_3 反映环保投资情况，$R_4 \sim R_6$ 反映污染治理情况。

2）引入城区面积的指标计算

城市的面积和人口都是衡量一个城市大小和发展程度的重要指标，在目前的城市可持续发展评价研究中，评价体系以总量指标和人均指标为主，较少采用地均指标，地均指标中也多以行政区面积为基础做平均，且同一指标体系中三类指标混用情况较多（Mori and Christodoulou，2012）。以 GDP 为例，城市 GDP 为总量指标，人均 GDP 为人均指标，GDP除以城市面积则为地均指标。

A. 总量指标、人均指标及地均指标的比较

城市作为人类活动最为频繁的区域，各类型城市的发展水平各异，人口数量各不相同，直接采用总量指标容易受到城市发展水平的影响，导致发达城市的评价结果偏好（Uchiyama，2017）；采用人均指标则对于人口数量稀少，人均资源量较大的城市有利；城市作为人口流动频繁的区域，采用人均指标意味着评价结果也将随着人口的变化而频繁变化。与指标值范围不固定的总量指标和人口指标不同，城市面积受土地资源限制，是有上限的指标。同样，自然资源总量也有限，不论城市发展如何、人口多少，资源环境承载力是有限的（Liu et al.，2015b）。因此，采用地均指标相对于总量指标和人均指标更能够客观评价城市可持续发展状况，相对于三类指标和混合指标体系有着更为明确的评价方向和实际意义。

B. 城区面积与行政区面积的比较

地均指标可分为采用城市行政区面积为分母的地均指标和采用城区面积为分母的地均指标，而城区的定义和划分方法不同又有着多种含义（Uchiyama and Mori，2017）。行政区面积是在历史、政策等多种因素影响下人为划分的行政界线，通常固定不变，行政区边界与城市的发展状况相关性不大，行政界线划分的任意性使其很容易得出不合理

的评价结论（Fiala，2008）。而城区面积作为城市行政区中最为集中的人类活动区，随城市发展而变化，与城市状况紧密相关。以北京和上海为例，北京的行政区面积是上海的两倍多，而城区面积则相差不大。在其他条件相似的情况下，采用以城市行政区面积为分母的地均指标必然导致上海的评价结果远优于北京，这显然是不合理的，而采用城区面积则能够克服这一缺陷，客观反映城市的发展情况，同时也不会受到城市发展的制约。因此，选择城区面积进行地均值的计算。

C. 引入城区面积的地均值计算

由于综合评价体系中指标较多，类型各异，每个指标的数据类型、阈值范围各不相同，直接比较十分困难。因此，在数据标准化前对原始数据进行预处理。主要步骤如下：①从地理国情普查和监测数据、城区数据和统计年鉴中统计与查阅得到具体指标值；②将同类型指标的单位进行统一；③除百分比类型和无量纲类型的指标外，将其他指标值与城区面积的比值作为地均指标。

3）结合 AHP 和熵权法的综合赋权方法

采用 AHP 和熵权法相结合的综合赋权方法，该方法在高层次指标方面采用 AHP 进行赋权，在低层次指标方面采用熵权法进行赋权。其主要原因在于人类能够结合个人所学专业知识，对高层次指标之间的权重进行总体评价，得到一个相对公正的评价结果，而 AHP 能够满足这些条件。但是针对一些底层次指标的赋权，一方面由于在未了解实际数据情况之前，各专家很难通过专业知识来得到一个符合实际情况的权重；另一方面由于底层次指标过多，若通过 AHP 赋权需要花费大量的精力，且容易出现指标权重相互冲突现象。因此，选取能够根据数据客观分布情况来进行权重计算的熵权法，该方法能够利用数据的信息量来进行赋权，充分利用了数据特征，客观性极强，再结合高层次指标权重的专家把控，能够获得一个客观、合理的指标加权计算结果。

指标体系中各级指标的权重见表 3-6，其中压力指数、状态指数和响应指数的权重由 AHP 计算得到，下层基本指标的权重通过熵权法计算得到。

表 3-6   GEI 各级指标权重 （单位:%）

子指数	权重	指标内容	权重
压力（P）	25	P_1 人口数	2.35
		P_2 人口自然增长率	2.64
		P_3 第二产业占比	2.17
		P_4 一般工业固体废物产生量	5.56
		P_5 污水排放量	4.69
		P_6 废气主要污染物排放量	3.79

子指数	权重	指标内容	权重
状态（S）	50	S_1 生物丰度指数	4.10
		S_2 建筑物用地面积	1.73
		S_3 耕地面积	9.39
		S_4 林地面积	10.34
		S_5 草地面积	12.59
		S_6 其他植被覆盖面积	9.15
		S_7 水域面积	8.66
		S_8 全年空气良好天数	2.01
响应（R）	25	R_1 造林面积	6.54
		R_2 水利、环境和公共设施管理业投资	4.95
		R_3 农林牧渔业投资	6.23
		R_4 污水处理厂集中处理率	0.91
		R_5 一般工业固体废物综合利用率	1.69
		R_6 生活垃圾无害化处理率	0.53

4）城市地理环境指数计算及分级

城市地理环境指数是一个涉及多个方面的综合评价模型，每个城市都有众多指标来进行评价，分层次计算综合指数值能够得到更加系统的评价结果。具体计算过程如下：

A. 压力指数计算

$$PI = \sum_{i=1}^{n} P_i w_i \tag{3-23}$$

式中，PI 为压力指数；P_i 为压力指数下级的第 i 个指标；w_i 为指标 P_i 的权重。

B. 状态指数计算

$$SI = \sum_{i=1}^{n} S_i w_i \tag{3-24}$$

式中，SI 为状态指数；S_i 为状态指数下级的第 i 个指标；w_i 为指标 S_i 的权重。

C. 响应指数计算

$$RI = \sum_{i=1}^{n} R_i w_i \tag{3-25}$$

式中，RI 为响应指数；R_i 为响应指数下级的第 i 个指标；w_i 为指标 R_i 的权重。

在计算得到压力指数、状态指数、响应指数及最终的城市地理环境指数后，利用自然间断点的方法对指数值进行分级，并创建区域分级专题地图。

| 第4章 | 城市空间扩展监测分析实践

改革开放以来，中国经历了一个起点低、速度快、规模大的城镇化发展过程，取得了重大进展。快速增长的城市人口和粗放的城市空间利用给城市可持续发展带来了巨大的压力，为应对快速城镇化带来的挑战，生态城市、精明增长、新型城镇化、智慧城市等城市发展理念应运而生。合理控制城镇增长边界，优化城市空间结构，促进城市紧凑发展已经成为城市可持续发展的内在要求。开展城市扩展监测分析，对于准确把握城镇化进程，科学开展城市规划和建设，促进城市可持续发展有着极为重要的作用。

本章选取全国338个地级以上城市作为城市空间扩展监测分析示例区，以高分辨率遥感影像数据为主，结合地理国情普查和监测中的高精度地理信息数据，综合考虑不同地区、不同规模的城市地理特征、影像特征、功能属性等，开展城市空间扩展遥感监测分析，形成了2000年、2005年、2010年、2015年、2017年5期城区边界数据成果，结合人口、经济、土地利用等专题数据，从城市时空扩展过程、城市空间形态变化、城市用地效率、城市扩展协调性和城市扩展占用土地类型5个方面对全国338个地级以上城市2000~2017年以来的城市空间扩展进行分析评价。

4.1 概　　况

4.1.1 研究区

城市空间扩展监测分析是以31个省级行政区域（不含港澳台）范围内的338个地级以上城市市辖区范围为研究区，其中包含293个地级市，30个自治州，8个地区，4个直辖市，3个盟（图4-1），城市名录详见附表。

4.1.2 数据源

本章采用的数据主要包括城区边界数据、土地利用数据、人口和GDP数据。其中城区边界数据来源于笔者研究团队牵头承担的原国家测绘地理信息局（现合并至自然资源部）省部级项目"全国地级以上城市及典型城市群空间格局变化监测项目"成果，由全国31家原省级测绘地理信息局通过遥感监测方法生产获得，具体方法详见本书2.4.1节。土地利用数据来源于中国科学院资源环境科学与数据中心2000年的中国1∶10万比例尺土地利用数据，按照其原始分类体系（表4-1）进行数据类型合并到一级类后使用，最终用于城市扩展占用土地类型分析的类型为5类：耕地、林草地（含草地和林地两个一级

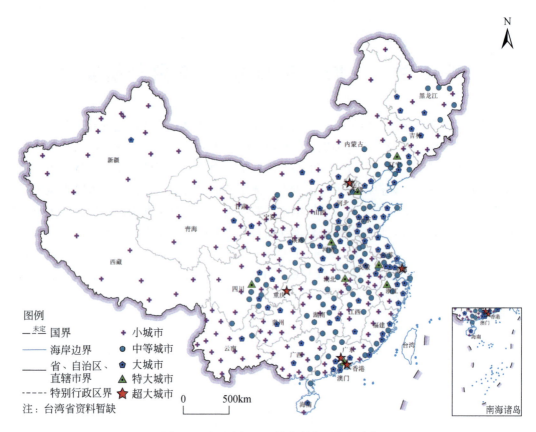

图 4-1　全国地级以上城市研究区分布示意
地级以上城市范围包括市辖区，地区、自治州、盟政府驻地所在县域范围
（来源：《中华人民共和国行政区划简册 2017》）

类）、建设用地（含城乡、工矿、居民用地）、水域、未利用地。GDP 数据来源于各年份的《中国城市统计年鉴》。人口数据来源于 WorldPop（www. worldpop. org）全球高分辨率人口计划项目，该数据集空间分辨率为 100m，总体精度较高，目前被广泛应用于各个研究领域。

表 4-1　土地利用分类体系

一级土地利用分类	二级土地利用分类
1 耕地：指种植农作物的土地，包括熟耕地、新开荒地、休闲地、轮歇地、草田轮作地；以种植农作物为主的农果、农桑、农林用地；耕种三年以上的滩地和海涂	11 水田、12 旱地
2 林地：指生长乔木、灌木、竹类以及沿海红木林等林业用地	21 有林地、22 灌木林、23 疏林地、24 其他林地
3 草地：指以生长草本植物为主，覆盖度在 5% 以上的各类草地，包括以牧为主的灌丛草地和郁闭度在 10% 以下的疏林草地	31 高覆盖草地、32 中覆盖草地、33 低覆盖草地

一级土地利用分类	二级土地利用分类
4 水域：指天然陆地水域和水利设施用地	41 河渠、42 湖泊、43 水库坑塘、44 永久性冰川雪地、45 滩涂、46 滩地
5 城乡、工矿、居民用地：指城乡居民点及其以外的工矿交通等用地	51 城镇用地、52 农村居民点、53 其他建设用地
6 未利用地：目前还未利用的土地，包括难利用的土地	61 沙地、62 戈壁、63 盐碱地、64 沼泽地、65 裸土地、66 裸岩石质地、67 其他

其中"全国地级以上城市及典型城市群空间格局变化监测项目"所生产的城区边界数据共有两个版本，2016 年项目监测获得了第一版数据，具体包括 2000 年、2005 年、2010 年、2015 年和 2016 年 338 个全国地级以上城市市辖区范围的城区边界数据。在 2017 年项目实施过程中，根据数据应用的新需求，对城区边界提取技术要求进行了修改完善。具体技术要求更新完善的内容包括以下 5 项：①多期城区边界在实际未发生变化区域，应保持共边；②城区原则上不会出现逆增长，若发生重大变化，不属于拆迁改造等情况时按实际边界勾绘；③城区应符合集中连片判别规则，避免遗漏集中连片城市景观区域、机场和城市公园等；④紧邻城区边界线的农林用地不能归入城区；⑤两期影像中地物实际未发生变化时，不能随意更改其中某一期的边界，应保持边界共边，不对第一版数据做修改。

在上述技术要求修改完善的基础上，对 2016 年形成的数据产品进行了更新，得到了第二版 2000 年、2005 年、2010 年、2015 年、2016 年和 2017 年全国地级以上城市城区边界数据产品。本章中所使用的数据是 2017 年更新后所获得的 2000 年、2005 年、2010 年、2015 年和 2017 年的城区边界数据成果。

4.1.3 主要内容

利用 2000 年、2005 年、2010 年、2015 年、2017 年主体优于 2m 分辨率的遥感影像数据结合其他参考资料，完成全国 338 个地级以上城市城区边界数据采集；结合收集到的人口、经济、社会等专题资料，以及土地利用数据，从全国、地区、不同规模等级城市等多个空间尺度对城市扩展时空过程、城市空间形态变化、城市用地效率、城市扩展协调性，以及城市扩展占用土地类型进行分析。

4.2 城区边界产品精度评价

为了验证本书提出的城区边界遥感监测精度，收集了国内外其他研究学者的相关产品与本研究产品进行总体和典型城市两组对比分析。总体对比结果如图 4-2 所示。A 指世界银行组织发布的《东亚变化中的都市景观》中的成果，主要采用 MODIS 影像进行自动分类提取；B 指王雷等（2012）在《中国 1990～2010 年城市扩张卫星遥感制图》中公布的

成果，主要采用 Landsat TM/ETM+影像进行人工目视解译提取得到；C 为本书的城区边界
提取结果。其中，A 中上海和广州提取的成果，与其他成果范围不一致，不加入比较，A、
B 中拉萨的提取结果未公布，也不加入比较。从图 4-2 中展示的总体趋势可以看出，成果
A 的城区面积明显大于成果 B 和成果 C 的城区面积，成果 B 与成果 C 的城区面积接近。
根据成果 A，中国省会城市区域 2000 年的平均面积为 427.68km²，2010 年为 636.00km²，
成果 B 显示为 206.68km²（2000 年）、368.62km²（2010 年），本研究结果为 242.72km²
（2000 年）、363.90km²（2010 年）。从面积均值来看，成果 B 与本研究结果 2000 年差距
较大，为 14.85%，2010 年差距较小，为 1.30%，而成果 A 与两者差异较大，基本为两者
各自面积的 2 倍左右。对三组提取结果分年份两两进行显著性检验（t 检验），结果显示，
成果 A 与成果 B、成果 C 的差异均较大，成果 B 与本研究结果通过 0.01 水平显著性检验。
差异较大的城市主要有北京、重庆等，选择 2010 年的北京及重庆的三种成果进行比较，
如图 4-3 和图 4-4 所示。

　　北京的成果对比结果显示（图 4-3），（a）中成果 A 的城区覆盖范围远超过成果 B 和
成果 C，从高分辨率影像中可以看出，成果 A 提取的城区范围包含大量耕地、林地，甚至
山区也错误划分为城区，精度最差，主要由于 MODIS 的分辨率远低于后两者采用的影像，
在精度和粒度上难以达到中高分辨率的提取水平，不再加入后续重庆地区的比较。成果 B
与本研究结果比较，整体差异不大，通过图中放大结果显示，（b）中部分含有明显聚集的
高层建筑的城市区域在成果 B 中被排除在外，（c）中城乡接合部的低矮建筑、（d）中的
大片农田区域、（e）中的部分农村区域却在成果 B 中被错误地划为城区。总体上成果 A
精度较差，成果 B 精度较高，本研究结果精度最高。

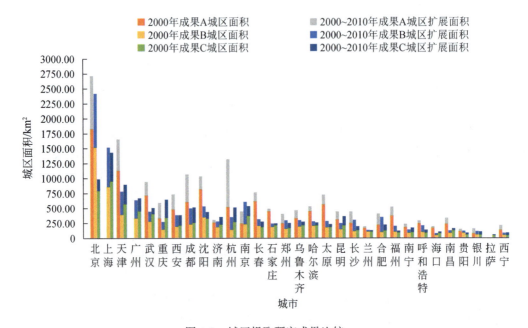

图 4-2　城区提取研究成果比较

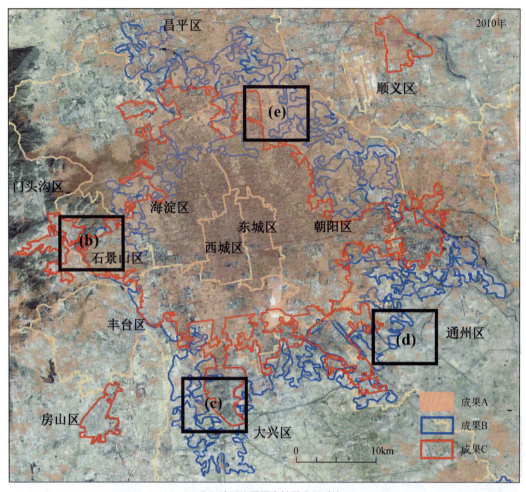

(a)北京城区边界提取结果全局对比

(b)成果B漏提有明显聚集的高层建筑   (c)成果B误提城乡接合部的聚集建筑

(d)大片农田被归为城区　　　　　　　　　(e)大片农村居民点集聚区被归为城区

图 4-3　成果 A～C 的 2010 年提取结果对比示例——北京

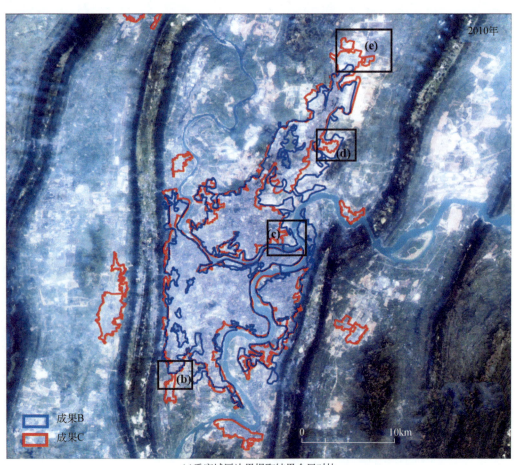

(a)重庆城区边界提取结果全局对比

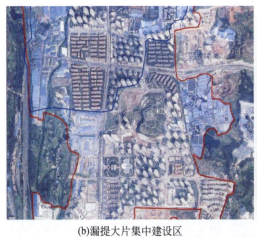

(b)漏提大片集中建设区   (c)部分农田和裸地归入了城区

(d)源数据分辨率低导致边界提取精度不足   (e)漏提集中连片建设区

图 4-4 成果 B 和 C 的 2010 年提取结果对比示例——重庆

重庆的成果对比结果显示（图 4-4），造成成果 B 与本研究相差较大的原因是本研究对重庆市辖区中各个区的城区均进行了提取和统计，成果 B 中只提取了市政府所在地的城区范围，从而造成统计数值上的偏差，选取本研究市政府所在地的城区统计面积为 273.71km²，与成果 B 的重庆城区面积 269.39km² 仅差 1.60%。（a）展示了主要城市区域两者结果的整体情况，可以看出提取结果总体一致，在具体边界细节稍有不同。（b）～（e）展示了更为具体的边界差异，从（b）、（e）中可以看出，成果 B 存在部分城区漏提的现象，（c）则存在误提的现象，而（d）则展示了本研究成果在建筑物边界提取的精细和准确程度方面优于成果 B。

综上，通过将三类不同数据源提取的成果进行比较可以看出，数据源的分辨率对于城区边界提取结果精度有显著影响，低分辨率的数据源同中高分辨率的数据源得到的结果有近一倍的差距。利用高分辨率数据源进行城区边界提取的方法，能够有效避免中低分辨率数据源造成的误提、漏提、边界精度较差等现象，能够准确区分城区、城乡接合部、农村，也能够准确获取城市内部要素分布、形态和结构信息，提取结果对于把握城市发展具有重要的作用。

4.3　全国地级以上城市扩展时空过程分析

4.3.1　全国城市扩展总体情况

2017 年全国 338 个地级以上城市的城区面积总和达 37 990.29km²，相比 2000 年扩展了 20 846.91km²，是 2000 年全国城市城区面积总和的 122.60%，扩展强度为 7.15%，年均扩展面积达到 1226.29km²。城区面积在 500km² 以上的城市较 2000 年增长了 3.26%，同时城区面积在 50km² 以下的城市较 2000 年减少了 30.27%，城区面积在 50 ~ 300km² 的城市增长显著，城区面积已达到 100km² 及以上的城市超过 28.19%（图 4-5）。

图 4-5　2000 年和 2017 年全国地级以上城市城区面积分布统计

2000 ~ 2017 年，全国地级以上城市城区扩展显著，其中扩展面积在 50 ~ 100km² 的城市与扩展面积在 100 ~ 300km² 的城市个数相当，分别为 47 个和 42 个，另有 240 个城市的扩展面积在 50km² 以下。扩展面积大于 300km² 的城市有 9 个，占全部统计城市的 2.66%，其在全国范围内分布并不均匀，主要分布在东部地区（上海、杭州、深圳、天津、苏州、青岛）和西部地区（重庆、成都、西安），且均为大城市及以上规模城市。城区扩展面积在 100 ~ 300km² 的城市大部分分布在东部地区，其余地区城市个数相当；就城市规模来看，这一区间以大城市为主，大城市及以上规模城市与中等城市个数相当，没有小城市。扩展面积在 50 ~ 100km² 的城市与上一区间个数相当，地区分布仍集中在东部地区，中部和西部地区城市相对较少，东北地区仅有两个，这一区间中等城市明显增多，但大城市仍占主导地位，存在部分小城市。扩展面积在 50km² 以下的城市最多，地区分布也最为均匀，城市规模以中等城市和小城市为主（图4-6）。

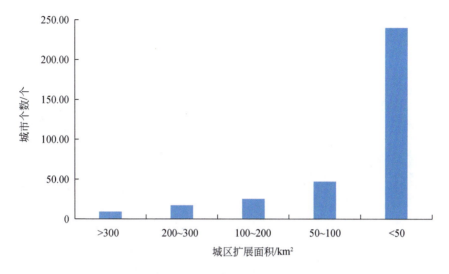

图 4-6　2000 年和 2017 年全国地级以上城市城区扩展面积分布统计

至 2017 年，上海城区面积位居全国第一，高达 1590.48km²，占全国城区面积总和的 4.19%；城区面积最大的十个城市为上海、天津、重庆、北京、深圳、成都、广州、苏州、武汉、杭州（图4-7），城区面积均超过全国平均城区面积（112.73km²）5 倍，其中上海、天津、重庆、北京均超过 1000km²。2000～2017 年，重庆扩展速度居全国第一，达到 44.49km²/a，是上海（37.66km²/a）的 1.18 倍、深圳（37.25km²/a）的 1.19 倍，还是天津（33.36km²/a）的 1.33 倍、北京（16.11km²/a）的 2.76 倍，以及全国平均扩展速度（3.64km²/a）的 12.22 倍。2000～2017 年全国地级以上城市扩展强度均值为

图 4-7　2017 年全国地级以上城市城区面积（前 10 名）

9.14%，在全国排名前 100 的城市中小城市 49 个，中等城市 29 个，总体呈现出以南北线为界，北方城市大于南方城市；以胡焕庸线为界，西部城市大于东部城市的规律（图 4-8）。这一结论说明，小城市以及西部地区城市虽然原始城区基数小，但其在 2000～2017 年的城市扩展强度却相对较高，位于全国较高水平。

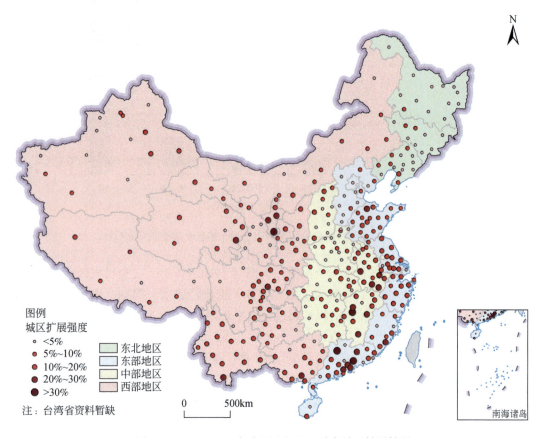

图 4-8　2000～2017 年全国地级以上城市城区扩展情况

4.3.2　不同省份城市扩展情况

2000～2017 年，全国 31 个省级行政区平均扩展面积 672.48km^2，共计 10 个省级行政区扩展面积超过平均值，分别为江苏、山东、广东、浙江、辽宁、四川、安徽、重庆、河南、湖北，其中江苏、山东、广东三省扩展面积均超过 2000km^2，且江苏扩展面积高达 2413.66km^2，位居全国第一。扩展面积排名后十的省级行政区分别为西藏、青海、海南、贵州、甘肃、宁夏、北京、黑龙江、吉林、山西，扩展面积均低于 370km^2，远低于全国均值 672.48km^2。扩展速度与扩展面积呈正相关，全国 31 个省级行政区平均扩展速度 39.56km^2/a，其中江苏、山东、广东扩展速度均超过 100km^2/a，扩展速度最低的十个省级行政区中除山西外，其余各省级行政区扩展速度均不足全国平均扩展速度的 1/2，其中西藏、青海、海南、贵州四省扩展速度不足 10km^2/a（图 4-9 和图 4-10）。

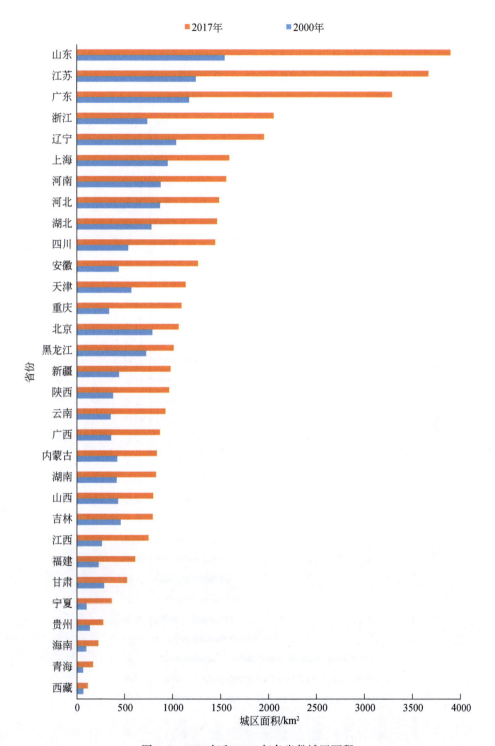

图 4-9　2000 年和 2017 年各省份城区面积

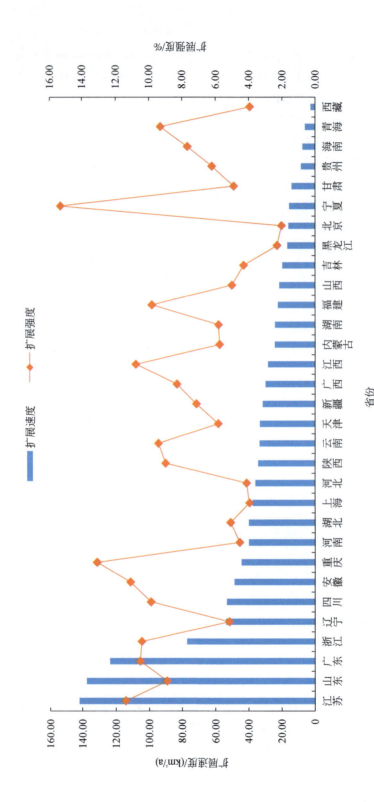

图4-10　2000~2017年各省份城区扩展速度和扩展强度

全国 31 个省级行政区平均扩展强度为 7.47%，全国共有 15 个省级行政区扩展强度高于平均值，分别为宁夏、重庆、江苏、安徽、江西、广东、浙江、四川、福建、云南、青海、陕西、山东、广西、海南，其中宁夏位居全国第一，扩展强度达到 15.35%（图 4-10），北京扩展强度全国最低，仅为 2.03%。该结果说明，宁夏、云南、青海、海南等地因其城区面积基数较小，城市的扩展面积和扩展速度虽然不高，但这些省级行政区实际也经历了较为迅速的城市扩展过程，其扩展强度高于全国平均水平。扩展强度不足 5% 的省份为甘肃、河南、吉林、河北、上海、西藏、黑龙江、北京，且北京和黑龙江不足全国均值的 1/2。

4.3.3 不同地区城市扩展情况

我国按照不同经济区划可分为四大地区，东部地区包括 10 个省份 89 个地级以上城市，中部地区包括 6 个省份 82 个地级以上城市，西部地区包括 12 个省份 131 个地级以上城市，东北地区包括 3 个省份 36 个地级以上城市。2000 ~ 2017 年，全国各区域城市迅速扩展。其中东部地区城市扩展面积最大、速度最快，总计扩展了 10 777.02km²，远超全国均值 5211.72km²；其次为西部地区和中部地区，分别扩展 5076.95km² 和 3456.98km²；东北地区扩展面积最小，仅为 1535.96km²。而扩展强度呈现出西部地区（8.54%）>东部地区（7.72%）>中部地区（6.33%）>东北地区（4.06%）的规律（图 4-11）。

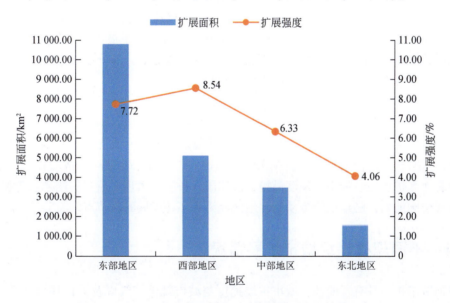

图 4-11　2000 ~ 2017 年不同地区城市扩展面积和扩展强度

1. 东部地区

东部地区具有优越的自然条件和区位优势，长江三角洲城市群、京津冀城市群和粤港澳大湾区已经成为带动我国区域经济发展的重要引擎。2000 ~ 2017 年年均扩展面积达

633.94km^2，其中上海、深圳、天津等城市年均扩展面积均超过 500km^2；东部地区单个城市年均扩展面积为 7.12km^2，是其余各地区的 2 倍多。上海、深圳、天津、苏州、杭州、青岛等城市 2000~2017 年扩展面积位居全国前十，且在全国扩展面积排名前 50 的城市中东部地区城市占 68.00%，是 2000~2017 年我国扩展规模最大的地区。

2. 中部地区

中部地区作为我国的人口大区和交通枢纽，将建成全国重要先进制造业中心、全国新型城镇化重点区和全方位开放重要支撑区，在全国区域发展格局中具有举足轻重的战略地位。2006 年中共中央、国务院印发了《关于促进中部地区崛起的若干意见》，在此影响下，2000~2017 年，武汉、合肥、郑州、长沙等城市扩展面积居于全国前列，年均扩展面积均超过 100km^2，已经成为带动周边区域发展的核心城市，其中武汉作为中部地区唯一特大中心城市，正逐步发展为促进中部地区崛起的战略支点；同时芜湖、赣州、新余、六安等城市在周边城市区域影响下，2000~2017 年年均扩展强度超过 22%，在全国城市中居于前列。

3. 西部地区

2000 年，西部大开发战略的实施，显著带动了城市扩展中心由海岸带向内陆转移，有效缩减了东西部城市发展的不平衡性，受国家政策扶持，2000~2017 年西部地区整体扩展强度居全国第一（8.54%）。西部地区扩展面积与扩展速度已经超过中部和东北地区；重庆扩展面积在全国城市中位居第一，高达 756.4km^2；在全国扩展面积排名前 50 的城市中，西部地区城市占仅 14.00%；由于西部地区小城市发展受限，部分小城市及少数民族聚居区域扩展进度缓慢，最低年均扩展面积仅 0.10km^2。

4. 东北地区

东北地区自然资源丰富，区位条件独特，随着新一轮"东北振兴"规划的开启，辽中南城市群和哈长城市群成为共同引领东北全面振兴、促进东北地区经济增长的核心区域。虽然东北地区扩展规模最小、速度最慢，但沈阳、长春、大连、营口、哈尔滨等城市扩展面积位居全国前列，已经成为带动东北地区经济和工业发展的新节点。

4.3.4 不同规模等级城市扩展情况

我国城市扩展具有普遍性，城市扩展速度与城市规模等级以及人口规模高度正相关，并呈现出城市规模等级越高、人口规模越大，城市扩展速度越快的特点（Liu et al., 2018）。因城市规模等级不同，各城市吸纳劳动力和资金等社会资源的能力也存在显著差异。改革开放伊始，我国在规避"大城市病"、推动区域发展的理论基础上，选择了"控制大城市规模、积极发展小城镇"的城镇化发展思路，于 1989 年明确了我国城市发展战略方针为"严格控制大城市规模，合理发展中等城市与小城市"。相关研究表明，实际上大城市规模并未得到有效控制，大部分地区的中小城市发展也并未发挥有效作用，中小城市扩展在进入 21 世纪以后才较为明显。尤其是 2000 年以后，在国家层面开始"有重点地发展小城镇，积极发展中小城市，引导城镇密集区有序发展"，中小城市的发展逐渐成为我国城镇化建设的重点之一，城市扩展速度不断加快。

本节参考《中国地理国情监测蓝皮书（2017 版)》中城市规模等级的划分方法，基于 2015 年人口数据将 338 个城市划分为 5 种类型，其中 5 个超大城市（>1000 万）、8 个特大城市（500 万~1000 万）、72 个大城市（300 万~500 万）、104 个中等城市（50 万~100 万）、149 个小城市（<50 万），各城市划分结果详见附表。2000~2017 年的城市扩展实际情况显示，虽然我国小城市扩展速度明显慢于大城市和中等城市，但扩展强度最高，这表明相关政策起到了一定的积极引导作用（图 4-12）。

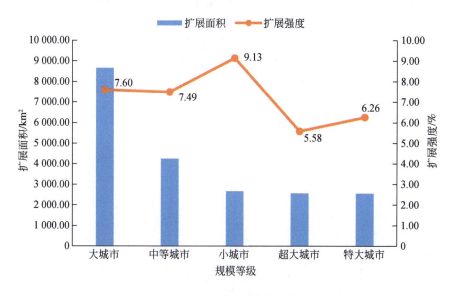

图 4-12　2000~2017 年不同规模等级城市扩展情况

2000~2017 年，我国小城市、中等城市、大城市、特大城市以及超大城市的年均扩展面积分别为 156.65km² 、249.96km² 、509.48km² 、151.04km² 和 151.49km² 。虽然超大城市扩展总量（2575.26km²）小于大城市（8661.22km²）、中等城市（4249.32km²）和小城市（2663.09km²），但平均每个城市扩展面积高达 515.05km² ，分别是小城市、中等城市、大城市和特大城市的 28.63 倍、12.61 倍、4.28 倍和 1.60 倍，且重庆、上海、深圳在全国城市中扩展速度位居前三。虽然小城市的扩展面积及扩展速度仍低于各规模城市平均值，但其扩展强度在 2000~2017 年最高。中等城市和大城市的扩展面积及扩展速度均已高于全国均值，在全国扩展速度排名前 100 的城市中，这两类城市占比达 81%。在新型城镇化的引导下，未来相当长的一段时间内，促进大中小城市和小城镇协调发展、重点发展中小城市、支持城市群的发展将成为我国城市发展的一种必然趋势。

4.3.5 城市扩展的阶段性差异

1. 不同省份的城市扩展差异

从扩展速度来看（图4-13），2000～2017年，全国省级行政区中仅有四川、陕西、吉林三省扩展速度在各阶段始终保持上升趋势，其中四川各阶段之间增长幅度始终保持稳定；陕西2015年前各阶段增长幅度维持稳定，2015年后较前一阶段扩展速度几乎相同；吉林2005～2015年扩展速度保持稳定，2015年后较之前各阶段扩展速度大幅上涨。广东、浙江两省2000～2017年各阶段城区扩展速度变化情况正好相反，在各阶段始终保持下降趋势，其中广东省各阶段扩展速度变化幅度最为剧烈，在2005～2010年下降迅速，较前一阶段下降近一半，2010～2015年继续保持下降但幅度稍有放缓，2015年后扩展速度减少为前一阶段的1/2。2000～2005年浙江扩展速度居全国第三（约100km²/a），2005年后持续下降，各阶段下降幅度保持稳定，至2015年后其扩展速度仅为2000～2005年的1/3。

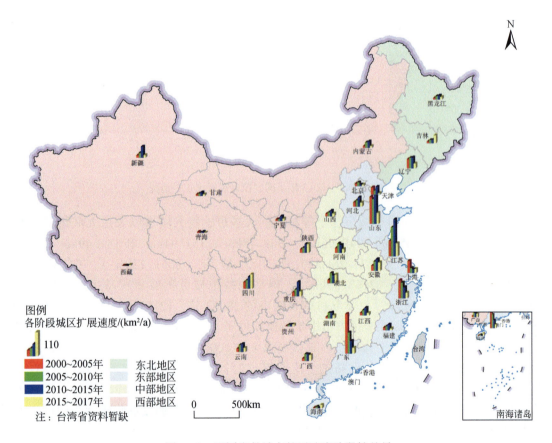

图 4-13　不同省份城市扩展速度阶段性差异

2017 年全国各省级行政区中城区面积最大的为山东，2000～2017 年山东各阶段扩展速度均为全国前三，且 2000～2015 年变化不大，总体呈现先下降后上升的趋势，2015 年后较前三阶段大幅减少，但仍居全国第三位，2000～2017 年其扩展速度最大值出现在 2010～2015 年，超过 150km²/a，仅次于同一时期的江苏。2000～2017 年全国扩展面积最大的为江苏，2015 年以前江苏扩展速度逐阶段上升，2005～2015 年始终保持全国第一，最大时超过 200km²/a（2010～2015 年），虽然 2015 年后大幅下降，但在同一时期仍居全国第二，2000～2017 年其扩展速度整体呈现先上升后下降的趋势，总扩展面积超过 2000km²。

2000～2017 年，重庆、广西、云南、陕西、新疆等是西部地区扩展速度较大的省份，且均在 2010～2015 年扩展速度最大，其间重庆超过 70km²/a，在同时期全国省份中位居第三；新疆超过 60km²/a，相比前一阶段上升约 135%，也是 2000～2017 年新疆扩展面积最大的一个时期，在同时期全国省份中位居第八；广西、云南、陕西在 2010～2015 年扩展速度接近 50km²/a，其中广西在 2005～2015 年扩展速度持续缓慢下降，云南、陕西均为先上升后下降，且云南上升幅度较下降幅度小，陕西下降幅度较上升幅度小。从以上变化情况可以看出，2006 年《西部大开发"十一五"规划》公布后，总体规划基础阶段施行的调整产业结构、建立和完善市场体制、搞好基础设施等重大举措已经发挥作用，经济增长速度达到全国平均增长水平；2010 年后西部大开发战略进入了冲刺阶段，经济增长跃进，实施经济产业化、市场化、生态化的全面升级等目标已经在几个省份得到优先实现，这些变化在城市扩展中也得到了一定体现。

2000～2017 年，河北、江西、内蒙古、湖南、福建、山西、宁夏、甘肃等省份各阶段扩展速度变化趋势相似，均是在 2015 年以前逐阶段上升，且在 2010～2015 年达到各阶段峰值，2015 年后较前一阶段均有不同幅度下降；其中河北、江西、福建、山西、甘肃扩展速度在上升期间较为平稳，各阶段涨幅稳定，2015 年后均大幅下降；湖南、内蒙古 2005～2015 年扩展速度相近，较 2000～2005 年上升约 2 倍。贵州、海南、青海、西藏是 2000～2017 年扩展面积最小的省份，各阶段扩展速度均未超过 20km²/a。其中贵州从 2005 年开始扩展速度大幅上升，且在 2005～2017 年基本保持稳定；海南则呈先升后降再上升的趋势，且在 2015 年后扩展速度达到各阶段峰值，较前一阶段上升约 5 倍，同时也是全国各省份中同时期扩展面积涨幅最大的；青海、西藏 2000～2017 年扩展速度均不超过 10km²/a，是全国扩展面积和城区面积最小的两个省份。

从扩展强度来看（图 4-14），2000～2017 年全国扩展强度较大的省份为宁夏、重庆、江苏、安徽、江西、广东、浙江，整体扩展强度均大于 10%，各阶段最大扩展强度均大于 8%；其中 2000～2017 年宁夏扩展强度居全国第一，且整体呈现先下降再上升的趋势，上升幅度远大于下降幅度，于 2010～2015 年达到阶段峰值，超过 12%；江苏与宁夏各阶段变化趋势相反，于 2005～2010 年达到扩展强度阶段峰值（9.59%），且 2015 年后大幅下降，仅为前一阶段的 1/4；江西、安徽与江苏各阶段变化趋势相似，均在 2005～2010 年达到各阶段峰值，且扩展强度在同时期几乎相同，江西 2010～2015 年下降不到 1%，但 2015 年后大幅下降，仅为同时期安徽扩展强度的 1/2；广东、浙江 2000～2017 年扩展强度始终保持下降趋势，且 2005～2010 年较前一阶段下降幅度最大，分别为 72.42% 和 47.41%，

2005 年后广东各阶段扩展强度均略低于浙江。

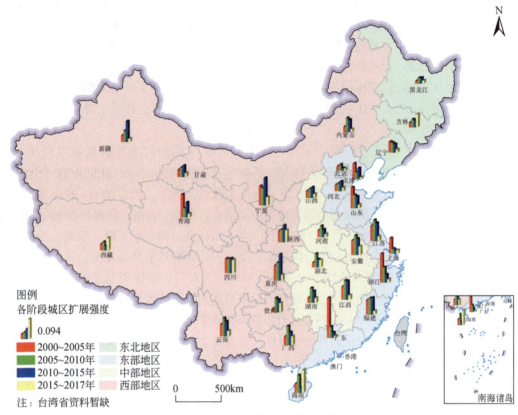

图 4-14　不同省份城市扩展强度阶段性差异

　　甘肃、贵州、海南、青海、西藏等扩展面积较小的省份扩展强度各阶段差异显著，甘肃扩展强度由 2005 年开始逐阶段稳定上升，2015 年后迅速下降，仅为前一阶段的 1/2；贵州 2005～2010 年扩展强度达到 2000～2017 年峰值，上升至前一阶段的 3 倍，之后开始平稳下降；海南各阶段扩展强度变化最大，2000～2010 年持续快速上升，2010～2015 年大幅度下降 70.64%，2015 年后又迅速回升，扩展强度超过 10%，在同时期居全国第一位；2000～2005 年青海扩展强度为 2000～2017 年峰值（10.71%），仅次于同时期广东、浙江，居全国第三位，2005 年后开始大幅度下降，2015 年后降为 1.75%；西藏 2000～2017 年扩展强度变化不大，主要表现在 2015 年后扩展强度约上升为前一阶段的 2 倍，且在同一时期居全国第五位；以上偏远地区省份在某些时期扩展强度已远远超过湖北、河南、湖南、浙江、广东、山东、江苏等扩展面积较大的省份。总体来看，全国各省份各阶段扩展强度差异较大，但 2000～2017 年总体扩展强度差距较小，同时与扩展面积呈现较大差异。

2. 不同地区城市扩展差异

　　按不同地区统计结果见表 4-2。从扩展速度来看（图 4-15），2000～2017 年，东部地区单个城市扩展速度最大（7.12km²/a），其中 2000～2005 年扩展速度最快，达到 8.13km²/a。这可能因为东部地区是我国城市扩展起步最早的地区，从 20 世纪 80 年代末国家就提出了要积极利用沿海地区的区位优势，因地制宜，带动内陆经济进一步发展，并开始实施一系列向东部地区倾斜的政策，最终导致东部地区城市扩展出现了改革开放以来第一个快速扩展期，扩展速度远高于其他各区。2005～2010 年东部地区单个城市扩展速度下降至 7.47km²/a，2010 年后略微上升至 7.48km²/a。2015 年后城市扩展速度大幅放缓，仅有 3.30km²/a。

表 4-2   分地区城区面积及扩展统计

指标名称	时间	东部	中部	西部	东北
单个城市平均城区面积/km²	2000 年	92.24	39.17	26.68	63.59
	2005 年	127.60	46.31	33.36	73.80
	2010 年	169.34	61.30	44.27	87.76
	2015 年	206.74	77.29	61.20	102.60
	2017 年	213.33	81.33	65.44	107.50
扩展速度/(km²/a)	2000～2005 年	724.06	117.01	168.46	71.44
	2005～2010 年	648.34	245.92	292.41	97.70
	2010～2015 年	665.58	262.18	443.59	103.89
	2015～2017 年	293.51	165.70	277.26	85.34
	2000～2017 年	633.94	203.35	298.64	90.35
扩展强度/%	2000～2005 年	8.82	3.64	4.82	3.21
	2005～2010 年	5.48	6.48	6.74	3.78
	2010～2015 年	3.62	4.14	5.53	2.89
	2015～2017 年	1.60	2.61	3.46	2.38
	2000～2017 年	7.72	6.33	8.54	4.06

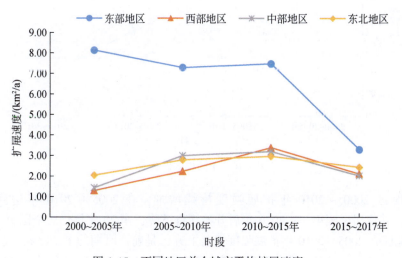

图 4-15   不同地区单个城市平均扩展速度

2000~2017年，东北地区单个城市平均扩展速度为2.58km²/a，仅次于东部地区。其中在2000~2010年扩展速度处于平稳增长期，2004年东北振兴战略提出后，振兴东北老工业基地战略部署相继提出，在东北老工业基地振兴的带动下，东部地区区域协调发展的各项重大举措相继施行，之后受国家宏观政策的调控，进入显著的波动增速期，并在2010~2015年达到2000~2017年单个城市平均扩展速度峰值，为2.97km²/a。

2000~2017年，西部地区单个城市平均扩展速度为2.28km²/a，城市扩展速度最慢，远低于其他地区。但西部地区城市扩展总体趋势与中国主要城市保持高度一致，速度与全国平均值相比，在2005年之前差距较大，之后差距逐渐缩小，在2015年后超越全国均值，这可能与1999年之后西部大开发战略的广泛实施有直接关系。

2000~2017年，中部地区单个城市平均扩展速度为2.48km²/a，略高于西部地区。2004年国家实施中部崛起战略，中部地区的城市扩展速度显著提高，但存在一定滞后效应。2000~2010年城市扩展速度显著增加，达到181.47km²/a，2010年以后，扩展速度继续加快，至2017年扩展速度达到234.62km²/a。

总体上各地区单个城市平均扩展速度呈现东部地区先降后微升再下降的趋势，2015年之后下降显著，其余3个地区2015年之前均呈现缓慢上升趋势，之后出现下降趋势。

从扩展强度来看（图4-16），2000~2005年东部地区扩展强度最大（8.82%），是同时期西部地区的1.83倍，中部地区的2.42倍，东北地区的2.75倍；2005年后，其扩展强度持续大幅度下降，2015~2017年下降至1.60%。

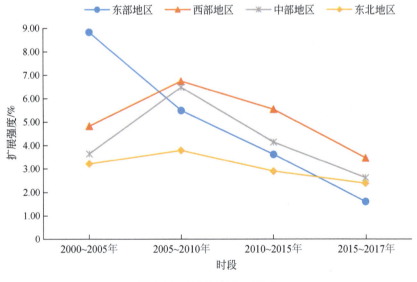

图4-16 不同地区扩展强度

西部地区2000~2010年扩展强度持续增加，在2005~2010年达到阶段峰值（6.74%），并位居全国第一；2010年后开始缓慢下降，至2017年仍居全国第一。

中部地区在2005~2010年扩展强度显著上升，是前一时期的1.78倍，仅次于同时期西部地区。2010年后快速下降，下降幅度较西部地区偏大，至2017年接近全国均值。

东北地区各时期扩展强度变化不大，2005～2010 年达到阶段峰值（3.78%），相比 2000～2005 年仅上升 0.57 个百分点，在同时期内浮动最小，2010 年后持续下降，2015～2017 年趋于稳定，与全国均值相差 0.13 个百分点。

总体上东部地区各阶段均呈下降趋势，其余三个地区均以 2010 年为节点，呈现先升后降的趋势。

3. 不同规模等级城市扩展差异

按不同规模城市统计结果见表 4-3。从扩展速度来看（图 4-17），超大和特大城市在各个阶段的扩展速度差异较大，其余各规模城市变化较小。总体上城市规模等级越高，扩展速度越大，但特大城市在 2010～2015 年反超超大城市。

表 4-3 不同规模等级城市城区面积及扩展情况统计

指标名称	年份	超大城市	特大城市	大城市	中等城市	小城市
单个城市平均城区面积/km²	2000 年	542.69	301.76	93.13	32.41	14.66
	2005 年	762.67	404.11	122.26	42.19	17.89
	2010 年	892.91	489.35	161.50	55.16	25.34
	2015 年	1028.14	599.66	203.89	70.41	35.15
	2017 年	1057.74	622.72	213.42	73.67	37.41
扩展速度/(km²/a)	2000～2005 年	219.97	163.76	419.54	201.40	72.24
	2005～2010 年	130.24	136.37	564.98	267.30	177.77
	2010～2015 年	135.23	176.50	610.47	314.06	229.56
	2015～2017 年	74.00	92.25	343.10	167.71	132.58
	2000～2017 年	151.48	151.04	509.48	249.96	156.65
扩展强度/%	2000～2005 年	8.11	6.78	6.26	6.03	4.21
	2005～2010 年	3.42	4.22	6.42	6.15	8.56
	2010～2015 年	3.03	4.51	5.25	5.53	7.74
	2015～2017 年	1.44	1.92	2.34	2.31	3.22
	2000～2017 年	5.58	6.26	7.60	7.49	9.13

2000～2017 年，超大城市单个城市平均扩展速度高达 30.30km²/a，分别是特大城市（18.88km²/a）的 1.60 倍、大城市（7.08km²/a）的 4.28 倍、中等城市（2.40km²/a）的 12.63 倍、小城市（1.06km²/a）的 28.58 倍；超大城市是我国城市扩展的"领头羊"，各时期的扩展速度始终位于全国第一。其中 2000～2005 年单个城市扩展速度最快，2005 年后急速下降，2010 年后又出现小幅度上升，之后逐渐趋于稳定。

2000～2017 年，特大城市单个城市平均扩展速度居全国第二，且远超除超大城市外的其他规模城市。2000～2010 年扩展速度浮动不大，2010 年后大幅上升且超过超大城市居全国第一，2015 年后又大幅下降至 11.53km²/a。

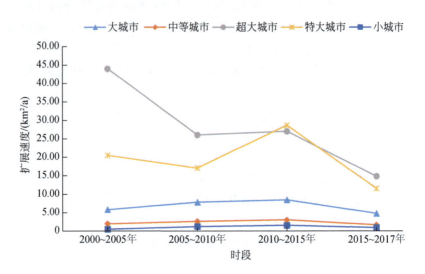

图 4-17　不同规模等级单个城市平均扩展速度

2000～2017 年，大城市总体扩展速度居全国第三，2000～2015 年持续上升，在 2010～2015 年达到各时期峰值（8.48km²/a），2015 年后开始下降，相比前一时期下降44%。

2000～2017 年，小城市和中等城市单个城市扩展速度均是先持续上升，2015 年后开始下降。相比中等城市，小城市单个城市扩展速度上升幅度较大，2005～2010 年、2010～2015 年两时期相比前一时期分别上升146.08%和29.14%，2015 年以后中、小城市较前一时期分别下降46.60%和42.24%，且2015 年后小城市平均扩展速度已低于1km²，仅为同时期中等城市的 1/2。

从扩展强度来看（图 4-18），超大和特大城市 2000～2005 年扩展强度达到各时期峰值，之后开始大幅度下降，其中特大城市在 2010～2015 年出现短暂回升，超大城市始终

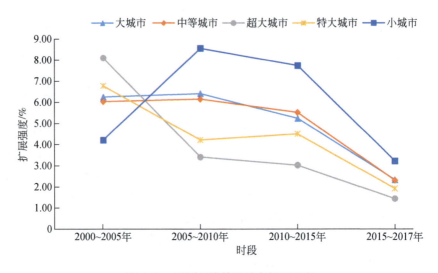

图 4-18　不同规模等级城市扩展强度

保持下降趋势。大、中、小城市扩展强度均以 2010 年为节点，呈先升后降趋势，其中小城市变化幅度最大，2005 年后扩展强度急速上升，相较前一时期上升 103.27%，在 2005～2010 年扩展强度达到各时期峰值，自此始终保持同时期各规模城市首位，2010 年后缓慢下降，2015 年后迅速下降，较前一时期下降 58.36%。大城市和中等城市扩展强度变化幅度相似，2015 年以前各时期变化均在 1% 以内。

4.3.6 典型城市扩展情况

按照全国不同地区各个城市的扩展强度和扩展速度排名情况，在各个地区分别选取了一个典型城市开展了单个城市的扩展情况分析。

1. 上海

2017 年上海城区面积 1590.48km²，是东部地区及全国城区面积最大的城市，较 2000 年扩展 640.19km²，扩展面积仅次于重庆，居全国第二位。2000～2017 年，上海城区扩展面积总体呈下降趋势（图 4-19），2005～2010 年城区扩展面积较上一时期大幅下降，仅是 2000～2005 年的 41.87%；2010 年后扩展速度较前一时期持续下降，在 2010～2015 年达到各时期最低，2015 年后出现回升并趋于稳定。2000～2017 年上海城区扩展强度总体趋势与扩展面积相同，2005 年后大幅下降，并趋于稳定，总体扩展强度为 3.96%。

图 4-19 上海市不同时期城市扩展情况

2000～2017 年上海城区主要以中心 7 区向陆域各个方向扩展，其中 2000～2005 年扩展最为明显，整体呈现向四周扩散的趋势，主要扩展区集中在松江区、浦东新区，扩展面积均超过 60km²（表 4-4）。青浦区、金山区、嘉定区、奉贤区、闵行区扩展面积均超过 30km²；2005～2010 年仍以浦东新区和松江区扩展为主，其他各区仍有少量扩展，但较上一时期整体扩展面积下降 1/2；2010～2015 年浦东新区仍然保持平稳增长，松江区和闵行区扩展面积较上一时期再次减少，金山区、嘉定区、青浦区扩展面积稍有回升，这一时期上海城区整体扩展面积较上一时期略有减少；2015 年后新增城区仍然集中在浦东新区及松江区，东侧崇明区在 2015 年后仅新增城区 0.45km^2。总体来看上海各时期城区扩展形态较规律，各区域内城区聚集程度很高（图 4-20）。

表 4-4 上海市各辖区城市扩展情况统计

市辖区	城区面积/km^2					2000～2017 年扩展 面积/km^2	2000～2017 年扩展 强度/%
	2000 年	2005 年	2010 年	2015 年	2017 年		
浦东新区	205.63	269.53	304.47	334.56	349.08	143.45	4.10
松江区	48.88	117.71	148.00	161.57	169.84	120.96	14.56
闵行区	142.10	189.90	206.60	217.69	225.34	83.24	3.45
青浦区	30.80	63.24	71.26	82.19	86.65	55.85	10.67
宝山区	141.95	163.50	173.54	180.55	184.57	42.62	1.77
金山区	24.16	57.28	63.81	77.51	80.86	56.70	13.81
嘉定区	63.96	97.26	106.51	118.55	121.21	57.25	5.27
奉贤区	10.34	45.90	62.32	73.04	75.17	64.83	36.88
崇明区	8.48	9.68	19.30	22.10	22.55	14.07	9.76
普陀区	51.38	51.66	51.66	51.84	51.90	0.52	0.06
杨浦区	56.08	56.08	56.08	56.08	56.08	0	0
黄浦区	18.71	18.71	18.71	18.71	18.71	0	0
虹口区	22.89	22.89	22.89	22.89	22.89	0	0
静安区	36.80	36.80	36.80	36.80	36.80	0	0
徐汇区	51.28	51.60	51.60	51.60	51.60	0.32	0.04
长宁区	36.85	37.24	37.24	37.24	37.23	0.38	0.06

2. 武汉

2017 年武汉城区面积 658.73km^2，较 2000 年扩展 256.32km^2，成为中部地区城区面积及扩展面积最大的城市，2000～2017 年扩展面积在全国地级城市中居第十四位，扩展速度呈持续上升趋势（图 4-21）。2000～2010 年武汉城区扩展面积稳定上升，2010～2015 年扩展速度较上一时期成倍增加，2015～2017 年继续上升且达到峰值（26.53km^2/a），在同一时期扩展面积居全国第三位。2000～2017 年武汉扩展强度整体趋势与扩展面积相同；2010年前稳定上升，2010 年后大幅上升并逐渐趋于稳定，整体扩展强度在中部地区居后十位，但积极带动了周边区域城市发展，已经成为中部地区核心城市之一。

2000～2017 年，除江汉区外，武汉城区在其余各区扩展均较为显著，主要以长江西侧江岸区、江汉区、汉阳区为中心，向西侧及南侧扩展，其中长江东侧向东南方向扩展，江

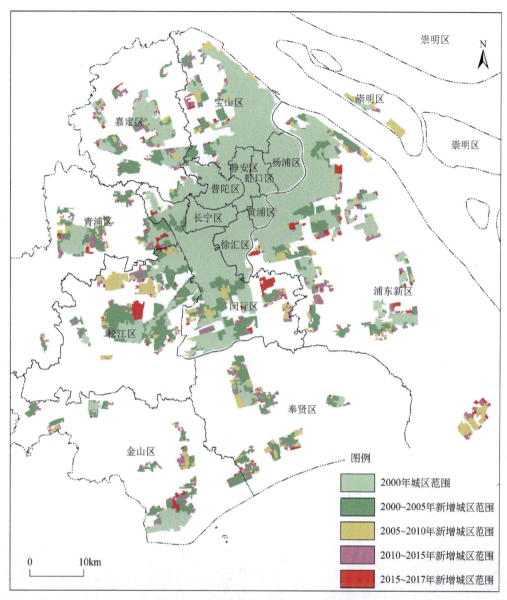

图 4-20　上海市不同时期城市扩展范围

夏区 2000～2017 年扩展面积高达 49.40km^2，居各区第一位，其次是西侧东西湖区及南侧蔡甸区（表 4-5）。2000～2005 年，城区扩展以江夏和硚口区为主，扩展面积分别占同时期武汉城区扩展总面积的 24.55% 和 17.14%；2005～2010 年，江夏区扩展面积继续增加，同时黄陂区和汉阳区扩展面积分别上升至上一时期的 8.72 倍和 9.80 倍；2010～2015 年以洪山区扩展为主，扩展面积超过 20km^2，其余各区均有不同幅度扩展，该时期武汉城区扩展面积达到各阶段峰值；2015 年后主要集中在长江西侧汉阳区及蔡甸区，长江东侧各区 2015 年后城区面积几乎没有增加。2000～2017 年武汉城区扩展面积在空间上总体规律表现为西部>西南部>东南部>东部（图 4-22）。

图 4-21　武汉市不同时期城市扩展情况

表 4-5　武汉市各辖区城市扩展情况统计

市辖区	城区面积/km²					2000～2017 年扩展面积/km²	2000～2017 年扩展强度/%
	2000 年	2005 年	2010 年	2015 年	2017 年		
蔡甸区	28.21	32.77	40.95	54.32	68.30	40.09	8.36
东西湖区	34.99	41.16	47.73	66.50	73.03	38.04	6.40
汉南区	4.31	4.99	6.05	8.20	8.55	4.24	5.79
汉阳区	24.74	25.33	31.11	38.45	52.12	27.38	6.51
洪山区	61.05	64.66	69.25	90.77	94.74	33.69	3.25
黄陂区	10.82	11.83	20.64	31.39	35.39	24.57	13.36
江岸区	37.71	42.62	43.99	46.36	47.84	10.13	1.58
江汉区	27.70	27.70	27.70	27.72	27.84	0.14	0.03
江夏区	26.66	37.36	54.41	70.88	76.06	49.40	10.90
硚口区	28.71	36.18	36.36	36.81	37.94	9.23	1.89
青山区	48.28	48.37	50.61	52.24	53.20	4.92	0.60
武昌区	57.02	58.69	58.69	60.49	60.76	3.74	0.39
新洲区	12.21	14.33	16.73	21.52	22.96	10.75	5.18

3. 重庆

　　2017 年重庆城区面积达到 1094.65km²，较 2000 年扩展 756.40km²，是全国地级城市中 2000～2017 年扩展面积最大的城市。2000～2015 年重庆市城区扩展速度持续上升，2010～2015 年达到各时期峰值（78.83km²/a），2015 年后城区面积超过 1000km²，仅次于上海、天津，居全国第三。同时 2000～2015 年扩展强度持续上升（图 4-23），在 2010～2015 年达到各时期峰值（12.23%），其间城区面积扩展 394.17km²，在同一时期全国城市中扩展面积位居第一。

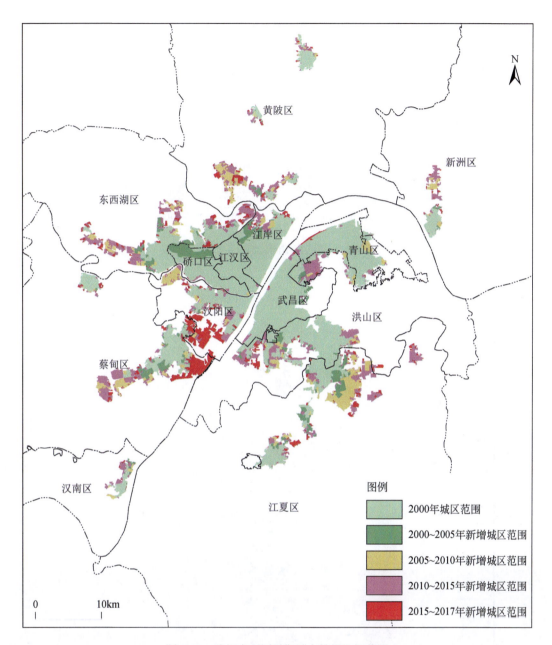

图 4-22　武汉市不同时期城市扩展空间范围

2000～2017 年重庆城区主要以渝中区为核心向东北部和西部地区扩展，空间上总体扩展规律表现为东北部>西部>东部>西北部>西南部>北部（图 4-24）。2000～2005 年，城区主体向东北方向渝北区扩展，5 年间扩展面积 34.38km² （表 4-6），其次为西南侧九龙坡区，扩展面积 13.52km²；其余各区城区面积扩展较少且均在 10km² 以内。2005～2010 年，各区扩展形势与上一时期相似，仍以渝北区为主（44.41km²）；其余各区扩展面积较前五年均有不同程度增加，多数区域扩展超过 10km²。2015 年后，城区扩展区域集中在巴南区及东北部渝北区，北碚区、九龙坡区、沙坪坝区等地在 2015 年后几乎没有扩展。

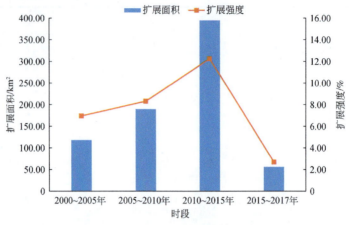

图 4-23　重庆市不同时期城市扩展情况

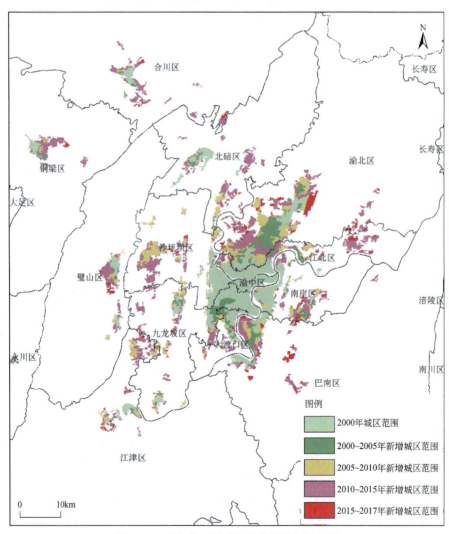

图 4-24　重庆市不同时期城市扩展空间范围

表 4-6　重庆市各辖区城市扩展情况统计

市辖区	城区面积/km²					2000~2017 年扩展面积/km²	2000~2017 年扩展强度/%
	2000 年	2005 年	2010 年	2015 年	2017 年		
渝北区	27.54	61.92	106.33	157.32	176.03	148.49	31.72
九龙坡区	47.99	61.51	73.29	91.20	94.42	46.43	5.69
沙坪坝区	31.75	32.30	55.52	111.97	83.94	52.19	9.67
江北区	27.10	28.95	31.16	62.03	67.40	40.30	8.75
巴南区	14.21	22.30	31.84	52.81	63.18	48.97	20.27
南岸区	25.55	31.00	40.97	58.25	62.28	36.73	8.46
北碚区	12.19	16.02	23.51	46.00	48.42	36.23	17.48
万州区	14.09	21.04	33.87	42.98	45.23	31.14	13.00
长寿区	7.18	13.44	26.93	43.14	44.60	37.42	30.66
江津区	6.26	7.77	18.83	35.04	39.26	33.00	31.01
永川区	10.53	15.77	23.21	34.48	38.98	28.45	15.89
涪陵区	9.43	14.54	16.75	26.86	32.48	23.05	14.38
大足区	7.50	10.93	16.33	28.83	31.39	23.89	18.74
璧山区	7.60	10.00	15.01	28.93	31.31	23.71	18.35
合川区	6.66	8.33	10.04	28.09	31.15	24.49	21.63
大渡口区	13.15	19.08	22.63	27.01	28.23	15.08	6.75
綦江区	9.51	10.94	12.71	25.91	27.22	17.71	10.95
铜梁区	5.73	8.20	10.12	24.42	25.93	20.20	20.74
荣昌区	7.02	8.49	14.80	20.66	23.64	16.62	13.93
渝中区	18.00	18.00	18.00	18.00	18.00	0	0
黔江区	5.16	5.40	6.76	16.05	17.05	11.89	13.55
开州区	8.55	8.55	10.60	15.27	16.70	8.15	5.61
潼南区	3.62	4.39	7.10	12.90	14.07	10.45	16.98
梁平区	5.26	6.50	6.50	11.64	12.34	7.08	7.92
南川区	4.55	5.77	7.43	10.29	11.93	7.38	9.54
武隆区	2.13	4.58	4.62	8.95	9.47	7.34	20.27

4. 沈阳

2017 年沈阳城区面积 556.60km²，较 2000 年扩展了 231.73km²，成为东北地区城区面积及扩展面积最大的城市，2000~2017 年其扩展面积是大连（220.77km²）的 1.05 倍，长春（208.92km²）的 1.11 倍，哈尔滨（101.90km²）的 2.27 倍。其 2000~2017 年扩展面积整体呈先下降后上升再下降的趋势（图 4-25），2000~2005 年扩展速度为 14.62km²/a，居东北地区第二，2005~2010 年大幅下降，仅为上一时期的 1/2；2010 年迅速上升且达到各时期峰值，同时上升为东北地区第一。2000~2017 年扩展强度变化趋势与扩展面积相同，总体扩展强度不高，在东北地区居第十三位。

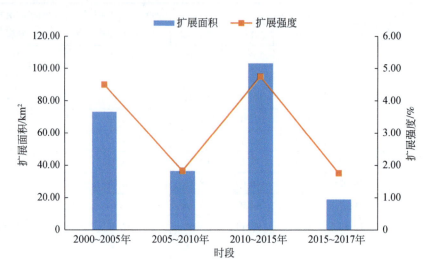

图 4-25　沈阳市不同时期城市扩展情况

2000～2017 年，沈阳城区主要向南、西南和东北方向扩展，不同辖区间扩展情况差异较大（表 4-7，图 4-26 和图 4-27）。2000～2005 年，城区扩展集中在铁西区、于洪区、沈北新区和浑南区，其扩展面积均超过 10km²，其中铁西区和于洪区均达到 15km²以上；2005～2010 年，于洪区较上一时期扩展面积大幅下降，仅为前五年的 8.41%；铁西区扩展面积较上一时期下降 7.54km²，浑南区扩展面积仍保持平稳增长；皇姑区北侧、沈北新区南侧在 2010～2015 年城区扩展显著，同时期西南侧铁西区城区面积也有大幅增加，2015 年后城区扩展主要在浑南区和于洪区，其他区域有少量新增城区。

表 4-7　沈阳市各辖区城市扩展情况统计

市辖区	城区面积/km²					扩展面积/km²	扩展强度/%
	2000 年	2005 年	2010 年	2015 年	2017 年	2000～2017 年	2000～2017 年
铁西区	53.98	69.89	78.26	102.34	105.59	51.61	5.62
于洪区	43.91	59.72	61.05	73.31	77.79	33.88	4.54
浑南区	16.76	26.84	36.86	60.69	66.48	49.72	17.45
皇姑区	52.84	55.95	59.17	62.12	62.18	9.34	1.04
沈北新区	14.16	27.42	35.20	58.56	60.41	46.25	19.21
大东区	48.03	50.90	53.11	58.88	60.02	11.99	1.47
沈河区	41.73	42.18	42.31	43.48	44.07	2.34	0.33
和平区	24.98	31.02	31.52	34.98	35.65	10.67	2.51
苏家屯区	20.52	26.02	28.90	33.02	33.70	13.18	3.78
辽中区	7.96	8.04	8.04	10.29	10.71	2.75	2.03

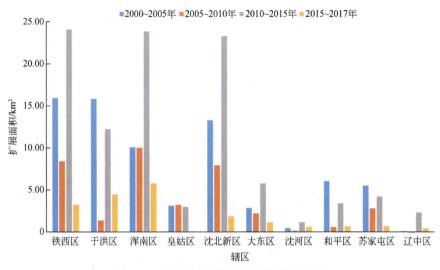

图 4-26　沈阳市不同辖区各时期扩展情况

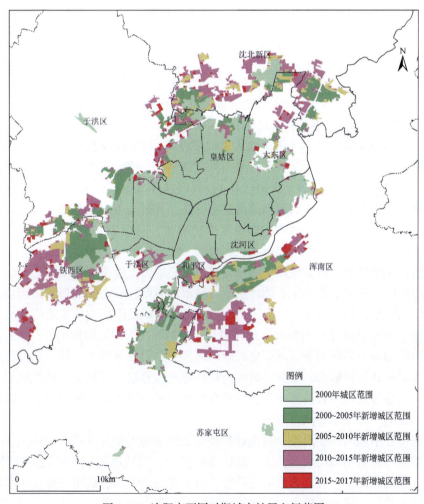

图 4-27　沈阳市不同时期城市扩展空间范围

综上，本节通过对全国地级以上城市的空间扩展时空过程分析发现，2017 年全国地级以上城市城区面积相比 2000 年增加约 1.2 倍，地区间扩展差异明显。城区面积较小的城市主要分布在青海、四川、西藏等人口少、经济不太发达的西部地区，且少数民族聚集城市居多；而城区面积较大的城市主要分布在人口比较密集、经济比较发达的东部沿海地区。2000 年、2005 年、2010 年、2015 年、2017 年上海、北京、天津、重庆的城区面积一直稳居前列。2000～2017 年，绝对扩展速度以东部地区和大城市及以上规模城市城区面积基础好的地区为主，相对扩展速度即扩展强度以西部地区和小城市为主。2015～2017 年，各地区和各规模城市的扩展速度呈减少趋势，扩展强度规律表现为小城市>大城市>中等城市>特大城市>超大城市，说明小城市受国家"优先发展中小城市"政策影响显著，发展速度明显提升。下一步应继续坚持"优先发展中小城市"战略，促进各规模城市协调发展。

4.4　全国地级以上城市空间形态变化分析

4.4.1　城市空间形态总体变化

2017 年，紧凑度值在区间 0～0.2 的城市占所有城市的 23.17%，在区间 0.2～0.4 的城市占所有城市的 61.58%，主要分布在西部地区；在区间 0.4～0.6 的城市占所有城市的 12.90%，主要分布在东部地区；在区间 0.6～0.8 的城市占所有城市的 2.35%，主要分布在东北地区。2000～2017 年，全国地级以上城市有 43.99% 的城市紧凑度下降，其中有 18 个城市的降低幅度大于 0.2，说明这些城市处于迅速扩展阶段。51.61% 的城市紧凑度上升，其中有 28 个城市的紧凑度上升超过 0.1，说明这些城市已转为内部填充、改造阶段，城市的基础设施和已开发土地的利用效率正在提高，其余 4.40% 的城市紧凑度保持不变。

为了进一步了解不同形态城市的紧凑度变化规律，利用 2017 年城区边界数据，按照城市主城区的用地形态和道路骨架形式，将全国 338 个地级以上城市的城市形态划分为以下 3 种类型：①团块型。该类城市主要是在城市中心的强大吸引力作用下形成的一种城市形态。城市的生产和生活在市中心地区集中，城市地域则以同心圆的形状向周围延展，形成较为集中的团块状城市形态。②组团型。该类城市受用地限制或河流阻隔等自然条件因素（如山地、河流阻隔等）的影响，或在规划、控制等人为因素的作用下，也有的是在沿交通线发展的轴向力的作用下，城市建成区以河流、农田或绿地为间隔，形成具有一定独立性的众多团块状城市形态，城市的城区斑块相对更为分散。③带型。该类城市主要是在受到河湖、山地等地形因素的影响下，城市在扩展过程中沿着地形最为有利、阻碍最小的方向扩展形成的一种条带型城市形态。

一个城市在不同的发展阶段，其用地扩展和空间结构类型是可以不一样的。一般的规律是，早期城市是集中的团块型，连片地向郊区扩展。当城市再扩大或遇到"障碍"时，往往又以分散的组团型发展。到了第三阶段，由于能力加强，各组团彼此吸引，城市又趋于集中。到了最后，城市规模太大需要控制时，又不得不以分散的方式，在其远郊发展卫星城或新城。当然，有些组团式城市由于自然的阻隔和人为的控制，不可能完全连成一片以集中的方式发展，而是各自发展成分散的城区或小城镇。

338 个城市中团块型城市个数最多，为 174 个，组团型和带型城市分别为 129 个和 35 个（表 4-8）。2000 年，团块型、组团型、带型城市的紧凑度平均值分别为 0.32、0.29 和 0.20。2017 年，团块型、组团型、带型城市的紧凑度平均值分别变为 0.31、0.28 和 0.16。总体来看，呈现"团块型>组团型>带型"的统计规律，团块型城市紧凑度平均值相对较高，带型城市紧凑度平均值普遍较低，说明团块型城市整体上更为集中连片，紧凑性最好，其次是组团型城市，最后是带型城市。

表 4-8   2017 年不同形态类型的典型城市紧凑度及城区空间分布情况

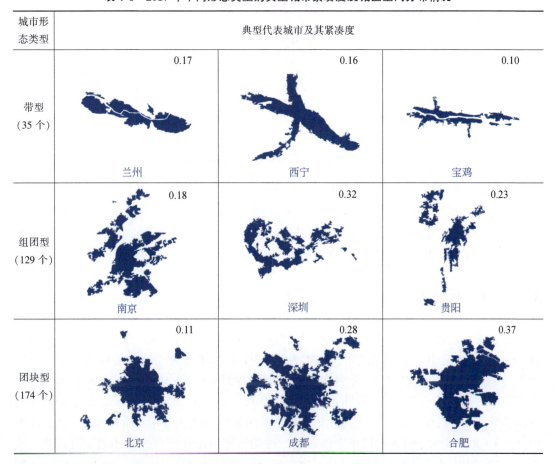

4.4.2   团块型城市空间形态变化

在 174 个团块型的城市中，2000 年紧凑度主体介于 0.2 ~ 0.4，占全部团块型城市的 57.47%，其次是介于 0.4 ~ 0.6 的城市，共有 35 个城市，占比为 20.11%（图 4-28）。小于 0.2 的城市有 33 个，占全部团块型城市的 18.97%，而介于 0.6 ~ 0.8 的城市仅有 6 个。

绥化（0.72）是 2000 年紧凑度最大的团块型城市。2017 年紧凑度介于0.2~0.4 的城市上升为 128 个，占比达 73.56%，小于 0.2 的城市下降为 20 个，介于 0.4~0.6 的城市下降为 23 个，介于 0.6~0.8 的城市下降为 3 个。黑河（0.69）是 2017 年紧凑度最大的团块型城市。

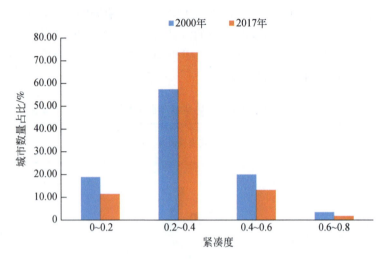

图 4-28　团块型城市紧凑度分布统计

2000~2017 年，在全部团块型城市中，紧凑度下降的城市占 46.55%，其中有 10 个城的下降幅度超过 0.2，表明这些城市处于迅速扩展阶段，形态更加分散。紧凑度上升的城市占 52.87%，其中有 21 个城市的上升幅度超过 0.1，说明这些城市扩展趋向更紧凑，城市已开发土地的利用效率正在提高。有 1 个城市的紧凑度保持不变。

4.4.3　组团型城市空间形态变化

在 129 个组团型的城市中，2000 年紧凑度主体介于 0.2~0.4，占全部组团型城市的 51.16%，其次是小于 0.2 的城市，占比为 31.79%。紧凑度大于 0.4 的城市占 17.05%。朝阳（0.78）和宜宾（0.03）分别是 2000 年紧凑度最大和最小的组团型城市。与团块型城市不同的是，其小于 0.2 的城市占比相对更高些。2017 年紧凑度介于 0.2~0.4 的城市占比上升为 55.81%，说明这些城市扩展更集约紧凑；而大于 0.4 的城市占比下降为 13.18%，尤其是大于 0.6 的城市下降显著，说明这些城市在扩展过程中趋于分散化；小于 0.2 的城市有小幅下降（图 4-29）。哈尔滨（0.73）和宜宾（0.06）分别是 2017 年紧凑度最大和最小的组团型城市。

2000~2017 年，在全部组团型城市中，紧凑度下降的城市占 44.19%，其中有 6 个城市的下降幅度超过 0.2，表明这些城市呈外延式扩展。紧凑度上升的城市占 55.81%，其中有 9 个城市的上升幅度超过 0.1，说明这些城市以内部填充、改造扩展为主，城市扩展在朝着更加紧凑集约的方向发展。

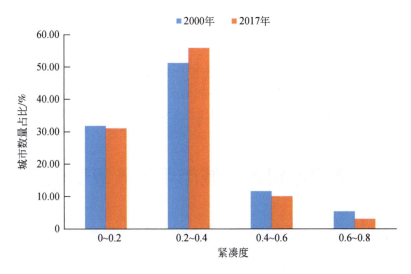

图 4-29　组团型城市紧凑度分布统计

4.4.4　带型城市空间形态变化

35 个带型城市整体紧凑度较低，2000 年紧凑度小于 0.2 的城市有 25 个，占比为 71.43%；介于 0.2 ~ 0.4 和 0.4 ~ 0.6 的城市各占 11.43%；介于 0.6 ~ 0.8 的城市有 2 个（图 4-30）。鹤岗（0.65）和甘孜藏族自治州（0.04）分别是 2000 年紧凑度最大和最小的带型城市。2017 年紧凑度小于 0.2 的城市增加到 28 个，占比为 80.00%；介于 0.2 ~ 0.4 和 0.4 ~ 0.6 的城市均减少为 3 个，而介于 0.6 ~ 0.8 的城市减少为 1 个。鹤岗（0.65）和延安（0.04）分别是 2000 年紧凑度最大和最小的带型城市。

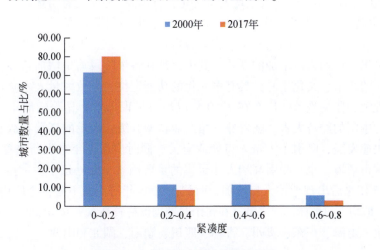

图 4-30　带型城市紧凑度分布统计

2000 ~ 2017 年，在全部带型城市中，紧凑度下降的城市占 42.86%，其中广元和塔城下降幅度超过 0.2，表明这两个城市在扩展过程中形态更加分散。紧凑度上升的城市占 37.14%，表明城市发展过程中以内部和边缘填充为主，城市更加紧凑。有 7 个城市的紧凑度保持不变。

综上，本节通过对不同类型城市空间形态变化分析发现，全国地级以上城市总体紧凑度较低，主要集中在 0～0.4，远小于 1。中部地区紧凑度较高，东北地区整体紧凑度偏高。不同形态类型的城市紧凑度呈现出"团块型>组团型>带型"的规律。2000～2017 年组团型城市紧凑度主体呈上升趋势，团块型和带型城市呈下降趋势。

4.5 全国地级以上城市用地效率变化分析

4.5.1 地均人口

1. 总体情况

2000～2017 年，全国 338 个地级以上城市中，281 个城市的地均人口减少，占全部城市的 83.14%；57 个城市的地均人口增加，占全部城市的 16.86%。说明全国主体上的土地利用效率下降，仅少数城市单位城区上的人口增加，用地趋于更高效紧凑发展。地均人口增加的 57 个城市中，东部地区 17 个，西部地区 30 个，中部地区 7 个，而东北地区仅有 3 个。地均人口增加最多的 10 个城市分别是北京、上海、太原、佛山、昌都、肇庆、攀枝花、海口、黄南和海南藏族自治州。

2. 不同省份变化情况

纵观 2000～2017 年各个阶段地均人口变化，全国 80.65% 的省份地均人口呈下降趋势（图 4-31），说明这些省份的城市在扩展过程中土地集约利用程度下降，土地利用效率趋于低效发展，其中下降最多的是重庆、安徽和贵州。仅北京、上海、海南、宁夏、西藏和广东 6 个省份出现地均人口增加的现象，其中北京在各个阶段均呈增加趋势，原因可能是北京作为我国的政治、文化中心，具有多元化的功能定位，导致大量人才向首都聚集，进而出现人口规模膨胀的现象。广东在 2010 年以后也呈现出较为显著的地均人口增加，这可能与其作为中国的经济大省，随着珠三角产业转型升级，大量的高端制造业、信息经济等新兴产业快速发展，吸引了大量人口就业有关。同时广东近年来不断完善的基础设施、政府服务和城市环境，也是吸引高端人才聚集的重要因素。此外辽宁、贵州、河北和河南等省份在 2015 年之后出现地均人口增加，西藏在 2005 年有小幅下降，之后均呈上升趋势。从各个时期的地均人口整体情况来看，在每个时期均保持较高水平（>8000 人/km^2）的省份有北京、福建、上海、广东、贵州、吉林、四川、湖南、湖北和山西。

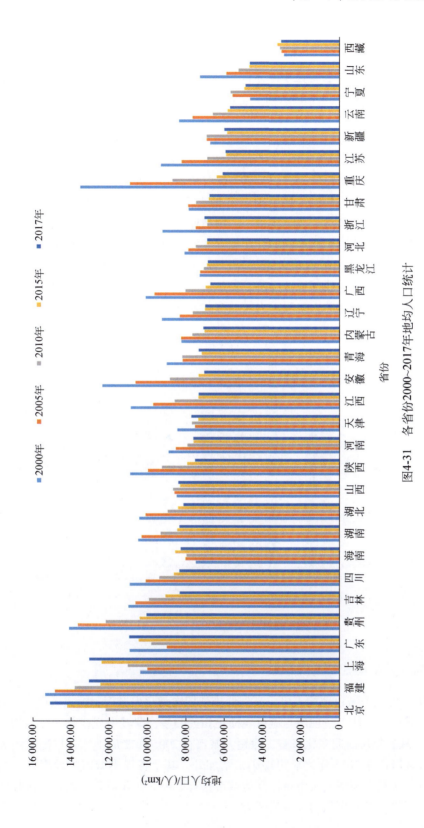

图4-31 各省份2000~2017年地均人口统计

3. 不同地区变化情况

2000～2017 年，全国各地区中除东部地区的地均人口在 2015～2017 年呈小幅上升外，其余各个地区城市地均人口平均值均呈下降趋势，其中西部地区下降最为显著，说明随着城市扩展土地利用效率逐渐下降（图 4-32）。中部地区在 2015 年之前始终保持在各地区地均人口第一。从 2015 年起，东部地区取而代之成为地均人口最大的地区，而且除在 2000～2005 年下降较显著外，其余各个阶段内变化均相对较平稳。相比其他地区，东部地区经济发达，基础设施完善，教育、医疗资源好，人口集聚能力较强，这可能是其长期保持较高水平地均人口的主要原因。东北地区在各阶段均处于地均人口较少的位置，这可能是因为东北地区经济产业结构单一，制造业薄弱，民营经济不发达，与市场经济较为成熟的东部地区相比，东北地区的就业和置业发展机会明显不具有吸引力，致使其人口流失严重。西部地区在 2010 年之前地均人口较多，之后逐渐下降成为各地区中地均人口排名最靠后的地区。这与西部地区经济不发达、发展落后、资源匮乏有很大关系，无法提供较好的就业条件，相应的人口吸引力较低有关。

图 4-32　各地区 2000～2017 年地均人口统计

4. 不同规模等级城市变化情况

2000 年，各规模城市地均人口由高到低排列依次为超大城市、特大城市、大城市、中等城市、小城市。总体上呈现出与城市规模正相关关系，即城市规模越大，地均人口越多（图 4-33）。从各年份时间变化来看，除超大城市在 2005 年之后地均人口随时间表现为增加趋势，特大城市在 2015 年之后出现小幅增加外，其余各规模城市的地均人口均呈减少趋势。这也说明超大和特大城市相比其他城市具有更好的就业前景，教育、医疗资源以及便捷的交通网络，具有更强的人口吸引力。

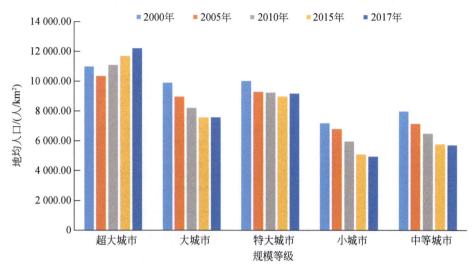

图 4-33　各规模等级城市 2000 ~ 2017 年地均人口统计

4.5.2　地均 GDP

1. 总体情况

2000 ~ 2017 年，338 个地级以上城市的地均 GDP 均呈增加趋势，平均增加值为
8.81 亿元/km²，共有 138 个城市超过平均值，其余城市低于平均值。其中东部和东北地
区的城市增加值超过平均值的城市较多，中西部地区低于平均值的城市较多。2000 ~ 2017
年地均 GDP 增加最多的前 10 个城市分别是莆田、通化、松原、佛山、茂名、四平、珠
海、白山、广州和常德，主要分布在广东和吉林。

2. 不同省份变化情况

2000 年、2005 年、2010 年、2015 年、2017 年全国各省份地均 GDP 平均值分别为
2.62 亿元/km²、4.07 亿元/km²、7.05 亿元/km²、10.68 亿元/km² 和 12.14 亿元/km²，整
体呈现逐渐增加趋势（图 4-34）。从各个时期的变化来看，福建、广东、北京、上海等省
份地均 GDP 在各个时期均保持在较高水平。除黑龙江、新疆和海南在 2015 ~ 2017 年出现
小幅下降外，其余省份各个时期均呈增加趋势，其中增加最多的 3 个省份是北京、广东和
贵州，增加最少的 3 个省份是海南、宁夏和西藏。从各个时期的增加值来看，也呈逐渐上
升趋势，2000 ~ 2005 年整体增加值最小，年均增加 0.29 亿元/km²，到 2015 ~ 2017 年，年
均增加 0.85 亿元/km²。

3. 不同地区变化情况

2000 ~ 2017 年，所有地区城市整体上地均 GDP 都呈增加的趋势（图 4-35）。2000 年、
2005 年、2010 年、2015 年、2017 年全国各地区地均 GDP 平均值分别为 2.68 亿元/km²、

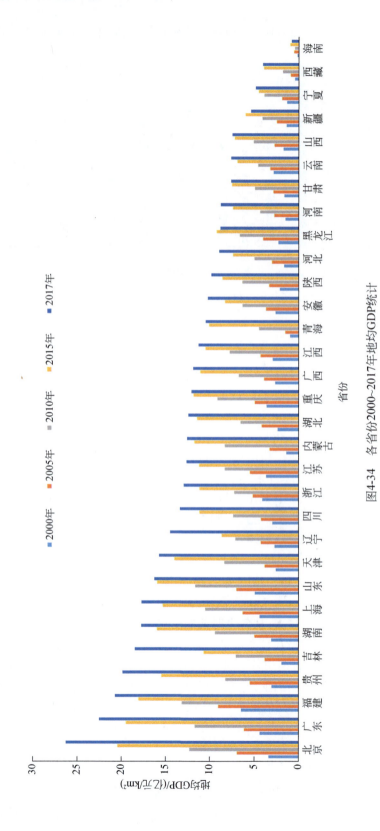

图4-34 各省份2000~2017年地均GDP统计

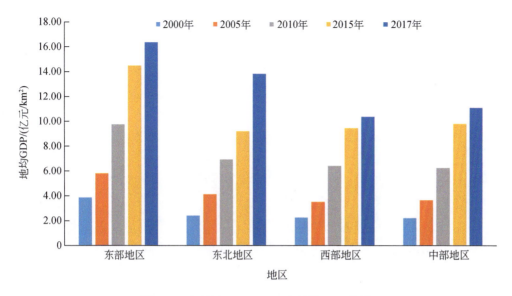

图 4-35　各地区 2000～2017 年地均 GDP 统计

4.26 亿元/km²、7.33 亿元/km²、10.72 亿元/km² 和 12.52 亿元/km²。2000 年各地区由高到低排列依次为东部地区、东北地区、西部地区、中部地区。到 2015 年，中部地区由 2000 年四大地区中的最后一名攀升至第二名，而东北地区落后至最后一名。但 2015～2017 年，东北地区的地均 GDP 又出现了大幅增加，由最后一名跃升为第二名。东部地区地均 GDP 在全国各地区中始终保持较高水平，且在 2000～2015 年增加幅度均是四大地区中最大的，表明东部地区的经济发展始终处于领先地位。

4. 不同规模等级城市变化情况

从不同规模等级城市的地均 GDP 来看（图 4-36），2000 年、2005 年、2010 年、2015 年、2017 年全国各规模城市地均 GDP 平均值分别为 2.96 亿元/km²、4.60 亿元/km²、8.06 亿元/km²、12.14 亿元/km²、13.55 亿元/km²。总体上，所有规模等级城市地均 GDP 均呈平稳增加趋势。其中超大城市始终处于各规模类型城市中第一名，在各阶段的地均 GDP 增加幅度也较大，小城市始终处于最后一名，各阶段的增加幅度也相应较小，特大城市变化幅度最大。2005 年之前，各规模等级城市地均 GDP 由高到低排列依次为超大城市、大城市、中等城市、特大城市、小城市。到 2010 年，特大城市地均 GDP 大幅增加超过了中等城市，位于第三名。到 2015 年，特大城市仍持续增加，最终成为全国各规模城市中的第二名，2015 年和 2017 年由高到低排列依次为超大城市、特大城市、大城市、中等城市、小城市。

综上，本节通过对城市空间扩展过程中用地效率变化分析发现，2000～2017 年全国地级以上城市用地效率降低，338 个城市中 83% 的城市地均人口呈递减趋势，地均 GDP 均呈增加趋势，其中东部和东北地区的城市增加较显著。说明全国城镇化进程相对重视经济城镇化，而普遍忽视人口城镇化进程的推进，导致土地资源的低效利用。此外，地均人口和地均 GDP 均呈现出与城市规模等级的正向相关关系，表明城区面积越大，城市规模等级越高，城市用地效率越高。

图 4-36　各规模等级城市 2000~2017 年地均 GDP 统计

4.6　全国地级以上城市扩展协调性分析

4.6.1　总体情况

全国 338 个城市 2000~2017 年城市用地增长弹性系数分析结果显示（图 4-37），超过半数的城市 2000~2017 年城市用地增长弹性系数分布在 1.24~4.0，表明这些城市用地增长速度超过人口增长速度，土地利用效率较低；其中城市用地增长弹性系数超过 2 的城市在各个地区均有分布，但以中小规模城市为主，说明这些城市处于快速扩展时期。17% 的城市介于 1.0~1.24，接近最优值 1.12，其城市扩展协调性较好，较典型的城市如成都、邯

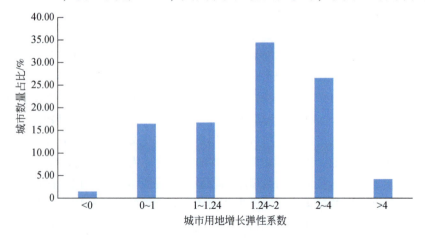

图 4-37　各城市 2000~2017 年城市用地增长弹性系数分布比例统计

郸和大庆等城市用地增长弹性系数为1.13；16%的城市介于0~1，说明这些城市在扩展过程中人口增长速度超过用地增长速度，城市逐渐变得较拥挤，交通拥堵、城市基础设施不足、舒适度差等诸多城市问题逐渐显现。另外有极少数城市2000~2017年城市用地增长弹性系数位于极端位置，其中恩施、随州、滁州等14个城市的城市用地增长弹性系数超过了4，远远超出其他城市，表明这些城市在这一阶段呈现出快速扩展的势头，人口增长速度跟不上城市扩展速度。资阳、伊春、七台河、甘孜藏族自治州和阿坝藏族羌族自治州5个城市的城市用地增长弹性系数呈负，原因是其城市人口年增长率为负，出现了人口负增长现象。

4.6.2 不同省份城市扩展协调性

2000~2017年，除吉林和重庆在2000~2005年城市用地增长弹性系数较高，超过了3.8以外，其余省份在各个时期均低于3.0，同时最小值也出现在2000~2005年，分别是北京和天津。综合来看（图4-38），城市用地增长弹性系数随时间变化的典型情况主要包含以下几种：一是城市用地增长弹性系数始终保持在较低水平，如北京，最大值出现在2005~2010年，这些省份城市人口增长速度较快，始终领先于城市扩展速度；二是城市用地增长弹性系数水平基本维持在最优值附近，且各个时期变化幅度也较小，如黑龙江、河南、四川，这些省份城市扩展协调性较好，城市扩展速度与人口增长速度相匹配；三是城市用地增长弹性系数处于较高水平，远大于最优值，如重庆，2015~2017年达到4.5，表明这些省份城市扩展速度过快，人口增长没有跟上用地扩展速度；四是城市用地增长弹性系数随时间不断减小，如广东和上海，其中上海由2000~2005年的1.14减小到2015~2017年的0.37，这些省份城市人口增加速度不断加快，逐渐超过城市扩展速度；其余的一些省份城市用地增长弹性系数随时间变化先增加后降低，如福建，这些省份的城市先加速扩展，带动当地经济发展、基础设施建设，而后人口大量流入，人口增长速度上升，超过城市扩展速度。

4.6.3 不同地区城市扩展协调性

全国各地区城市用地增长弹性系数水平整体处于1~2（图4-39）。2000~2015年，东部和东北地区的城市用地增长弹性系数表现为先降后升趋势，其中东部地区在2005~2010年下降趋势显著，由1.42降为1.09。而中西部地区在2000~2015年均呈上升趋势，其中西部地区上升更为显著。2015~2017年，四个地区均呈现下降趋势，东部地区下降最显著，由接近最优值的1.14降至0.51，明显低于其他地区。上述结果表明，2000~2015年，中西部和东北地区城市表现出快速扩展的趋势，城市扩展速度相对人口增加速度不断上升，用地效率逐渐下降。而东部地区2000~2015年城市用地增长弹性系数逐渐趋于最优值，其城市扩展协调性随时间推移不断改善。2015~2017年各地区城市用地增长弹性系数均表现出下降的现象，表明各地区开始更加注重人地协调发展，控制用地无序扩展。而东部地区2015~2017年城市用地增长弹性系数大幅下降，表明东部地区在这一阶段人口增加速度大幅上升，人口汇聚过快而用地增加不足。

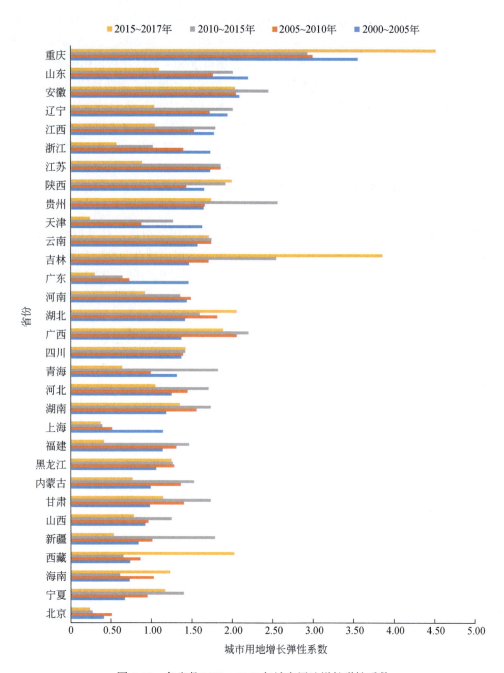

图 4-38　各省份 2000～2017 年城市用地增长弹性系数

4.6.4　不同规模等级城市扩展协调性

2005 年之后，城市用地增长弹性系数与城市规模等级表现为负相关关系（图 4-40）。城市人口数越多、城市规模越大，相对应城市用地增长弹性系数越小。不同规模城市的城

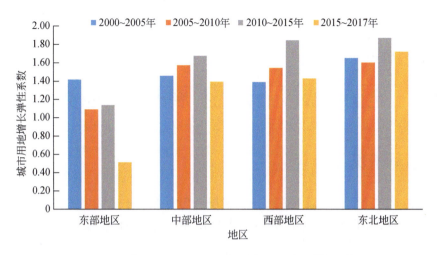

图 4-39　各地区 2000～2017 年城市用地增长弹性系数

市用地增长弹性系数由低到高排列依次为超大城市、特大城市、大城市、中等城市、小城市。2000～2015 年只有超大城市在 2005 年后弹性系数明显小于 1，其他规模城市的弹性系数水平均处于 1～2。超大城市在 2000～2015 年出现大幅下降，而小城市和中等规模城市则呈现完全相反的变化规律。这也说明城市规模等级越高，人口增加速度相对于城市扩展速度越快，而在小城市和中等城市中，城市扩展较人口增加过快的现象严重。

图 4-40　各规模等级城市 2000～2017 年城市用地增长弹性系数

　　综上，本节通过对城市扩展协调性分析发现，全国地级以上城市空间扩展面临着过度承载和承载不足双重问题。2000～2017 年，全国地级以上城市中有超过半数的城市用地增长速度超过人口增长速度，土地利用效率较低。仅 17% 的城市介于 1.0～1.24，接近最优值 1.12，相对扩展协调性较好，其余约 16% 的城市人口增长速度超过用地增长速度。同时呈现出高规模等级的城市人口增长速度超过城市扩展速度，而中小城市的用地扩展快于人口增长的规律。未来应进一步加强控制建设用地规模，加快粗放低效利用向集约高效利用转变，推进城镇化协调发展。

4.7 全国地级以上城市扩展占用土地类型分析

4.7.1 总体情况

2000~2017年全国地级以上城市空间扩展占用最多的土地利用类型是耕地，面积达12 216.29km²，相当于2017年北京城区面积的12倍，占被占用土地总面积的58.60%，因此耕地是中国城市扩展的第一土地来源（图4-41）。其次是建设用地，面积为5353.49km²，占被占用土地总面积的25.68%；再次是林草地，面积为2003.39km²，占被占用土地总面积的9.61%；占用最少的是水域和未利用土地，面积分别为988.14km²、285.60km²，分别占被占用土地总面积的4.74%、1.37%。总体上，全国地级以上城市2000~2017年的城市扩展以占用耕地和合并城市周围农村居民点等为主。

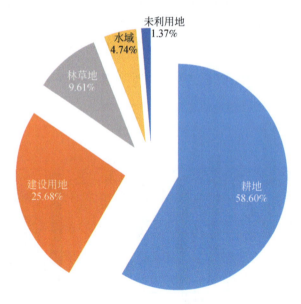

图4-41 2000~2017年全国城市扩展占用土地类型面积占比

4.7.2 不同省份城市扩展占用土地类型情况

对全国31个省份的城市空间扩展占用土地类型进行分析发现（图4-42），全国有28个省份耕地占用比例较大，其中排名前10的省份分别是重庆（77.36%）、浙江（72.98%）、河南（69.00%）、四川（68.14%）、上海（67.27%）、安徽（67.01%）、吉林

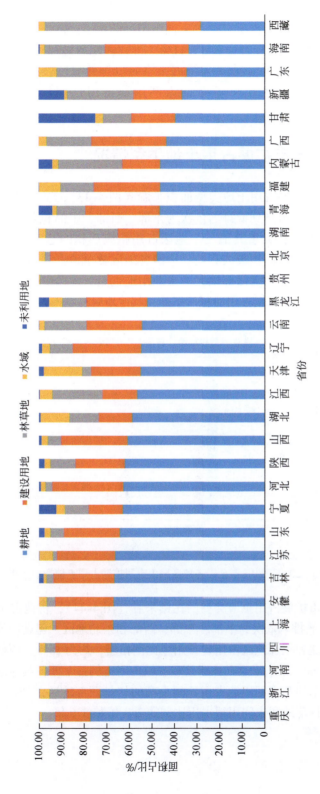

图4-42 2000~2017年全国各省份空间扩展占用土地类型面积占比

（66.68%）、江苏（66.39%）、山东（64.28%）、宁夏（62.98%）。在剩余的 3 个省份中，西藏以占用林草地为主，占所有被占土地类型面积的 53.93%，广东和海南以占用建设用地为主，占比分别为 43.71% 和 37.11%。北京占用耕地和建设用地的比例接近。这表明北京、广东和海南 2000～2017 年的城市空间以合并城镇农村居民点和占用耕地并存的模式扩展。此外，甘肃和新疆的未利用地占用比例较高，分别为 25.05% 和 11.29%。

4.7.3 不同地区城市扩展占用土地类型情况

从全国各地区城市扩展占用土地类型面积来看（图 4-43），全国各地区均是占用耕地和建设用地面积较高，由高到低排名依次为东部、西部、中部和东北地区。东部地区占用耕地和建设用地的面积大于其他三个地区占用相应面积的总和，这与 2000～2017 年东部地区是全国城市扩展面积最大有关。全国各地区林草地占用面积排在第三位，占用面积最高的是西部地区，同时西部地区的未利用地也是各地区中占用面积最高的。此外，除东部地区的林草地和水域占用面积持平外，其他地区林草地占用面积大于水域。

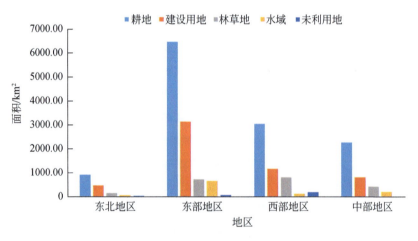

图 4-43 2000～2017 年全国各地区城市空间扩展占用土地类型面积

从全国各地区城市扩展占用土地类型的比例来看（图 4-44），耕地占用比例最高，均超过了 56%，由高到低排名依次为中部、东部、西部和东北地区。建设用地占用比例总体排在第二位，其中东北和东部地区占用建设用地比例相当，约为 28%，西部和中部地区占用比例相当，约为 22%。除东部地区林草地和水域占用比例持平外，其他地区林草地占用比例均大于水域，林草地和未利用地占用比例最高的均是西部地区，分别达到 15.15% 和 3.51%，是东部地区林草地和未利用地占用比例的 2.3 倍和 5.6 倍。

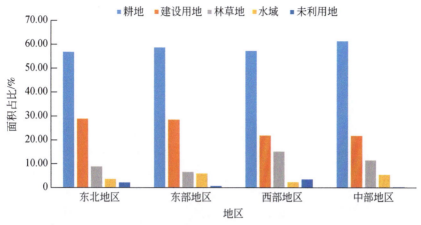

图 4-44 2000～2017 年全国各地区城市空间扩展占用土地类型比例

4.7.4 不同规模等级城市占用土地类型情况

全国各规模城市空间扩展均以占用耕地为主，建设用地次之（图 4-45）。各类用地中，除未利用地占用面积最高的是小城市，占用面积为 169.29km² 。其余各类用地均是大城市占用面积最高，大城市扩展共占用了 5216.57km² 的耕地、2323.55km² 的建设用地、830.18km² 的林草地和 450.12km² 的水域。

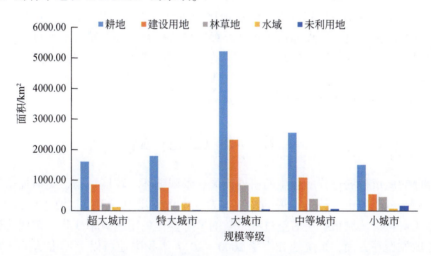

图 4-45 2000～2017 年全国各规模等级城市空间扩展占用土地类型面积

全国各规模城市空间扩展占用土地类型比例中（图 4-46），耕地和水域占用比例最高的是特大城市，建设用地占用比例最高的是超大城市，林草地和未利用地占用比例最高的是小城市。此外，特大城市的水域占用比例高于林草地，而其他规模类型城市的占用比例均是林草地高于水域。分析原因可能是特大城市中以南方城市为主，其水域面积占比较高。

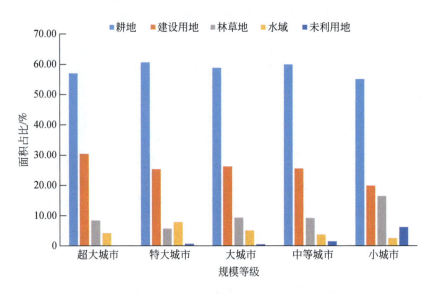

图 4-46 2000～2017 年全国各规模等级城市空间扩展占用土地类型比例

综上，本节通过分析城市扩展占用土地类型情况发现，2000～2017 年全国地级以上城市城区扩展占用土地约 60% 来源于耕地，25% 来源于建设用地。东部地区的城市扩展占用耕地面积略大于其他三个地区的占用耕地面积总和。全国城区扩展以占用耕地为主的省份达 28 个。剩余的 3 个省份中，广东和海南以占用建设用地为主，西藏以占用林草地为主。北京、广东、海南占用耕地和占用建设用地比较接近。表明全国 2000～2017 年的城市扩展主体以合并城镇农村居民点和占用耕地并存的模式扩展。针对城市扩展过程中存在部分城市占用耕地、林草地等比例较高的问题，政府部门应坚持"绿水青山就是金山银山"的理念，积极保护生态环境，划定生态保护红线，严格落实基本农田保护条例，降低城镇化对粮食安全和生态环境的负面影响。

4.8 本 章 小 结

不合理的城市扩展过程所催生的耕地流失、景观破坏、环境污染、交通拥堵等一系列问题是影响区域及城市可持续发展的重要因素。本章采用卫星遥感监测方法，辅以人口、经济等专题资料，从城市扩展时空过程、空间形态变化、用地效率变化、扩展协调性和扩展占用土地类型等方面，系统地分析了 2000～2017 年我国地级以上城市的扩展特征和空间差异。研究结果可用于了解城市扩展过程中存在的问题，为政府规划部门科学制定城市空间扩展管控措施，实现城市空间增长的有效管理提供准确信息和决策依据，从而促进城市紧凑集约、高效绿色发展。

第5章 规划实施监测分析实践

随着快速城镇化和城市规模不断扩大,城市内部空间结构随之愈加复杂化。党的十九大会议、中央城市工作会议和"十三五"规划、《国家新型城镇化规划(2014—2020年)》等均指出了当前中国城镇化道路上面临的一系列问题,并针对城镇化建设发展提出了具体要求,其中包括加快城市综合交通网络建设,推动新型城市建设,增强城市规划的科学性和权威性,促进"多规合一",全面开展城市设计,加快建设绿色城市、智慧城市、人文城市等新型城市,全面提升城市内在品质,提升城市公共服务水平等。

本章选取108个现行国务院审批国土空间总体规划城市(简称"现行国审城市")作为规划实施监测分析示例区,以高分辨率遥感影像、地理国情监测数据、城区边界数据为基础,开展城市内部国土空间要素遥感监测与应用研究,形成2018年的教育设施、医疗设施、综合交通网络设施以及城市低矮杂乱房屋建筑区等多个城市空间要素数据成果,同时结合地理国情监测地表覆盖数据和人口等其他数据资料,对全国现行国审城市从基本公共服务设施发展状况、综合交通发展状况、城区绿化覆盖变化、城市内部土地集约利用4个方面开展城市空间结构变化及规划实施情况分析。

5.1 概　况

5.1.1 研究区

本章中城市基本公共服务设施发展状况、综合交通发展状况、城区绿化覆盖变化是以全国108个现行国审城市(图5-1)作为研究区,城市内部土地集约利用情况分析是以全国338个地级以上城市(图4-1)作为研究区。

5.1.2 数据源

监测数据主要包括学校、医院两类城市基本公共服务设施数据,城市绿化覆盖数据,城市低矮杂乱房屋建筑区等空间矢量数据,以及人口数据。其中空间矢量数据均来源于笔者研究团队牵头承担的原国家测绘地理信息局(现合并至自然资源部)省部级项目"全国地级以上城市及典型城市群空间格局变化监测项目"成果,由全国31家原省级测绘地理信息局通过遥感监测方法生产获得,各类数据具体监测和处理方法见本书2.4.2节。人口数据来源于各年份的《中国城市统计年鉴》。

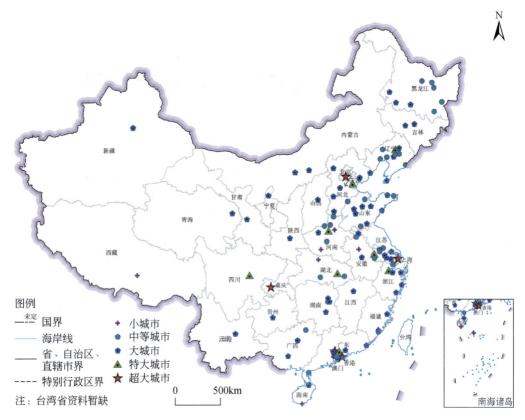

图 5-1　全国 108 个现行国审城市监测范围空间分布

图中 108 个现行国审城市监测范围为其市辖区范围

5.1.3　主要内容

（1）全国现行国审城市基本公共服务设施发展状况分析。监测分析时段为 2018 年，范围包括全国 108 个现行国审城市市辖区。利用城市市辖区范围内的学校和医院两类基本公共服务设施用地空间分布矢量数据，结合从《中国城市统计年鉴》中收集到的人口数据，开展 2018 年不同半径缓冲区的基本公共服务设施覆盖率和各类设施人均用地面积计算，从总体情况、不同地区、不同规模等级城市等角度对城市的教育、医疗服务设施状况进行综合分析，其中不同规模等级城市的分析，108 个城市中仅有 3 个小城市，故对除去小城市以外的其余 105 个城市进行分析。

（2）全国现行国审城市综合交通发展状况分析。监测分析时段为 2015～2018 年，范围包括全国 108 个现行国审城市市辖区。利用现行国审城市市辖区范围内的铁路、公路、城市道路、地铁线路和地铁站点等综合交通网络设施空间分布矢量数据，结合收集到的人口数据，采用不同类别的道路统计道路面积、长度、地铁站点 500m 覆盖率、路网密度等指标，对 2018 年城市综合交通网络现状及 2015～2018 年的变化情况进行分析。

（3）全国现行国审城市城区绿化覆盖变化分析。监测分析时段为 2015～2018 年，范围包括全国 108 个现行国审城市城区范围。利用林草覆盖数据和城区边界数据，分析城区绿化覆盖率及其变化、旧城区绿化覆盖率等变化。同时，结合各城市绿化覆盖率规划实施目标，评估城市覆盖的规划实施完成情况。

（4）全国地级以上城市内部土地集约利用分析。监测分析时段为 2016～2017 年，范围包括全国 338 个地级以上城市城区范围。利用城市低矮杂乱房屋建筑区矢量数据，分析其现状及变化，以及改造实施的效果。同时构建城市低矮杂乱房屋建筑区面积占比、低矮房屋建筑区面积占比、多层及以上房屋建筑区面积占比三项城市土地集约利用评价指标，选取典型城市进行城市土地集约利用评价。

5.2　全国现行国审城市基本公共服务设施发展状况分析

近年来我国国民经济得到飞速发展，城市现代化程度大幅度提升，造成人口向城市大量集聚，城市空间结构发生变化。新的居住空间需求，必然对原有教育、医疗设施的空间布局产生影响，各类设施不均衡现象严重。《国家新型城镇化规划（2014—2020 年）》中提出要提升城市基本公共服务水平。根据城镇常住人口增长趋势和空间分布，统筹布局建设学校、医疗卫生机构、文化设施、体育场所等公共服务设施。因此，如何综合采取有效措施优化公共资源公平分配与合理布局，提高基本公共服务水平，也是当前国土空间规划工作的重要任务之一。城市基本公共服务设施的监测对于揭示人口与公共服务设施在地理空间上的相互作用关系，分析公共服务设施等基本情况以及发展趋势和需求，实现普惠性、保基本、均等化、可持续的发展目标具有重大引导作用，对于解决人民最关心、最直接、最现实的利益问题具有重要的现实意义。教育和医疗设施是基本公共服务设施中最为重要的两类，因此本节对城市教育、医疗两类基本公共服务水平进行综合分析，并根据分析结果提出针对性的优化建议。

5.2.1　教育设施空间布局分析

1. 基础教育设施覆盖率

根据《中小学校设计规范》（GB 50099—2011），"中学服务半径不宜大于 1000m；小学服务半径不宜大于 500m"的设计要求，分别以 500m 和 1000m 作为小学和中学的服务半径，分析 108 个城市中小学服务社区覆盖实施情况。

1）总体情况

截至 2018 年，108 个现行国审市小学覆盖率有 6 个城市超过 60%（图 5-2），其中洛阳、新乡及平顶山最高，分别为 68.70%、66.48% 及 64.49%。有 9 个城市中学覆盖率超过 60%，分别为西宁、合肥、兰州、平顶山、洛阳、郑州、太原、焦作及新乡，但距离《中小学校设计规范》（GB 50099—2011）仍有较大差距。有 8 个城市小学覆盖率低于 20%，东营、威海及泰州最低，仅为 12.88%、13.22% 及 16.81%。中学覆盖率低于 20%

的城市，相较于小学覆盖率低于20%的数量有所减少，仅有3个城市。其余城市的小学覆盖率和中学覆盖率均位于20%~60%，分别有93个和94个城市小学覆盖率、中学覆盖率介于20%~60%。综上所述，全国的基础教育设施建设水平城市间差异较大，大部分城市存在基础教育设施空间分布不均、服务能力不足的问题。

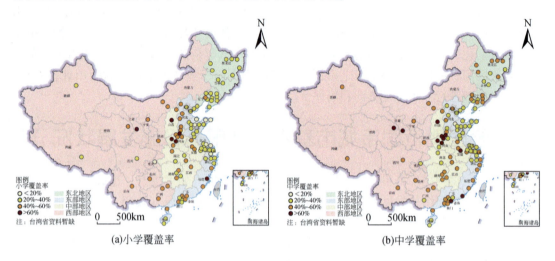

图5-2　2018年108个现行国审城市中小学覆盖率分级

2）不同地区

从地域空间分布差异来看（图5-3），小学覆盖率呈现中部地区>西部地区>东部地区>东北地区；而中学覆盖率呈现中部地区>西部地区>东北地区>东部地区。总体来看，全国各个地区的中小学均存在空间分布不均衡、覆盖盲区比例较高的问题，其中东部和东北地区的中小学覆盖率相比中西部地区更低，东北地区的小学覆盖率最低，为32.49%，东部地区的中学覆盖率最低，为36.83%。东部地区是全国城镇化率最高的地区，但其基础教

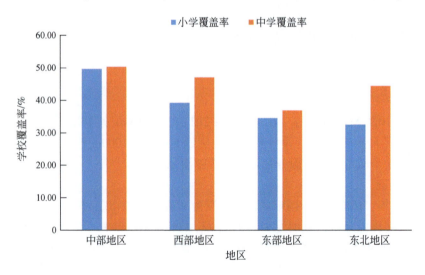

图5-3　不同地区中小学覆盖情况统计

育设施覆盖率却低于其他地区，在城市建设过程中忽略了城市公共服务设施配套建设。随着城市的不断扩展和经济水平的提高，居民公共服务需求也会不断增长，因此各地区的公共服务设施供应需结合自身城市经济发展水平、人口结构、政府供给力度以及居民需求特征有针对性地进行公共资源的合理配置。

3）不同规模等级城市

从不同规模等级城市的学校覆盖率来看（图 5-4），小学覆盖率呈现大城市 (40.03%)>超大城市（39.67%)>特大城市（35.51%)>中等城市（34.85%)；中学覆盖率呈现超大城市（49.4%）>大城市（43.41%）>中等城市（42.11%）>特大城市 (38.80%)。总体来看，小学覆盖率各规模等级城市差异较小，中学覆盖率超大城市显著高于其他等级城市。地方政府在重视经济建设和提高城镇化率的同时，也应加强对各个服务设施的科学合理布局和规划建设，从人的角度出发，关注居民与公共服务设施的互动关系来提高公共服务设施布局的合理性。

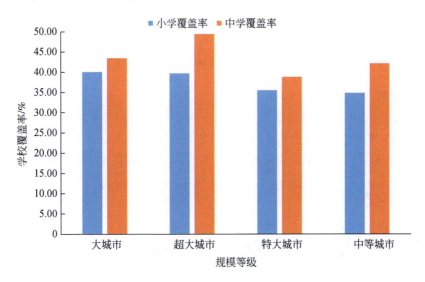

图 5-4 不同规模等级城市中小学覆盖率

2. 每千人学校拥有量

1）总体情况

从不同城市的每千人学校拥有量来看（图 5-5），2018 年 108 个城市每千人小学平均拥有量为 0.136 所，每千人中学平均拥有量为 0.061 所。有 73 个城市每千人小学拥有量和 64 个城市每千人中学拥有量低于平均水平。其中，每千人小学拥有量较低的 10 个城市中，有 3 个城市位于江苏，距离平均水平相差 0.05 所以上，可见江苏虽为教育大省，但其在教育设施建设方面并未赶上城镇化发展，教育设施建设有待进一步加强。反观，西安、三亚、惠州、南阳、开封、东莞、南宁、邯郸、襄阳及贵阳的每千人小学拥有量较高，位于 108 个城市前列，均超过 0.2 所，较平均水平高 0.084 所。每千人中学拥有量较低的 10 个城市分别为三沙（0）、黄石（0.0246 所）、南通（0.0341 所）、德州（0.0387

所）、徐州（0.0388 所）、枣庄（0.0416 所）、烟台（0.0450 所）、沈阳（0.0450 所）、扬州（0.0451 所）、泰州（0.0470 所）及马鞍山（0.0474），距平均水平差 0.0185 所以上，贵阳、呼和浩特、成都、东莞以及西安的每千人中学拥有量相对较高，均高于 0.1 所。

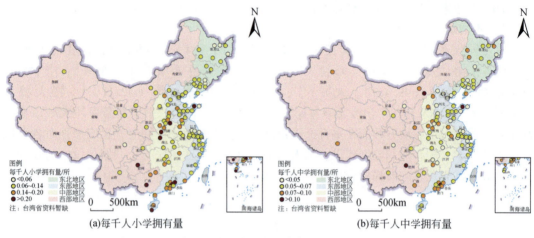

(a)每千人小学拥有量   (b)每千人中学拥有量

图 5-5   2018 年 108 个现行国审城市每千人中小学拥有量分级

2）不同地区

从地域空间分布差异来看（图 5-6），每千人小学拥有量各地区差异较大，呈现东部地区>中部地区>西部地区>东北地区的规律，东部地区比东北地区高出一倍；而每千人中学拥有量各地区差异较小，呈现西部地区>中部地区>东北地区>东部地区的规律。

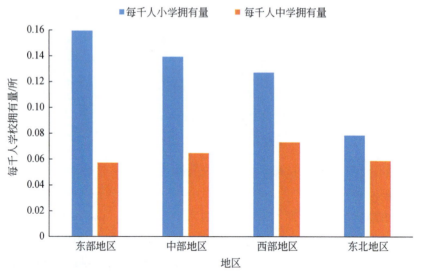

图 5-6   2018 年不同地区城市平均每千人学校拥有量统计

3）不同规模等级城市

从不同城市规模的每千人学校拥有量来看（图 5-7），每千人小学拥有量呈现大城市（0.127 所）>超大城市（0.113 所）>中等城市（0.104 所）>特大城市（0.096 所）；每千人中学拥有量呈现超大城市（0.067 所）>大城市（0.063 所）>中等城市（0.0582 所）>特大城市（0.0576 所）。各规模城市每千人学校拥有量分布较为均衡，总体差距较小。超大城市的每千人中学拥有量是所有规模城市中最高的，这可能与超大城市已经过快速发展阶段，进入内部结构优化调整阶段，基础设施配套相对合理有关。

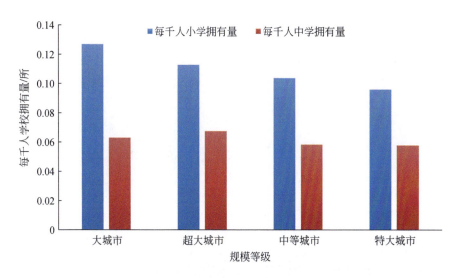

图 5-7　2018 年不同规模等级城市平均每千人学校拥有量统计

3. 城市人均教育用地

1）总体情况

依据《城市公共设施规划规范》（GB 50442—2008），城市中小学校、特殊教育学校和中等职业学校人均用地合计应为 $2.20 \sim 4.00 m^2$；当城市有高等院校时，宜至少按人均增加 $0.5 m^2$ 教育设施用地。参照此规范，本节对 108 个现行国审城市的城市人均教育用地分布情况进行分析。由于 108 个现行国审城市中除三沙以外其余均有高等院校，故除三沙以外，人均用地标准提高为 $2.70 \sim 4.50 m^2$。

从城市人均教育用地面积来看（图 5-8），108 个城市中，有 90 个城市的人均教育用地面积高于 $4.50 m^2$，其中拉萨最高，人均教育用地面积达到 $16.43 m^2$，可能由于其基础教育设施面积较大，但人口数量较少所致。其次为银川及东莞，人均教育用地面积达到 $16.25 m^2$ 和 $14.08 m^2$，远高于《城市公共设施规划规范》（GB 50442—2008）中的指标，存在基础教育设施供大于求的可能性。同时，有 17 个城市的人均教育用地面积处于 $2.70 \sim 4.50 m^2$，供需平衡较好。仅有鸡西人均教育设施面积低于《城市公共设施规划规范》（GB 50442—2008）中的指标，基础教育设施建设有待进一步提高。

2）不同地区

从不同地区分布差异来看（图 5-9），呈现出西部地区>中部地区>东部地区>东北地区的规律，其中西部地区的人均教育用地面积显著高于其他地区，达到了 $8.15 m^2$，各个地区的用地标准均超过了《城市公共设施规划规范》（GB 50442—2008）中的最高值 $4.50 m^2$。

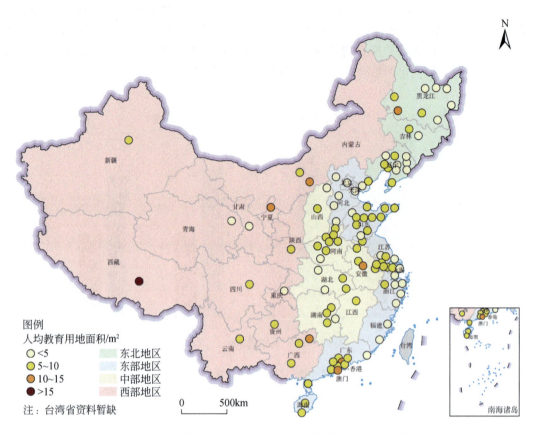

图 5-8　2018 年 108 个现行国审城市人均教育用地面积分级

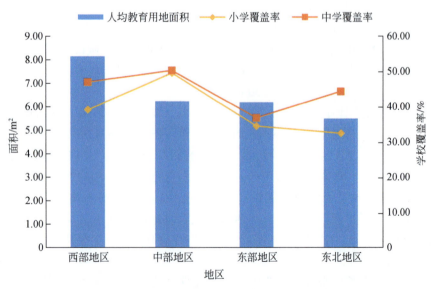

图 5-9　不同地区城市人均教育用地面积统计

总体上反映出人均教育用地面积过高，但基础教育设施覆盖率较低，由此说明现有教育设施整体空间分布具有不均衡性，存在较大比例覆盖盲区。

3）不同规模等级城市

从不同规模等级城市来看（图 5-10），呈现出特大城市>大城市>中等城市>超大城市的规律，其中特大城市人均教育用地面积为 7.46m²，超大城市为 5.64m²。总体上人均教育用地面积水平较高，但覆盖率较低，其中特大城市的人均教育用地面积与覆盖率相互关系显著不协调，城市基础义务教育设施空间布局不均衡现象最突出。

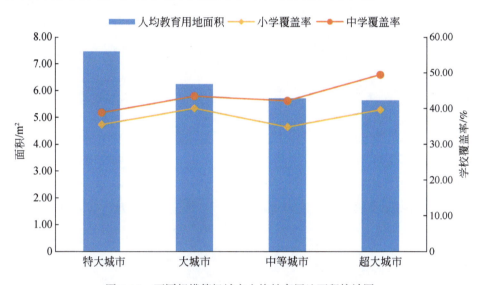

图 5-10　不同规模等级城市人均教育用地面积统计图

5.2.2　医疗设施空间布局分析

1. 基础医疗设施覆盖率

1）总体情况

依据《城市公共设施规划规范》（GD 50442—2008）规定的医疗设施评价准则，设定三级、二级及一级医院的服务半径分别为 12 000m、6000m 和 2000m，计算各城市不同等级医院服务居民点的覆盖率，结果如图 5-11 所示。截至 2018 年，108 个城市三级医院覆盖率有 11 个城市超过 90%，其中，太原、鞍山及新乡最高，分别为 98.69%、98.41% 及 96.31%。仅有 1 个城市二级医院覆盖率超过 90%，位于辽宁鞍山（90.21%）。按照上述服务半径计算，一级医院覆盖率最高为上海（69.46%）和淮北（60.20%），均未超过 90%，其余城市一级医院覆盖率均低于 60%，整体覆盖情况较差。有 3 个城市三级医院覆盖率低于 30%，分别为三沙、惠州及伊春，其中三沙因其地理空间位置和行政意义的特殊性，加之人口数量少，无一～三级等级医院。4 个城市二级医院覆盖率低于 30%，分别为三亚（22.81%）、拉萨（25.36%）、泰安（26.53%）及重庆（29.68%）。有 7 个城市无一级医院,分别为三沙、三亚、拉萨、惠州、台州、温州及西宁。除此之外有12个城市的一级医院覆盖率低于10%,全国108个城市的一级医院覆盖情况相较于二级与三级医院覆盖情况而言较差,一级医院的空间布局优化和配置有待进一步提高。

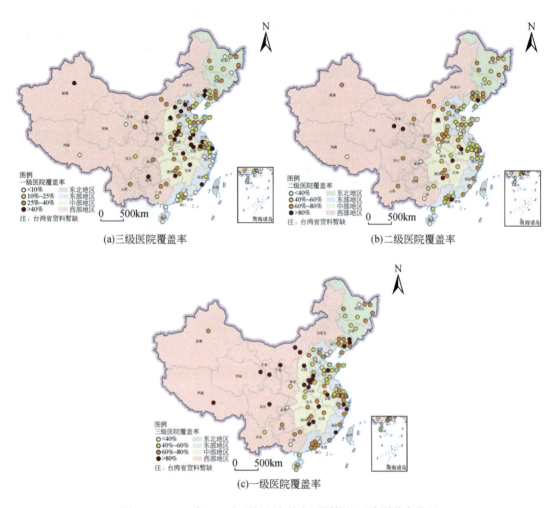

图 5-11 2018 年 108 个现行国审城市不同等级医院覆盖率分级

2)不同地区

从不同地区的医院覆盖率来看(图 5-12),三级和二级医院均呈现出中部地区>东北地区>西部地区>东部地区的规律,中部地区的三级医院覆盖率达到 75.30%,而东部地区仅为 58.49%,总体差距较大。从二级医院覆盖率来看,中部地区为 64.64%,东部地区为 52.98%。而一级医院和无等级医院覆盖率呈现出中部地区>西部地区>东北地区>东部地区。总体来看,中部地区在各个等级医院覆盖情况相对较好,而东部地区均为最差。近年来,东部地区城市迅速扩展,人口不断向城市聚集,但基础医疗设施配套不足,有待继续加强。

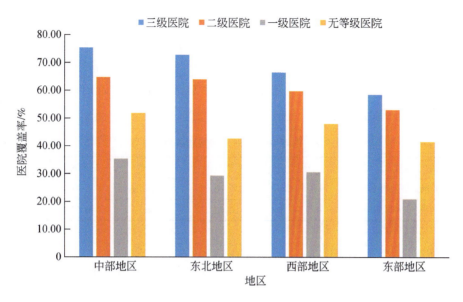

图 5-12　2018 年不同地区城市各等级医院平均覆盖率分级

3）不同规模等级城市

各规模等级城市的三级和二级医院覆盖率整体差距较小，而一级医院和无等级医院差距较大（图 5-13）。其中一级医院呈现超大城市>特大城市>大城市>中等城市，即城市规模等级越高，一级医院覆盖率越好。而无等级医院覆盖率在特大城市明显高于其余等级城市，说明特大城市的基础医疗设施配套方面相对更完善。

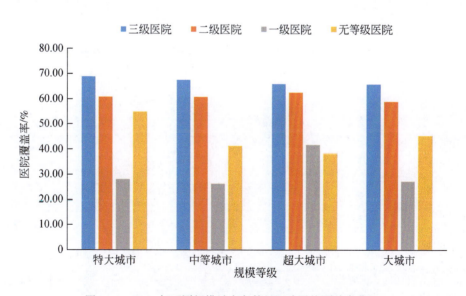

图 5-13　2018 年不同规模城市各等级医院平均覆盖率分级

2. 医疗卫生基础设施人均建设用地

依据《城市公共设施规划规范》（GB 50442—2008）中的医疗卫生设施人均规划建设用地指标（表5-1），超大城市的人均规划用地面积应不低于 $0.9m^2$，特大城市不低于 $0.8m^2$，大中小城市不低于 $0.6m^2$ 的标准，本节对 2018 年 108 个城市的人均医疗卫生设施用地面积进行统计与对比分析。

表 5-1　医疗卫生设施人均规划建设用地指标　　　　　　　　　　（单位：m^2）

城市规模	小城市	中等城市	大城市	特大城市	超大城市
人均规划用地面积	0.6～0.7	0.6～0.8	0.6～0.9	0.8～1.0	0.9～1.1
实际医疗卫生设施人均用地面积	—	0.45	0.46	0.53	0.42

全国 108 个城市的人均医疗卫生设施用地面积情况如图 5-14 所示，5 个超大城市的医疗设施用地规模均未满足其人口规模需求，人均医疗卫生设施用地面积远低于规划用地指标。其中重庆最低，人均医疗卫生设施用地面积仅为 $0.16m^2$，广州（$0.42m^2$）、北京（$0.43m^2$）、深圳（$0.50m^2$）、上海（$0.58m^2$）的人均医疗卫生设施用地面积同样较低，超大城市的人均医疗卫生设施用地面积距离规划用地指标相差 $0.22m^2$ 以上，甚至未达到小城市医疗卫生设施人均规划建设用地指标。

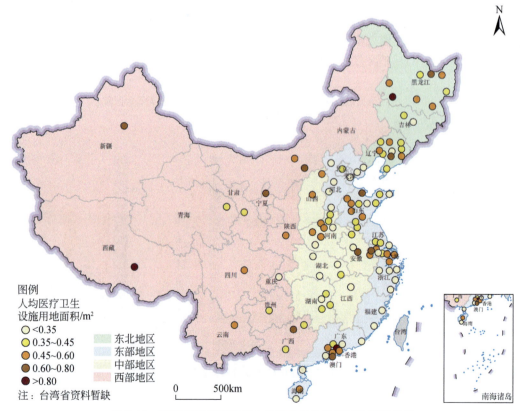

图 5-14　不同规模等级城市人均医疗卫生设施用地面积分级

8个特大城市中仅东莞人均医疗卫生设施用地面积为1.07m²，达到了规划指标，其余城市均未达到，天津的人均医疗卫生设施用地面积最低，仅为0.27m²，其次为杭州、武汉，分别为0.32m²、0.35m²。57个大城市中，有5个城市达到医疗卫生设施人均规划建设用地面积标准，分别为大庆、乌鲁木齐、银川、珠海及呼和浩特。但多数城市距离标准仍有较大差距，汕头人均医疗卫生设施用地面积最低，仅为0.08m²。中等城市中，东营及鹤岗已达到城市医疗卫生设施人均规划建设用地面积标准，其余城市人均医疗卫生设施用地面积多集中于0.3~0.6m²，3个小城市中，三亚及三沙人均医疗卫生设施用地面积较低，三亚人均医疗卫生设施用地面积仅为0.18m²。

综上，本节通过对108个现行国审城市的基本公共服务设施发展状况分析发现，2018年，中小学覆盖率整体较低，但人均教育用地面积较高，城市基础教育设施空间分布不均问题突出。同时，108个现行国审城市的医疗卫生设施存在较大比例覆盖盲区，人均医疗用地规模总体低于规划指标。距离《城市公共设施规划规范》（GB 50442—2008）中的医疗卫生设施人均规划建设用地指标的标准有一定的差距，医疗服务设施建设迫切需要进一步提高。未来各级政府应加强对基础教育设施和医疗卫生设施的资源统筹及科学合理规划布局，促进均等、科学布局，实现人人学有所教、病有所依、人人共享的发展目标。

5.3　全国现行国审城市综合交通发展状况分析

交通发展水平及服务能力是经济发展和社会进步的重要条件。改革开放以来，在中国经济建设取得巨大成就的同时，交通基础设施网络和服务能力日益完善，部分交通方式如铁路和公路已经进入了普适化和优化升级发展阶段。国家"十三五"规划要求以提高交通运输发展质量和效益为中心，着力完善交通运输基础设施网络，提升运输服务品质，加快行业转型升级，推进现代综合交通运输体系建设。"要想富，先修路"是经济发展的一个重要规律，因此城市交通网络的发展对于城市的经济发展至关重要。本节利用2018年108个城市的交通网络设施监测数据，开展2018年交通网络发展情况分析，并结合2015年道路监测数据成果开展2015~2018年道路变化情况分析。

5.3.1　2018年城市综合交通网络分析

1. 城市道路路网密度

1）总体情况

2018年108个现行国审城市城区内平均路网密度为4.65km/km²，与国家要求水平相差较大。108个现行国审城市路网密度水平高低不一（图5-15和图5-16），共51个城市的路网密度高于108个城市平均路网密度，其中仅三沙（9.00km/km²）达到国家提出的8km/km²。其次处于相对较高水平的有珠海（7.23km/km²）、丹东（6.90km/km²）、佛山（6.63km/km²）、西宁（6.40km/km²）、湛江（6.32km/km²）、福州（6.24km/km²）、深

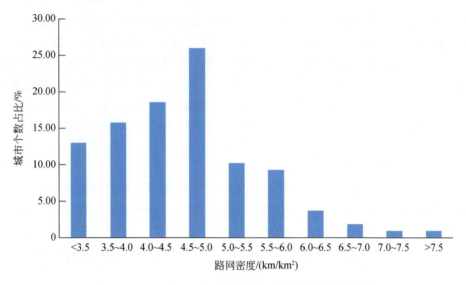

图 5-15　2018 年 108 个现行国审城市路网密度分布统计

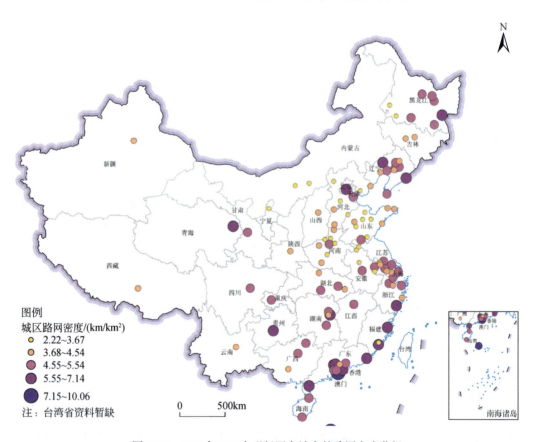

图 5-16　2018 年 108 个现行国审城市的路网密度分级

圳（6.17km/km²），路网总体密度达到 6.0km/km²。而路网密度介于 4.0～5.0 的有 48 个城市，占全部城市的 44.44%。路网密度最低的三个城市为潍坊、淄博、保定，路网密度分别为 2.64km/km²、2.99km/km²、3.04km/km²，均是中等城市，远低于国家要求水平。

2）不同规模等级城市

因 108 个城市内小城市仅有 3 个不具有代表性，故仅对除去小城市以后的其余 105 个城市进行不同城市规模分类分析，结果显示，超大城市平均路网密度为 5.56km/km²，特大城市为 4.69km/km²，中等和大城市分别为 4.55km/km² 和 4.46km/km²（图 5-17）。城市路网密度呈现出城市规模越大，路网密度越高的规律。超大城市路网密度显著高于其他等级城市，这主要是因为超大城市城区范围内人口聚集度相对更高，城市基础设施建设相对完善。

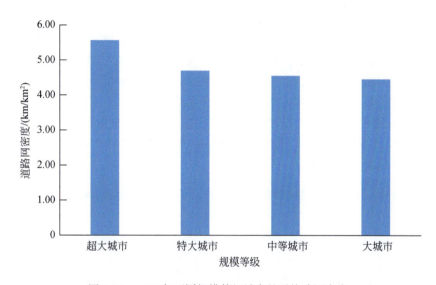

图 5-17　2018 年不同规模等级城市的平均路网密度

3）不同地区

从不同地理分区角度来看，呈现出东北地区>东部地区>西部地区>中部地区的规律（图 5-18）。东北和东部地区的城市路网总体平均密度较高，分别为 4.78km/km² 和

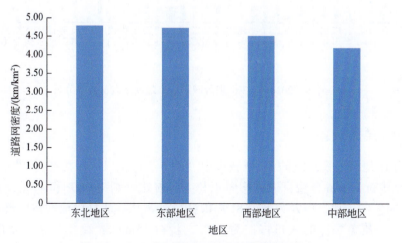

图 5-18　2018 年不同地区城市的平均路网密度

4.72km/km²。东北地区路网密度较高的是丹东，为 6.90km/km²；较低的是大庆和齐齐哈尔，路网密度分别为 3.49km/km² 和 3.47km/km²。东部地区路网密度较高的是三沙和珠海，分别为 9.00km/km² 和 7.23km/km²；较低的为淄博和潍坊，分别为 2.99km/km² 和 2.64km/km²。中部地区的平均路网密度最低，仅为 4.19km/km²，路网密度较低的城市是开封和淮南，分别为 3.32km/km² 和 3.16km/km²。

2. 地铁站点覆盖率

2018 年 108 个现行国审城市中共有 33 个城市有地铁覆盖，其中 5 个超大城市和 8 个特大城市地铁全覆盖，大城市覆盖了 33.33%，中等城市和小城市尚无城市覆盖地铁（图 5-19）。以市辖区为统计单元，33 个现行国审城市的平均地铁站点覆盖率为 7.23%，有 24.20% 的城市超过平均水平，其中，深圳的地铁站点覆盖率最大，为 14.35%，远超平均水平，其次是成都、上海、合肥、广州、武汉、南京、苏州等城市。地铁站点覆盖率较高的城市主要是超大城市和特大城市。其中排名前三的城市为深圳、成都、上海，其地铁站点覆盖率分别是 14.35%、11.56% 和 11.37%，这三个城市分别有 166 个、156 个、395 个地铁站点。地铁站点覆盖率较低的是佛山、东莞、济南等大城市，分析原因主要是地铁线路较短，服务范围较小。

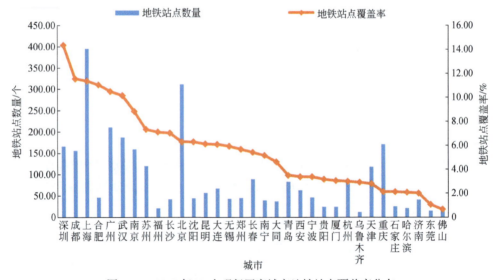

图 5-19　2018 年 33 个现行国审城市地铁站点覆盖率分布

3. 地铁站点覆盖盲区

2018 年已建成地铁线路的 33 个城市中（图 5-20），以城区为统计单元，超大城市的地铁站点步行 15min 覆盖盲区平均面积和人口占比分别为 66% 和 47%，低于特大城市 77% 和 64% 的占比，以及大城市 81% 和 69% 的占比。北京市地铁站点覆盖盲区面积占比为 54%，覆盖盲区的人口占比为 37%，步行 15min 覆盖人口空间分布如图 5-21 所示。

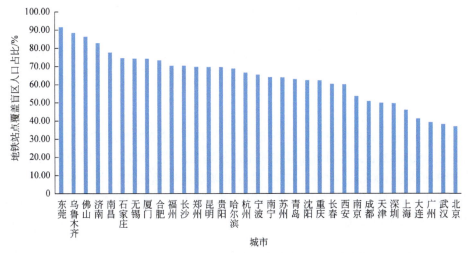

图 5-20　2018 年 33 个现行国审城市地铁站点步行 15min 覆盖盲区人口占比

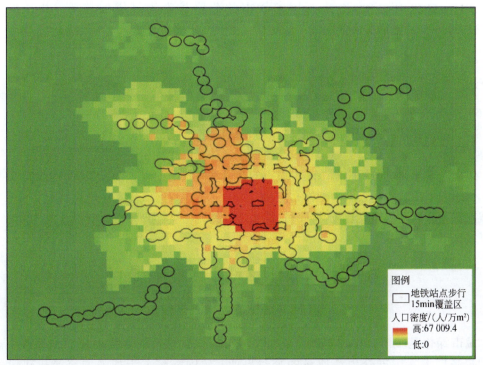

图 5-21　北京市地铁站点步行 15min 覆盖人口情况

5.3.2　2015～2018 年道路变化分析

1. 高铁

2015 年，108 个现行国审城市中没有高铁的城市有 28 个，2018 年减少至 20 个，其中

2015~2018 年新增加开通高铁的城市分别是淮安、盐城、张家口、银川、淄博、潍坊、昆明和淮北 8 个城市。

2015~2018 年，108 个现行国审城市中共有 36 个城市的高铁长度有明显增加，共计增加了 1668.11km，其间高铁长度增加最多的城市是重庆、西安、大连、昆明和南宁等。

2. 普通铁路

2015~2018 年，108 个现行国审城市中共有 48 个城市的普通铁路长度有明显增加，共计增加了 1507.02km，其间增加最多的城市分别是昆明、哈尔滨、唐山和张家口，以上 4 个城市增加均超 100km。此外，17 个城市出现普通铁路减少，共计减少了 367.85km，减少超过 50km 的城市分别是焦作、济南和淄博，减少的主要原因是普通铁路升级为高铁。其余 43 个城市无明显变化。

3. 公路

2015~2018 年，108 个现行国审城市的公路长度均呈增加趋势，共计增加了 20 033.68km，其中增加最多的城市是北京、重庆、成都和天津。

4. 城市道路

2015~2018 年，108 个现行国审城市的城市道路长度均呈增加趋势，共计增加了 16 160.39km。路网平均密度由 2015 年的 4.20km/km^2 提高至 4.48km/km^2，108 个城市中有 18 个城市的路网密度下降，主要是新增城区的路网密度较低导致。其余城市均呈上升趋势，其中上升幅度最大的城市是拉萨、西宁、珠海、桂林和齐齐哈尔等。

综上，本节通过分析全国 108 个城市的交通发展状况发现，现行国审城市城区路网密度远低于国家要求，超大城市地铁站点步行 15min 覆盖盲区低于其他规模城市。未来在加强城市交通基础设施数量建设的同时，注重增强路网密度提升与交通转换方式的设计，从而舒缓城市地区交通压力。

5.4 全国现行国审城市城区绿化覆盖变化分析

城市绿化是城市重要的基础设施，是城市现代化建设的重要内容，是改善生态环境和提高广大人民群众生活质量的公益事业。《国务院关于加强城市绿化建设的通知》提出加强城市生态环境建设，创造良好的人居环境，促进城市可持续发展为中心、坚持政府组织、群众参与、统一规划、因地制宜、讲求实效的原则，以种植树木为主，努力建成总量适宜、分布合理、植物多样、景观优美的城市绿地系统，充分强调了城市绿化的重要性以及加强城市绿化建设的宗旨。本节分析了 108 个城市 2015 年、2018 年绿化覆盖情况以及 2015~2018 年绿化变化情况，并对比分析了各城市绿地规划实施情况。

5.4.1 城区绿化覆盖现状及变化分析

1. 2018 年城区绿化覆盖率现状分析

由 2018 年全国 108 个现行国审城市城区绿化覆盖率分析结果来看（图 5-22 和图 5-23），全国现行国审城市城区范围内绿化覆盖率平均值为 19.64%，仅有 4 个城市城区绿化覆盖率超过 30%，数量占 108 个城市的 3.7%，分别为三沙（32.59%）、盘锦（31.73%）、大庆（30.89%）、三亚（30.82%）。108 个现行国审城市城区绿化覆盖率均低于 40%，整体上与《国务院关于加强城市绿化建设的通知》中规定的 2010 年全国城市规划建成区绿化覆盖率达到 40% 的标准均有较大差距。此外，有 58 个城市绿化覆盖率低于 20%。乌鲁木齐 2018 年城区绿化覆盖率仅为 9.53%，是所有城市中最低的。总体上，截至 2018 年，108 个现行国审城市城区绿化覆盖情况仍然较差，虽距离 2010 年颁布的《国务院关于加强城市绿化建设的通知》时间跨度近 8 年，但距其建成区绿化覆盖要求仍有较大差距，大部分城市城区绿化覆盖率有待改善。

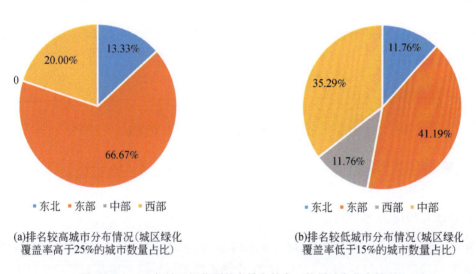

(a)排名较高城市分布情况(城区绿化
覆盖率高于25%的城市数量占比)

(b)排名较低城市分布情况(城区绿化
覆盖率低于15%的城市数量占比)

图 5-22　2018 年城区绿化覆盖率排名较高、较低城市分布情况

从城区绿化覆盖率空间分布来看（图 5-22 和图 5-23），108 个现行国审城市城区整体绿化覆盖情况分布参差不齐。本节中分别以 2018 年城区绿化覆盖率高于 25% 和低于 15% 为阈值，将不同地区的城市划分为排名较高和较低。其中覆盖率较高（高于 25%）的城市共有 15 个，多分布于东部地区，占东部城市数量的 20%，其次是西部地区，占西部城市数量的 20%。中部城市的城区绿化覆盖率均低于 25%。排名较低（低于 15%）的共有 17 个城市，东部地区有 7 个城市、中部地区有 6 个城市，但中部地区城市数量占中部地区城市总数量的比例更大，达 26.09%。综合看来，东部地区的绿化覆盖情况在地区内部分布不均；中部地区绿化覆盖情况总体较差，较多城市的绿化覆盖水平有待进一步提高；反

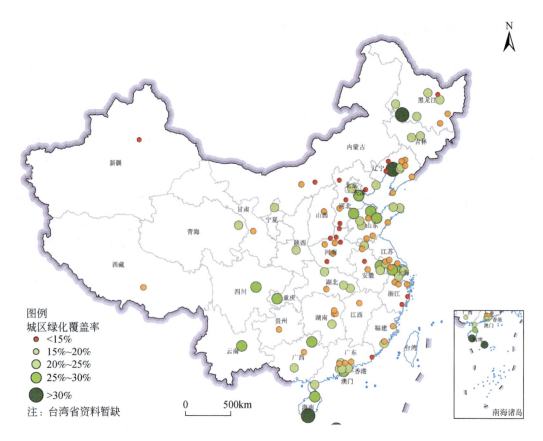

图 5-23 2018 年全国 108 个现行国审城市城区绿化覆盖率空间分级

观西部地区除乌鲁木齐及呼和浩特以外，其余各城市绿化覆盖情况总体较为平均，城市之间绿化覆盖率差距不大。

2. 2015～2018 年城市旧城区①绿化覆盖率变化分析

2015～2018 年，108 个城市中有 58 个城市 2018 年旧城区绿化覆盖率较 2015 年绿化覆盖率有所降低（图 5-24）。其中有 21 个城市的旧城区绿化覆盖率下降超过 1%，拉萨的下降情况最为严重，达 4.15%。通过查看拉萨的绿地类型变化情况发现，其绿化覆盖减少部分主要为草地覆盖区域，城市更新以建设占用草地为主。其次绿化覆盖率下降较为严重的为临沂（3.50%）、枣庄（3.12%）、淮北（2.82%）、南昌（2.48%）及潍坊（2.28%）。

---

① 本节中 2018 年旧城区指 2015 年的城区范围。

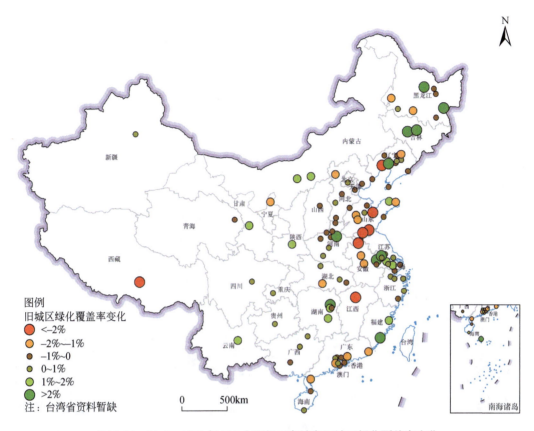

图 5-24 2015～2018 年 108 个现行国审城市旧城区绿化覆盖率变化

此外，许多城市采取积极措施改善旧城区的绿化覆盖情况。22 个城市 2018 年旧城区绿化覆盖率较 2015 年有了明显提升，2018 年旧城区绿化覆盖率上升大于 1%，其中海南三沙的绿化覆盖率提高最多，达 12.04%，这也与其城区面积较小，城区面积基数较低有关。其次为黑龙江伊春（3.90%）及湖南长沙（3.09%）。

3. 2015～2018 年城区绿化覆盖率变化分析

2018 年 108 个现行国审城市中有 46 个城市的城区绿化覆盖率相较 2015 年有所降低（图 5-25）。其中有 21 个城市下降超过 1%，临沂和南昌下降最多，均为 3.11%。结合2015～2018 年 108 个现行国审城市旧城区的绿化覆盖率分析结果可知，临沂与南昌 2015～2018 年旧城区绿化覆盖率下降 3.5%、2.48%，影响了 2018 年整个城区的绿化覆盖率。除 46个降低的城市外，其余城市 2018 年城区绿化覆盖率均有所提高，其中有 14 个城市城区绿化覆盖率提高超过 2%，三沙提高的绿化覆盖率最多，为 13.44%，其次是石家庄及南阳。城区绿化覆盖率的提高主要是 2015～2018 年新增城区绿化覆盖率优于旧城区绿化覆盖率所致。

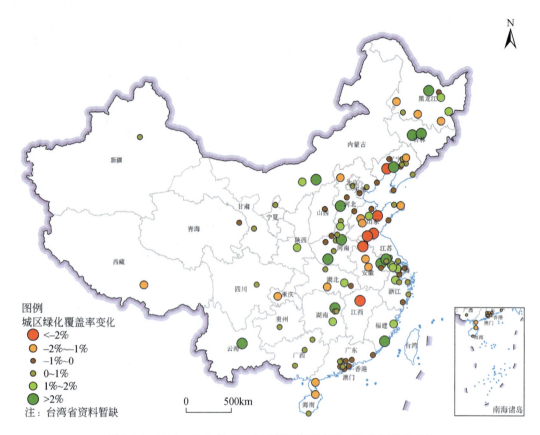

图 5-25 2015~2018 年 108 个现行国审城市城区绿化覆盖率变化

4. 典型城市绿化覆盖变化分析

108 个现行国审城市中临沂市 2015~2018 年旧城区绿化覆盖变化面积较大，故本节选取临沂市为典型城市，从单个城市尺度开展城市绿化覆盖变化分析，其空间分布情况如图 5-26 所示。临沂市为山东的地级城市，位于山东南部，是长三角经济圈与环渤海经济圈的交界点，临沂市辖有三区九县，城区面积为 322.07km²，占整个市辖区面积的 14.04%。随着城市经济的发展，临沂市的城区绿化覆盖逐渐遭到破坏，2018 年旧城区的绿化覆盖率较 2015 年降低近 3.5%，下降幅度位于 108 个现行国审城市前列。与旧城区绿化覆盖率降低更多的拉萨市相比，临沂拥有更好的气候以及地形条件，且经济等规划发展相较于拉萨市更为成熟，绿化更应受到重视保护，但却屡屡爆出居民圈占绿地、绿化带被浇灌混凝土等恶意破坏行为。具体绿地被占用为建筑物情况如图 5-27 所示。同时在《临沂市城市绿化管理办法》中也提到临沂市城市绿化管理方面仍然存在一些问题，如城市绿化总体水平与建设生态宜居城市的目标和广大市民的要求仍有差距，绿地生态系统功能尚不完善；城市绿化管控手段还有缺失，随意改变绿化规划、侵占绿地的现象时有发生，也印证了上述绿化覆盖减少多是由建设用地占用导致的。

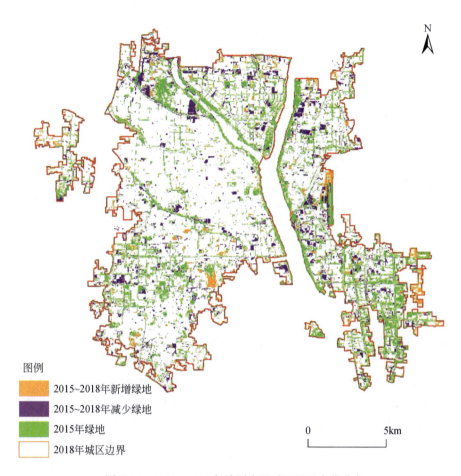

图 5-26   2015～2018 年临沂市旧城区绿地变化分布

(a)2015年影像（示例一）   (b)2018年影像（示例一）

(c)2015年影像（示例二）　　　　　　　　(d)2018年影像（示例二）

图 5-27　绿地被占用为建筑物示意

5.4.2　城市绿化覆盖率规划实施情况

对 108 个现行国审城市相关绿地规划指标进行收集，共收集到 27 个城市的绿化规划指标，故本节统计汇总了这 27 个城市的绿化覆盖率实施情况。通过计算各个城市 2018 年相应指标并与规划进行比较，将 2018 年与 2020 年规划目标差距大于 20% 的符合度设定为低，差距在 10%~20% 的符合度设定为较低，差距在 10% 以下的符合度设定为较高，达到以及超过 2020 年规划目标的设定为高，具体统计情况见表 5-2。

表 5-2　城市绿地与规划对比分析表

序号	城市名称	规划目标	中心城区绿化覆盖率	市辖区绿化覆盖率	城区绿化覆盖率	符合度
1	贵阳	市辖区：森林覆盖率60%，绿化覆盖率47%；中心城区：绿化覆盖率达到50%以上	42.74%	52.01%	17.99%	较高
2	呼和浩特	建成区：绿化覆盖率40%，绿地率35%	22.40%	52.62%	14.79%	低
3	包头	建成区：绿化覆盖率50%，绿地率35%	31.63%	61.52%	18.02%	低
4	郑州	市辖区：森林覆盖率提高到11.15%；中心城区：城市绿化覆盖率达到45%，绿地率达到40%	23.10%	23.89%	15.35%	低
5	开封	中心城区：绿化覆盖率达到45%	17.63%	13.58%	14.35%	低
6	安阳	建成区：绿化覆盖率45%	13.31%	14.67%	12.48%	低
7	成都	中心城区：绿化覆盖率45%，绿地率40%，人均公共绿地15m²	32.23%	26.94%	24.95%	较低
8	厦门	中心城区：森林覆盖率达到43%以上，城市人均公共绿地面积不小于17.3m²；建成区：绿化覆盖率不小于45%	23.05%	45.61%	23.38%	低

续表

序号	城市名称	规划目标	中心城区绿化覆盖率	市辖区绿化覆盖率	城区绿化覆盖率	符合度
9	杭州	中心城区：城市建设用地绿地率38%，绿化覆盖率41%	20.29%	55.75%	19.57%	低
10	绍兴	建成区：绿化覆盖率达到40%，人均公园绿地面积达到12m²	16.14%	41.18%	17.06%	低
11	长沙	中心城区：绿化覆盖率为45.00%	28.37%	34.61%	18.23%	较低
12	无锡	市辖区：规划人均绿地14m²，城区绿化改造率不小于25%。2020年，森林覆盖率达到27%；建成区：绿化覆盖率达到42.98%	28.25%	20.54%	25.05%	较低
13	常州	中心城区：公共绿地总面积约31km²，绿地率达39%，绿化覆盖率达45%，人均公共绿地达12.5m²	16.01%	13.49%	18.07%	低
14	扬州	建成区：到2020年森林覆盖率达到20%，市区人均绿地面积达到19m²，绿化覆盖率达到50%	19.17%	14.18%	18.88%	低
15	烟台	市辖区：城市绿地率为35%，绿化覆盖率为45%	30.95%	39.86%	20.81%	低
16	潍坊	建成区：绿化覆盖率达到45%	21.12%	20.03%	24.76%	低
17	泰安	中心城区：占城市建设用地的11.51%。绿地率达到35%，绿化覆盖率达到45%，人均公共绿地达到11m²	22.73%	29.25%	22.79%	低
18	南昌	中心城区：绿化覆盖率达45%以上	25.58%	36.74%	16.72%	较低
19	杭州	中心城区：绿化覆盖率41%	20.29%	55.75%	19.57%	较低
20	保定	中心城区：绿化覆盖率达到40%	10.55%	16.11%	11.51%	低
21	襄阳	建成区：绿化覆盖率达到45%	22.03%	15.91%	20.30%	较低
22	荆州	建成区：绿化覆盖率45%；人均公共绿地面积达到12.5m²	18.74%	14.64%	17.67%	低
23	银川	市辖区：绿化覆盖率45%	26.11%	46.12%	22.19%	高
24	枣庄	市辖区：绿化覆盖率达到40%	18.39%	23.03%	18.61%	较低
25	东营	市辖区：绿化覆盖率达到35%	26.30%	30.82%	26.38%	较高
26	临沂	市辖区：绿化覆盖率达40%以上	19.02%	18.06%	19.02%	低
27	西安	建成区：绿化覆盖率达到39.8%	23.15%	40.81%	20.26%	较低

结果表明，2018年全国绿化覆盖整体情况有待提高。仅有银川的规划符合度为"高"，2018年市辖区绿化覆盖率为46.12%，达到2020年规划指标。贵阳和东营2个城市的规划符合度为"较高"，贵阳中心城区绿化覆盖率为42.74%，接近50%的规划指标，市辖区绿化覆盖率为52.01%，达到47%的规划指标。东营市辖区绿化覆盖率为30.82%，接近35%的规划指标。然而，多数城市的绿化覆盖情况距离其规划目标还有较大差距，有

8 个城市的规划符合度较低，距规划指标均有 10%~20% 的差距。其余 16 个城市距规划指标的差距均在 20% 以上。总体上，2018 年 27 个城市中仅银川、贵阳与东营的城市绿化覆盖率与规划目标相比符合度较高，其余 24 个城市距离规划指标有较大差距，城市绿化覆盖有待进一步改善。

综上，本节通过对城市城区绿化覆盖分析发现 108 个现行国审城市城区绿化覆盖率远低于国家标准，其中有 58 个城市城区绿化覆盖率低于 20%，同时半数以上城市旧城区绿化覆盖率下降。未来各级政府部门应积极推进城市绿化建设，针对旧城区绿化覆盖率存在大幅下降问题，要加强城市生态空间保护监督和规划实施管控。在新城新区建设和老城区改造过程中，要预留足够的生态空间，保障人民群众生活环境宜居舒适。

5.5 全国地级以上城市内部土地集约利用分析

立足中国的基本国情，妥善处理城镇建设发展与资源环境的关系，促进城镇建设注重外延扩展向注重内涵、集约发展转变，是新型城镇化健康发展的必然要求。集约利用土地资源，建设紧凑型城镇，就需要强化规划的管控作用，合理控制用地规模，鼓励土地利用的紧凑发展模式；充分发挥市场机制的配置作用，运用经济杠杆，减少土地低效利用；积极推进城镇土地整治，盘活存量建设用地，提高土地集约利用程度。

城中村作为我国城市内涵式发展的问题突出地区和影响城市经济社会整体发展的制约因素，通常处于城市中较优的区位，但却不能高效发挥其土地利用价值，并且随着城中村规模的不断扩大以及城中村引发的社会管理问题日益凸显，近年来我国多个城市已推动开展了城中村改造工作。但因城中村具有特定的内涵，涉及土地房屋权属等较为复杂的社会属性，而城市低矮杂乱房屋建筑区是城中村的典型代表，因此本研究仅从地理学视角，运用测绘遥感手段对我国地级以上城市内部的城市低矮杂乱房屋建筑区开展监测分析，以了解城市在高速发展过程中，滞后于时代发展步伐、基本公共服务设施和居住环境较差的居住区现状与更新改造情况，为城市更新和城市规划提供参考，进而推进我国紧凑型城镇建设。

5.5.1 城市低矮杂乱房屋建筑区现状及变化情况分析

2017 年全国 338 个地级以上城市的低矮杂乱房屋建筑区总面积为 1303.32km²，其中仅 8.61% 的城市没有低矮杂乱房屋建筑区，65.28% 的城市低矮杂乱房屋建筑区面积低于 5km²，14.54% 的城市在 5~10km²，9.2% 的城市在 10~20km²，剩余 2.37% 的城市在 20km² 以上，其中面积最大的是北京和西安，分别达 31.58km² 和 29.64km²（图 5-28）。

2017 年全国 338 个地级以上城市中低矮杂乱房屋建筑区面积平均占比为 5%，89% 以上的城市低矮杂乱房屋建筑区面积占比在 10% 以下，部分城市间差异较大，如大连、四川和西藏的一些少数民族居住的城市没有或只有极少量城市低矮杂乱房屋建筑区（小于 1%），也有例外的情况，如新疆的塔城、博乐则有大量的城市低矮杂乱房屋建筑区分布（大于 30%）。

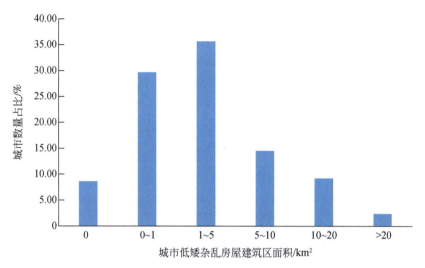

图 5-28　2017 年 338 个地级以上城市低矮杂乱房屋建筑区面积分布统计

从各省份的城市低矮杂乱房屋建筑区总面积来看（图 5-29），面积最大的是山东，为 179.03km²。其次是河北，为 152.05km²。西藏的城市低矮杂乱房屋建筑区面积最小，为 0.44km²。虽然山东的城市低矮杂乱房屋建筑区面积最大，但其面积占比并不是最高，为 4.61%，而海南的城市低矮杂乱房屋建筑区面积占比最高，为 11.83%，山西次之，占比为 10.91%。此外，2016~2017 年，海南、河北、陕西、四川和云南等省份因城市外扩将边缘处农村村落纳入城区，导致城市低矮杂乱房屋建筑区面积有所增加，其中海南增加最多，为 0.55km²；其他各省份的面积均有所减少，其中减少最多的是江苏，为 6.26km²，其次是宁夏，减少了 4.61km²，说明这两个省份的城市低矮杂乱房屋建筑区改造效果显著。城市低矮杂乱房屋建筑区面积占比下降最大的为宁夏，其次为山西和甘肃。

图 5-29　2016 年和 2017 年城市低矮杂乱房屋建筑区总面积及面积占比

从各省份单个城市的城市低矮杂乱房屋建筑区平均面积来看（图 5-30），北京、上海和河北是三个最大的省份，2017 年的平均面积分别为 31.58km²、18.79km² 和 13.82km²。西藏和贵州是平均面积最小的省份，均仅为 0.06km²。从 2016～2017 年变化来看，大多数省份的城市低矮杂乱房屋建筑区平均面积呈下降趋势，其中北京和上海下降最多，说明其城中村改造进程较快，效果显著；天津、福建、辽宁、西藏和贵州 5 个省份无显著变化；而海南、陕西、河北、云南和四川呈增加趋势，说明这些省份在城市发展过程中存在原城区边缘的农村村落合并纳入新城区范围的现象。

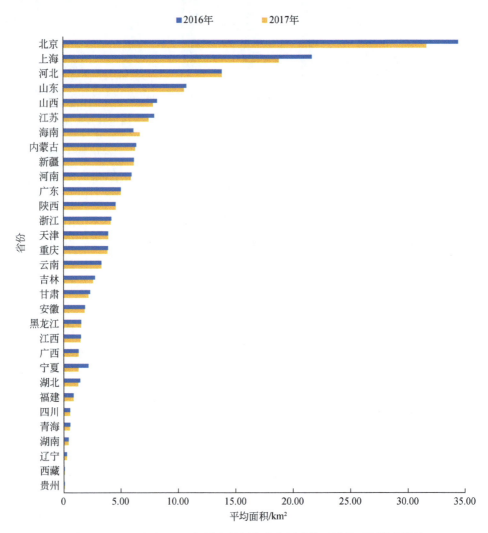

图 5-30　2016 年和 2017 年城市低矮杂乱房屋建筑区平均面积排序统计

从各地区城市低矮杂乱房屋建筑区平均面积和面积占比来看（图 5-31），2017 年东部地区的城市低矮杂乱房屋建筑区平均面积最大，为 7.73km²，主要是因为东部地区的城市城区总面积普遍较大；其次是中部地区，为 3.22km²；东北地区的城市低矮杂乱房屋建筑区平均面积最小，为 1.26km²。西部地区的城市低矮杂乱房屋建筑区面积占比最高，为 4.12%；中部地区次之,占比为 4.09%;东北地区的城市低矮杂乱房屋建筑区面积占比最低,为 1.21%。2016~2017 年,各地区城市低矮杂乱房屋建筑区平均面积均有所下降,中部地区下降最多,下降了 0.24%,其次为西部地区,东北地区下降最少。

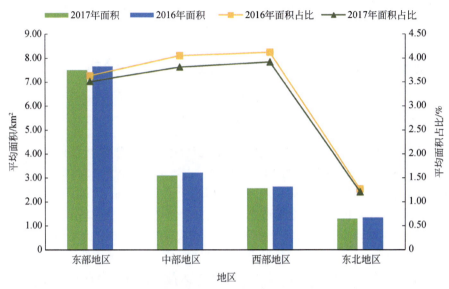

图 5-31 各地区 2016~2017 年城市低矮杂乱房屋建筑区平均面积和面积占比统计

2017 年城市低矮杂乱房屋建筑区平均面积排名为超大城市 (16.52km²) >大城市 (7.50km²) >特大城市 (6.05km²) >中等城市 (3.28km²) >小城市 (1.97km²);而面积占比除特大城市外,整体规律呈相反趋势,排名为小城市 (6.15%) >中等城市 (4.48%) >大城市 (3.52%) >超大城市 (1.56%) >特大城市 (0.97%)。结果表明(图 5-32),超大

图 5-32 各规模等级城市 2017 年城市低矮杂乱房屋建筑区平均面积及面积占比

城市和大城市的城市低矮杂乱房屋建筑区平均面积较大，而占比较小；中小城市虽然城市低矮杂乱房屋建筑区平均面积较小，但占比较大。

2016～2017 年，各规模城市的城市低矮杂乱房屋建筑区平均面积和占比均有所下降，超大城市的城市低矮杂乱房屋建筑区平均面积下降最多，小城市的城市低矮杂乱房屋建筑区平均面积占比下降最多。

5.5.2　城市低矮杂乱房屋建筑区改造实施效果分析

1. 城市低矮杂乱房屋建筑区改造面积变化情况分析

2016 年全国 338 个地级以上城市中低矮杂乱房屋建筑区总面积为 1336.17km^2，占城区总面积的 3.58%；2017 年减少为 1303.32km^2，占城区总面积的 3.43%。2016～2017 年全国地级以上城市的低矮杂乱房屋建筑区总面积减少了 32.85km^2，其中共有 178 个城市的低矮杂乱房屋建筑区面积减少，总体改造情况良好，部分城市已经基本改造完毕。

2016～2017 年城市低矮杂乱房屋建筑区彻底完成改造，即城市低矮杂乱房屋建筑区消失的面积为 24.94km^2。全国有 22 个省份存在彻底完成改造的城市低矮杂乱房屋建筑区，而福建、甘肃、广东、贵州、河北、辽宁、山西、天津和西藏 9 个省份没有彻底完成改造的城市低矮杂乱房屋建筑区，多为部分完成改造或正在改造。其中改造面积排名前五的依次为江苏、宁夏、山东、山西和上海，而已完成改造的城市低矮杂乱房屋建筑区占本省所有城市低矮杂乱房屋建筑区的面积占比排名前五的依次是宁夏、上海、青海、江苏和重庆。各省份的具体改造完成情况如图 5-33 所示。

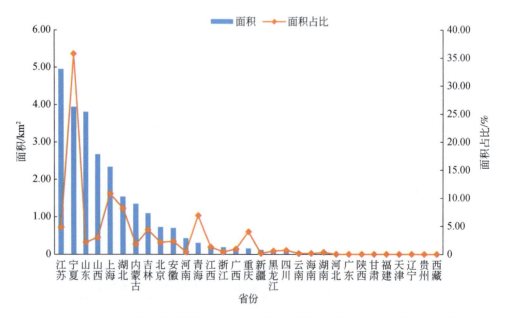

图 5-33　2016～2017 年全国各省份地级以上城市已改造完成城市低矮杂乱房屋建筑区面积及面积占比

2. 城市低矮杂乱房屋建筑区地表覆盖变化分析

通过对全国地级以上城市的低矮杂乱房屋建筑区内部 2016~2017 年地表覆盖面积变化统计发现（图5-34），2016~2017 年低矮房屋建筑区面积减少最多，高达 32.39km²，而建筑工地面积增加最多，高达 38.27km²，其次为硬化地表。说明全国的城市低矮杂乱房屋建筑区改造工作正在不断推进，除有 24.94km² 已经彻底完成改造，剩余部分均正在进行拆迁改造，尚未改造更新完成。

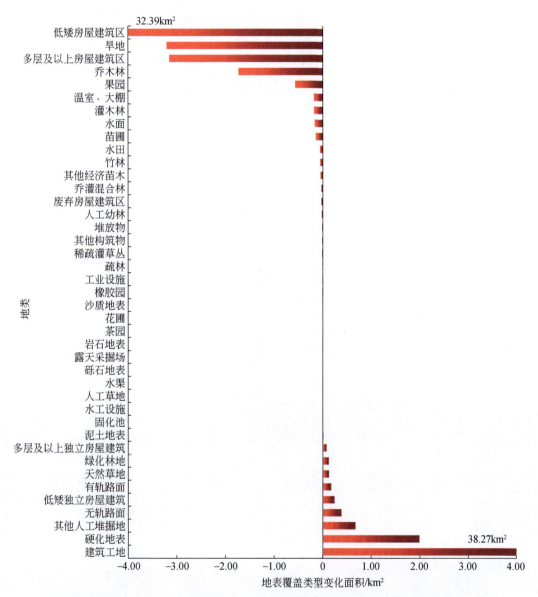

图 5-34　2016~2017 年全国地级以上城市的低矮杂乱房屋建筑区内地表覆盖面积变化
为使图中信息表达更丰富，将最大、最小值分别设为 4 和 -4，建筑工地和低矮房屋建筑区
面积远远超出其他地类，故单独标注

5.5.3 典型城市的土地集约利用情况分析

1. 典型城市土地集约现状分析

1）西安市

西安市 2017 年城市低矮杂乱房屋建筑区面积 29.63km²，占城区总面积的 5.10%，低矮房屋建筑区面积为 131.35km²，占全部房屋建筑区面积的 49.58%，多层及以上房屋建筑区面积为 133.56km²，占全部房屋建筑区面积的 50.41%，所有房屋建筑区占城区总面积的 45.58%，说明城市内部房屋建筑较密集。

西安市 2017 年城区内部土地集约利用状况如图 5-35 所示，西安市城区主要分布在碑林区、雁塔区、新城区、莲湖区、未央区、灞桥区、阎良区、高陵区、临潼区、长安区及

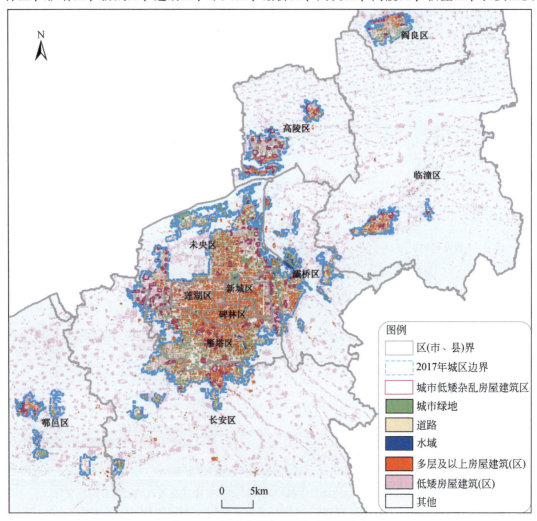

图 5-35 西安市土地集约利用状况分布

鄠邑区。从城市低矮杂乱房屋建筑区分布来看，碑林区没有分布，莲湖区和新城区有零星分布，其他八个区均有较多分布；道路方面，以碑林区、莲湖和新城区道路最为密集，交通便利，是西安市最为发达的三个城区，雁塔区、未央区和灞桥区路网也较为密集，处于第二梯队，除上述提到的城六区以外，其余城区路网虽整体较好，但相对来说较为稀疏，说明西安市近年来在道路交通建设上成效显著，路网发达，便于出行；房屋建筑区方面，中心城区中碑林区几乎均为多层及以上低矮房屋建筑区，低矮房屋较少，莲湖区西部以及新城区东部分布有部分低矮房屋建筑区，其余区域均以多层及以上房屋建筑区为主，雁塔区南部、未央区的北部和西部以及灞桥的东部分布有连片低矮房屋建筑区，但整体以多层及以上房屋建筑区为主，以上六城区土地利用效率较高，建筑分布较为集中，其余城区以低矮房屋建筑区为主，多层及以上房屋建筑区偏少或插花式存在，土地利用效率相对较低。

总体上，西安市城六区中以碑林区土地集约节约利用状况最好，新城区和莲湖区土地集约节约利用状况仅次于碑林区。雁塔区城市绿地较多，城市绿化效果较好，但城市低矮杂乱房屋建筑区分布较多，土地集约节约利用状况有待提高。未央区低矮房屋建筑最多，城市低矮杂乱房屋建筑区分布较为广泛，土地集约节约利用状况有待提高。灞桥区外围城区均有较多城市低矮杂乱房屋建筑区分布，土地集约节约利用状况有待提高，但自然生态环境相对较好，发展潜力较大。

2）太原市

太原市 2017 年城市低矮杂乱房屋建筑区面积 12.77km²，占城区总面积的 4.8%，低矮房屋建筑区面积为 55.64km²，占全部房屋建筑区面积的 55.82%，多层及以上房屋建筑区面积为 44.04km²，占全部房屋建筑区面积的 44.18%。

太原市 2017 年城区内部土地集约利用状况如图 5-36 所示，太原市城区主要分布在杏花岭区、迎泽区、万柏林区、小店区、尖草坪区和晋源区六个区域，空间分布状况与"城六区"的认知相符合。城市低矮杂乱房屋建筑区分布主要集中在万柏林区、小店区、尖草坪区和晋源区 4 个新城区，杏花岭区和尖草坪区的交界处也有城市低矮杂乱房屋建筑区聚集，但迎泽区和杏花岭区作为传统内城区，城市低矮杂乱房屋建筑区分布较少，表明自 1997 年 5 月 8 日，太原市调整行政区划及城市扩展后，新扩展的区域内部仍存在大量城市低矮杂乱房屋建筑区，土地集约利用程度与传统内城区相比相对较差，有待进一步改造。从不同类型（多层及以上、低矮）房屋建筑区的分布状况来看，多层及以上房屋建筑区主要分布在杏花岭区、迎泽区、万柏林区及小店区靠近迎泽区的部分；尖草坪区和晋源区的建筑以低矮房屋建筑区为主，表明在太原城六区中尖草坪区和晋源区土地集约利用程度相对较低。同时可以看到，越靠近城区中心多层及以上房屋建筑区分布越密集，离中心城区越远，低矮房屋建筑区分布越多，结合城区从内向外扩展的发展模式，说明城区发展越早越繁华的区域，土地集约利用程度越高。

3）杭州市

杭州市城市低矮杂乱房屋建筑区面积 18.23km²，占城区总面积的 2.84%，低矮房屋建筑区面积为 92.12km²，占全部房屋建筑区面积的 39.61%，多层及以上房屋建筑区面积为 140.44km²，占全部房屋建筑区面积的 60.39%。

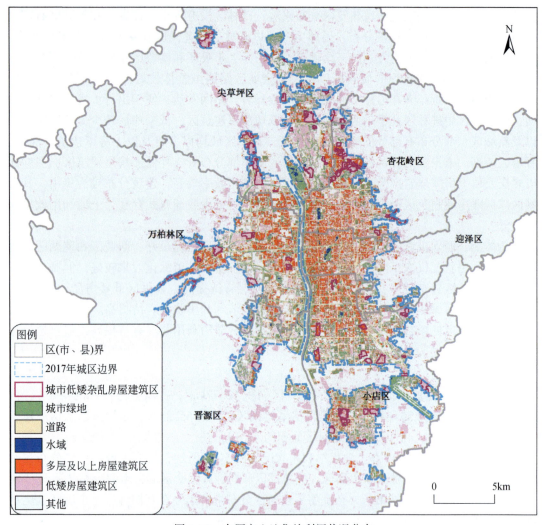

图 5-36　太原市土地集约利用状况分布

　　杭州市 2017 年城区内部土地集约利用状况如图 5-37 所示，杭州市城市低矮杂乱房屋建筑区在城区范围内分布较为分散，各个城区均有分布，其中在富阳区和滨江区分布相对较多，上城区、下城区[①]、拱墅区和江干区[②]等老城区分布较少。结果表明杭州老城区发展较好，新城区还有不少城市低矮杂乱房屋建筑区有待改造。从不同类型（多层及以上、低矮）房屋建筑区的分布状况同样可以看出，上城区、下城区及拱墅区中多层及以上房屋建筑区分布密集，滨江区和富阳区分布较为稀疏，城区范围之外的其他区域大多为低矮房屋建筑区，表明杭州市老城区（上城区、下城区、拱墅区等）较为集约，而滨江区、富阳

---

①　2021 年 3 月，撤销杭州市下城区、拱墅区，设立新的杭州市拱墅区。

②　2021 年 3 月，撤销杭州市上城区、江干区，设立新的杭州市上城区，以原上城区、江干区（不含下沙街道、白杨街道）为新的上城区的行政区域，以原江干区的下沙街道、白杨街道和杭州市萧山区的河庄街道、义蓬街道、新湾街道、临江街道、前进街道的行政区域为钱塘区的行政区域。

区则需要进一步加强土地集约利用。另外，杭州市内道路四通八达，交通便利，城市绿地分布广，水资源充足。综合来看，杭州市城区内部土地集约利用状况较好，尤其是老城区，富阳区和滨江区紧随其后，其他区域的土地需要进一步提升集约利用水平。

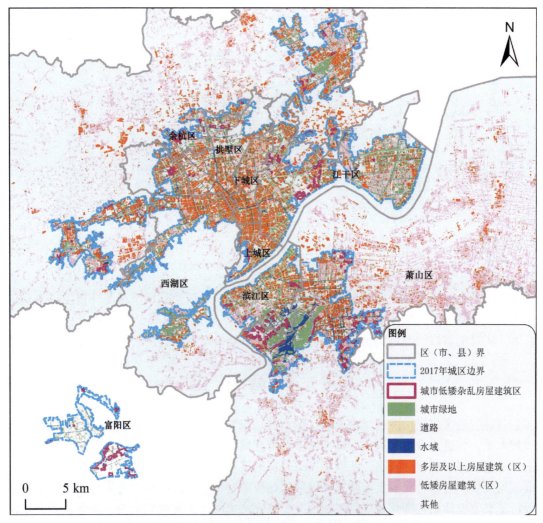

图 5-37　杭州市土地集约利用状况分布

2. 典型城市土地集约对比分析

城市低矮杂乱房屋建筑区面积占比呈现西安>太原>杭州，西安和太原城区内部城市低矮杂乱房屋建筑区更多，城市土地集约利用水平落后于杭州（图 5-38）。杭州多层及以上房屋建筑区面积占比远高于低矮房屋建筑区，而太原却相反，西安两者占比差距不大。比较三个城市房屋建筑区面积占比可以发现，西安的占比最大，也说明西安的房屋建筑密度较高。这些数据同样表明三个典型城市中，杭州的土地集约利用程度最高，西安最差，太原居中。

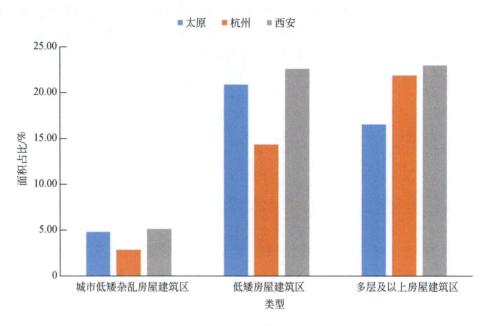

图 5-38　典型城市土地集约利用情况对比

综上，本节通过对全国地级以上城市的城市内部土地集约利用情况的分析发现，全国城市低矮杂乱房屋建筑区改造稳步推进，2016～2017 年总面积减少 32.85km²，改造成效显著。同时随着城市的迅速扩展，城区边缘城市低矮杂乱房屋建筑区改造相对滞后。

5.6　本章小结

通过规划实施评估发现城市发展过程中的短板和不足，对于不断提升城市空间发展和管理水平，促进建设宜居城市、韧性城市和智慧城市意义重大。本章基于地理国情监测数据，采用卫星遥感监测方法，获取了城市内部的重点国土空间要素数据，从基本公共服务设施发展状况、综合交通发展状况、城区绿化覆盖变化、城市内部土地集约利用 4 个方面分析了城市空间结构变化及规划实施情况。研究结果可用于发现城市内部基本公共服务设施、城市交通、城市绿化建设等方面是否存在现状空间布局不合理，偏离规划目标等问题；同时可对城市的规划实施情况进行趋势预判和问题预警；形成的数据成果、对策建议可直接服务规划部门的规划实施监督管理和城市治理政策制定等，进而促进城市内部空间资源要素优化配置、推动高质量发展和宜居城市建设。

第6章 | 区域协同发展监测分析实践

京津冀地区作为中国的政治文化中心，是国家管理、对外交流、技术贸易和交通枢纽地区，是特大城市中人口、科技、教育等最集中的地区。通过对京津冀城市群区域协同理论和实践经验的研究发现，京津冀城市群发展的目标是促进区域的可持续发展和共同繁荣。交通一体化、产业转移一体化和生态环境保护一体化作为京津冀城市群协同发展的三大重点领域，也是实现城市群协同发展亟待解决的区域性问题。京津冀协同发展以疏解非首都核心功能、解决北京"大城市病"为基本出发点，调整优化城市布局和空间结构，构建现代化交通网络系统，推动公共服务共建共享，加快市场一体化进程，打造现代化新型首都圈，努力形成京津冀目标同向、措施一体、优势互补、互利共赢的协同发展新格局。

本章选取京津冀城市群作为区域协同发展监测分析示例区，以高分辨率遥感影像、地理国情监测成果为基础，结合夜间灯光、全国经济普查等多源数据，从城市群用地空间扩展、生态空间变化、城市群空间联系、产业发展及城市群综合交通可达性5个方面开展城市群空间格局变化遥感监测与应用研究，形成京津冀城市群城区边界、生态空间、综合交通路网等多个城市空间要素成果，从城市用地规模、生态环境保护、区域间联系、产业发展格局、交通一体化5个角度对京津冀协同发展进行分析评价。

6.1 概 况

6.1.1 研究区

区域协同发展监测分析以京津冀城市群为研究区，监测空间尺度包括地级市和县级以上城市（图6-1）。京津冀城市群包括北京、天津及河北，共2个直辖市和11个地级城市，总面积21.70万km²，约占全国的2.26%。2018年末常住人口1.1亿人，约占全国的8.02%，地区生产总值8.46万亿元，约占全国的9.41%。

京津冀城市群同属京畿重地，濒临渤海，背靠太岳，携揽华北、东北和西北，战略地位十分重要。北京作为首都，政治地位突出，文化底蕴深厚，科技创新领先，人才资源密集，国际交往密切。天津拥有北方最大的综合性港口，制造业基础雄厚，研发转化能力较强，发展势头良好。河北自然资源丰富，劳动力相对充裕，产业基础较好，经济体量较大，具有广阔的发展空间。

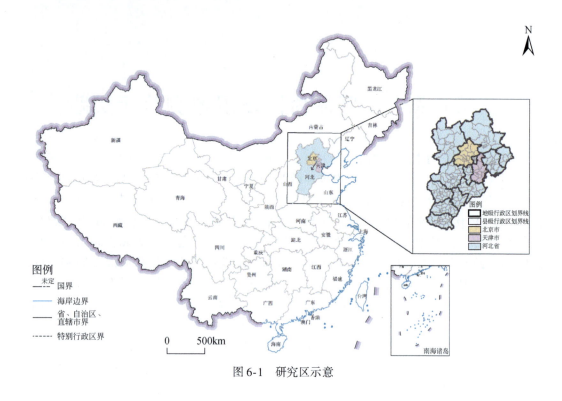

图 6-1 研究区示意

6.1.2 数据源

本章中用于城市群城市用地空间格局变化的数据主要包括 2015 年、2018 年和 2019 年高分辨率影像、地表覆盖数据、行政区划数据，来源于历年地理国情监测成果，以及笔者研究团队牵头承担的原国家测绘地理信息局（现合并至自然资源部）省部级项目"全国地级以上城市及典型城市群空间格局变化监测项目"城区边界成果，由全国 31 家原省级测绘地理信息局通过遥感监测方法生产获得，具体方法详见本书 2.4.1 节；用于城市群空间联系格局变化的数据主要包括夜间灯光数据及城市间最短旅行时间数据，其中夜间灯光数据基于 NPP/VIIRS 的 2015 年年合成和 2019 年月合成数据，来源于国际环境信息中心官网，城市间最短旅行时间数据基于 12306 网站上列车时刻表、全国铁路旅客列车时刻表和中国高速铁路运营线路图和百度地图 API 综合计算得出；用于城市群产业发展格局变化的数据主要为全国第三次、第四次经济普查数据，包括法人单位数、营业收入和各行业从业人员数等内容，来源于国家统计局；用于城市群交通可达性格局变化的数据主要为 2015 年、2020 年地理国情监测成果中地理国情要素数据，包括公路、铁路和城市道路、各地市政府所在点等内容。各类数据处理及指标计算方法详见本书 2.3.4 节、2.3.5 节、3.3.4 节。

6.1.3 主要内容

城市群空间格局变化监测内容主要包括城市群用地空间扩展分析、城市群城区生态空间变化分析、城市群空间联系格局变化分析、城市群产业发展格局变化分析和城市群交通可达性格局变化分析等内容。监测分析方法详见本书3.3.4节。

（1）城市群用地空间扩展分析。监测时相为2015年、2019年。利用优于2.5m的影像数据，开展京津冀地区县级以上城市城区边界提取，得到京津冀地区城区边界数据，结合收集到的地表覆盖数据，开展2015～2019年的用地空间扩展分析。

（2）城市群城区生态空间变化分析。监测时相为2015年、2019年。利用地理国情监测成果中的地表覆盖数据，提取城区内生态空间数据，分析其面积变化及转移矩阵。

（3）城市群空间联系格局变化分析。分析时段为2015～2019年。利用城区边界成果，结合收集处理得到的夜间灯光数据和城市间最短旅行时间数据，开展京津冀城市群2015～2019年各城市空间联系强度变化分析。

（4）城市群产业发展格局变化分析。分析时段为2013年和2018年。基于2013年第三次经济普查和2018年第四次经济普查的数据，对比分析京津冀城市群营业收入和法人单位数的时空格局变化；通过京津冀城市群分行业的法人单位数和从业人员数，分析各地区之间的产业相似系数，识别各地市主导行业的变化情况，探究京津冀城市群协同发展过程中区域经济与产业发展的变化。

（5）城市群交通可达性格局变化分析。分析时段为2015～2020年。利用交通路网数据和最短成本距离法计算京津冀地区13个地市在2015年及2020年的公路交通可达性及综合交通可达性空间格局变化，识别以京津唐石四地为中心城市的交通等时圈范围，分析2015～2020年京津冀地区交通一体化发展情况。

6.2 京津冀城市群用地空间扩展分析

6.2.1 京津冀地区城区面积变化

2015～2019年京津冀地区地级以上城市（直辖市、地级市）城区面积基本统计数据见表6-1和图6-2，城区扩展分布见图6-3。2015年京津冀地区市域（市、区、县）城区总面积为4994.12km²，2019年京津冀地区市域（市、区、县）城区总面积为5335.97km²。与2015年相比，2019年市域（市、区、县）城区总面积扩展了341.85km²。2015～2019年京津冀各地级以上城市城区面积均呈现稳步增加趋势。

表6-1 京津冀2015年、2019年各市域城区面积统计

城市名称	2015年城区面积/km²	2015年城区占比/%	2019年城区面积/km²	2019年城区占比/%
天津	1119.86	22.42	1205.69	22.60
北京	1067.69	21.37	1124.39	21.07
石家庄	445.48	8.92	474.65	8.89
唐山	370.00	7.41	394.48	7.39

城市名称	2015 年城区面积/km²	2015 年城区占比/%	2019 年城区面积/km²	2019 年城区占比/%
保定	349.64	7.00	362.53	6.79
邯郸	255.62	5.12	289.28	5.42
邢台	231.56	4.64	261.78	4.91
廊坊	241.52	4.84	259.11	4.86
沧州	246.32	4.93	257.55	4.83
秦皇岛	203.61	4.08	214.80	4.02
张家口	187.17	3.75	200.13	3.75
衡水	169.48	3.39	178.74	3.35
承德	106.37	2.13	112.84	2.11
合计	4994.12	100.00	5335.97	100.00

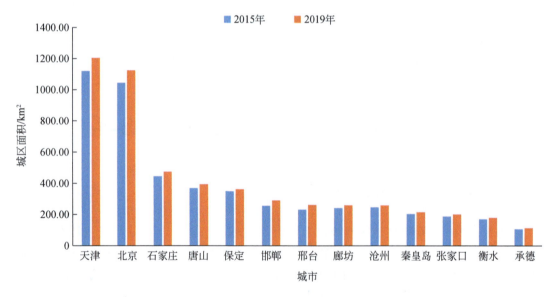

图 6-2 京津冀地区 2015～2019 年地级以上城市城区面积统计

2015 年和 2019 年，京津冀地区城区规模最大的城市均是天津市，分别为 1119.86km²
和 1205.69km²，其占京津冀地区城区总面积的比例分别为 22.42%、22.60%，呈现小幅
度上升趋势。

2015 年和 2019 年，京津冀地区城区规模排名前三位的分别为天津、北京、石家
庄。两年中，三个市城区面积总和占京津冀地区城区总面积的比例分别为
52.86%、52.56%。

图 6-3　京津冀地区 2015～2019 年地级以上城市城区扩展分布

6.2.2　京津冀城市空间扩展时空过程

1. 地级以上城市空间扩展时空过程

2015～2019 年京津冀地区地级以上城市（直辖市、地级市）城区扩展变化的基本统计信息见表 6-2。城区扩展面积、城区扩展强度的空间等级分布见图 6-4。

表 6-2　京津冀地区地级以上城市市辖区城区扩展情况统计

城市名称	2015～2019 年			
	城区扩展面积/km²	城区扩展面积占比/%	城区扩展强度/%	城区扩展速度/（km²/a）
北京	56.90	23.28	1.33	14.23
天津	85.83	35.11	1.92	21.46

城市名称	2015~2019 年			
	城区扩展面积/km²	城区扩展面积占比/%	城区扩展强度/%	城区扩展速度/(km²/a)
石家庄	20.57	8.41	1.79	5.14
唐山	20.74	8.48	2.12	5.19
秦皇岛	9.87	4.04	1.37	2.47
邯郸	18.89	7.73	3.66	4.72
邢台	6.44	2.63	2.87	1.61
保定	4.73	1.93	0.80	1.18
张家口	5.74	2.35	1.33	1.44
承德	3.00	1.23	1.41	0.75
沧州	2.70	1.10	1.02	0.67
廊坊	4.99	2.04	1.30	1.25
衡水	4.06	1.66	1.46	1.01

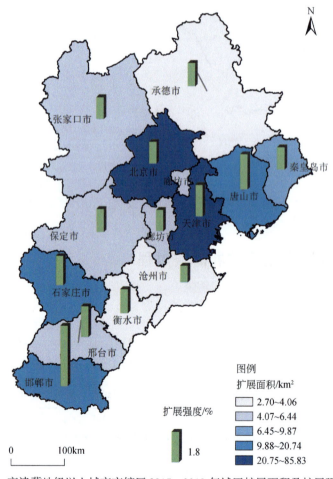

图 6-4 京津冀地级以上城市市辖区 2015~2019 年城区扩展面积及扩展强度分级

在城区扩展面积统计方面，以地级以上城市（直辖市、地级市）市辖区为统计单元，2015～2019 年各市城区扩展面积由大到小排序依次为天津（85.83km²）>北京（56.90km²）>唐山（20.74km²）>石家庄（20.57km²）>邯郸（18.89km²）>秦皇岛（9.87km²）>邢台（6.44km²）>张家口（5.74km²）>廊坊（4.99km²）>保定（4.73km²）>衡水（4.06km²）>承德（3.00km²）>沧州（2.70km²）。京津冀地级以上城市城区扩展面积差异显著。

在城区扩展面积占比统计方面，以地级以上城市（直辖市、地级市）市辖区为统计单元，2015～2019 年各市城区扩展面积占比由大到小排序依次为天津（35.11%）>北京（23.28%）>唐山（8.48%）>石家庄（8.41%）>邯郸（7.73%）>秦皇岛（4.04%）>邢台（2.63%）>张家口（2.35%）>廊坊（2.04%）>保定（1.93%）>衡水（1.66%）>承德（1.23%）>沧州（1.10%）。北京和天津的扩展面积占整个京津冀地级以上城市扩展面积的比例达到58.39%。

在城区扩展强度统计方面，以地级以上城市（直辖市、地级市）市辖区为统计单元，2015～2019 年各地级市城区扩展强度由大到小排序依次为邯郸（3.66%）>邢台（2.87%）>唐山（2.12%）>天津（1.92%）>石家庄（1.79%）>衡水（1.46%）>承德（1.41%）>秦皇岛（1.37%）>北京（1.33%）>张家口（1.33%）>廊坊（1.30%）>沧州（1.02%）>保定（0.80%）。

2. 直辖市空间扩展时空过程

2015～2019 年北京和天津城区扩展情况的基本统计见表6-3，城区扩展空间分布见图6-5 和图6-6。

表6-3　直辖市城区扩展情况统计

直辖市	2015 年城区面积/km²	2019 年城区面积/km²	2015～2019 年			
			城区扩展面积/km²	城区扩展面积占比/%	城区扩展强度/%	城区扩展速度/(km²/a)
北京	1067.69	1124.39	56.90	16.64	1.33	14.23
天津	1119.86	1205.69	85.83	25.11	1.92	21.46

在城区扩展统计信息方面，2015 年和 2019 年，天津的城区面积、城区扩展面积占比、城区扩展强度和城区扩展速度均大于北京。两市的总城区扩展面积为 142.73km²，占京津冀地区总扩展面积的41.75%。北京和天津2015～2019 年城区扩展速度分别为14.23km²/a和21.46km²/a。

在城区扩展空间分布方面，北京 2015～2019 年城区扩展主要集中在发展新区和功能拓展区，这与规划中对其功能定位相吻合。首都功能核心区由于其发展较早、空间面积定型较早而未产生边缘扩展型和离岸型扩展行为。生态涵养发展区由于其限制开发的特性而扩展较小。天津2015～2019 年城区扩展主要集中在津南区、西青区和东丽区。

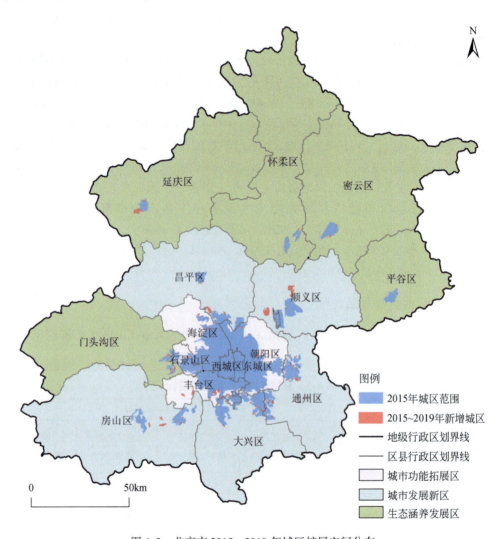

图 6-5 北京市 2015 ~ 2019 年城区扩展空间分布

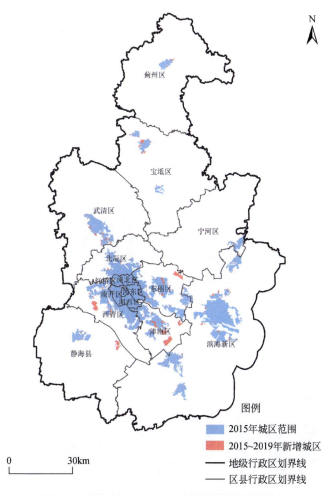

图 6-6　天津市 2015～2019 年城区扩展空间分布

3. 县级以上城市空间扩展时空过程

以京津冀地区县级以上行政区划（含市辖区、县级市）为统计单元，2015～2019 年京津冀地区空间扩展基本信息见表6-4 和图6-7。结果显示，邢台、邯郸和廊坊3 市下属的县级城市扩展面积最大，均超过了 12km²，其中邢台的县级市扩展面积显著超过其市辖区扩展面积。对除城市市辖区外的其余 119 个县级市统计扩展速度和扩展强度，排名前十位的县级城市基本情况如图6-8 和图6-9 所示。结果表明，2015～2019 年京津冀地区邢台威县、廊坊固安县的城区面积扩展相对较快，其余各县级城市城区扩展较为缓慢，差异显著。

表 6-4　京津冀地区县级以上城市城区扩展情况统计

城市名称	2015～2019 年			
	城区扩展面积/%	城区扩展面积占比/%	扩展强度/%	城区扩展速度/（km²/a）
天津	85.83	25.11	1.92	21.46
北京	56.90	16.64	1.33	14.23
邯郸	33.66	9.85	3.29	8.42

城市名称	2015~2019年			
	城区扩展面积/%	城区扩展面积占比/%	扩展强度/%	城区扩展速度/（km²/a）
邢台	30.22	8.84	3.26	7.55
石家庄	29.17	8.53	1.64	7.29
唐山	24.48	7.16	1.65	6.12
廊坊	17.59	5.15	1.82	4.40
张家口	12.96	3.79	1.73	3.24
保定	12.89	3.77	0.92	3.22
沧州	11.23	3.29	1.14	2.81
秦皇岛	11.19	3.27	1.37	2.80
衡水	9.26	2.71	1.37	2.32
承德	6.47	1.89	1.52	1.62

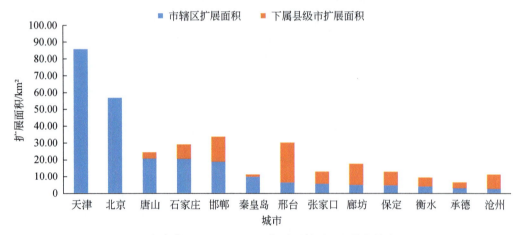

图6-7 京津冀地区2015~2019年城区扩展面积排名前十地区

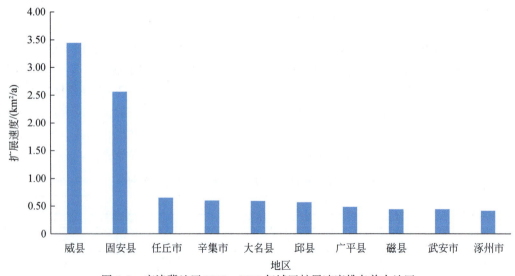

图6-8 京津冀地区2015~2019年城区扩展速度排名前十地区

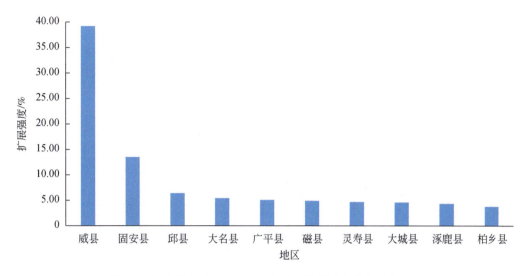

图 6-9 京津冀地区 2015～2019 年城区扩展强度排名前十地区

综上，本节通过对京津冀地区的城市扩展时空过程分析发现，2015～2019 年京津冀地区城区面积扩展显著，市域（市、区、县）扩展总面积达 341.85km² 且各城市间存在较大差异，城区扩展主要集中在北京、天津、邯郸、邢台和石家庄等城市。

6.3 京津冀城市群城区生态空间变化分析

生态空间是指用于自然保护、山林保护、生态防护等功能的地域。通常来讲，对于生态系统和生物生境保护具有重要作用的地区都可视为生态空间。城市生态空间可为城市提供生态系统服务，是保障城市生态安全、提升居民生活质量不可缺少的城市空间。建设生态文明是中华民族永续发展的千年大计，构筑尊崇自然、绿色发展的生态体系，推动形成人与自然和谐发展现代化建设新格局。这就要求注重对生态用地面积的增加，注重保护和扩大绿地、水域、湿地等生态空间。本节对京津冀地区 13 个地级以上城市城区范围内的生态空间进行变化监测分析，对掌握生态空间变化具有重要意义。

6.3.1 京津冀地区城市城区生态空间面积和占比

2015 年和 2019 年京津冀地区地级以上城市（直辖市、地级市）城区生态空间面积变化、面积比例变化如表 6-5、图 6-10 和图 6-11 所示。2015 年和 2019 年京津冀地区 13 个地级以上城市的城区生态空间面积总和分别为 820.12km²、869.37km²，分别占城区面积总和的 16.42%、16.29%。与 2015 年相比，2019 年城区生态空间总面积扩展了 49.25km²，但相比于 2015 年城区生态空间面积占城区面积总和的比例下降了 0.13%。

表 6-5 2015～2019 年京津冀地区城市生态空间面积变化情况

城市名称	2015 年		2019 年	
	生态空间面积/km²	城区内生态空间占比/%	生态空间面积/km²	城区内生态空间占比/%
天津	333.87	29.81	337.36	27.98
北京	253.00	23.70	276.51	24.59
秦皇岛	45.18	22.19	45.13	21.01
唐山	41.11	11.11	43.04	10.91
石家庄	40.11	9.00	52.40	11.04
廊坊	22.00	9.11	22.47	8.67
保定	18.10	5.18	18.39	5.07
张家口	13.85	7.40	13.37	6.68
邯郸	12.87	5.03	19.69	6.81
衡水	11.72	6.92	11.18	6.25
承德	11.56	10.87	11.60	10.28
沧州	9.30	3.78	10.50	4.08
邢台	7.45	3.22	7.73	2.95

图 6-10 2015 年和 2019 年京津冀地区城市生态空间面积

在城市生态空间面积变化方面，除了张家口（-0.48km²）、衡水（-0.54km²）和秦皇岛（-0.05km²）外，其他 10 个城市生态空间面积增加。其中，北京和石家庄面积增加最多，分别为 23.51km²、12.29km²。

在城市生态空间面积占比方面，京津冀地区有超过半数（9 个）城市城区内生态空间占比有所下降，城区生态空间保护形势严峻。城区生态空间比例下降的城市主要有天津（-1.83%）、唐山（-0.20%）、秦皇岛（-1.18%）、邢台（-0.27%）、保定

图 6-11　2015 年和 2019 年京津冀地区城市生态空间面积占比

（-0.11%）、张家口（-0.72%）、承德（-0.59%）、廊坊（-0.44%）和衡水（-0.65%）。北京（0.37%）、石家庄（2.04%）、邯郸（1.78%）和沧州（0.30%）的生态空间面积比例有所上升。

6.3.2　京津冀地区城市城区生态空间转移

1. 旧城区生态空间转移情况

从非生态空间占用生态空间的角度，利用地理国情监测的地表覆盖数据分析旧城区内生态空间向非生态空间地表覆盖类型转移占比（图 6-12）。房屋建筑（区）、构筑物、人工堆掘地和道路占用城市生态空间比例较大，其面积总和占生态空间减少总面积的比例超过 90%。其占比分别为北京（97.06%）、天津（91.79%）、石家庄（77.98%）、唐山（95.23%）、秦皇岛（92.78%）、邯郸（96.72%）、邢台（94.93%）、保定（95.63%）、张家口（99.19%）、承德（92.87%）、沧州（91.15%）、衡水（93.51%）和廊坊（98.33%）。种植土地占用生态空间的比例较低，除秦皇岛外均不超过 5%。

从非生态空间向生态空间复原的角度，利用地理国情监测的地表覆盖数据分析原城区内非生态空间地表覆盖向生态空间转移占比（图 6-13）。房屋建筑（区）、构筑物、人工堆掘地和道路在城市生态空间复原上仍具有较大比例。京津冀各城市上述四类地表覆盖占比分别为北京（95.57%）、天津（91.95%）、石家庄（75.10%）、唐山（92.28%）、秦皇岛（76.30%）、邯郸（87.72%）、邢台（88.90%）、保定（76.49%）、张家口（94.70%）、承德（95.92%）、沧州（90.63%）、衡水（83.60%）和廊坊（96.49%）。其中，八个城市的耕地面积在复原生态空间面积上占比超过 5%，分别为唐山（5.33%）、

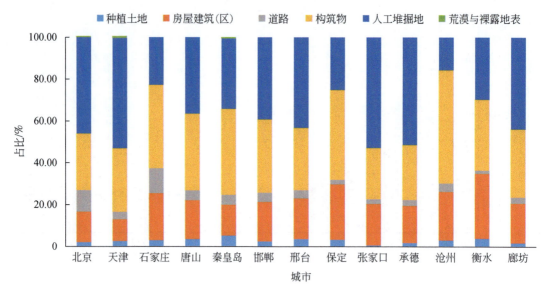

图 6-12　2015 年和 2019 年京津冀地区生态空间转移为非生态空间占比情况

邢台（7.37%）、石家庄（8.11%）、沧州（8.31%）、邯郸（9.59%）、秦皇岛（15.01%）、衡水（16.01%）和保定（20.94%）。

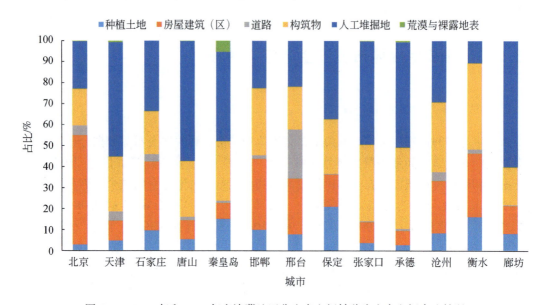

图 6-13　2015 年和 2019 年京津冀地区非生态空间转移为生态空间占比情况

2. 新增城区生态空间转移情况

从非生态空间占用生态空间的角度，利用地理国情监测的地表覆盖数据分析原城区内生态空间地表覆盖向非生态空间转移占比（图 6-14）。房屋建筑（区）、构筑物、人工堆掘地和道路在新增城市生态空间占用仍具有较大比例且高于原城区。除唐山（75.08%）和秦皇岛（78.77%）外，其余城市上述四类地表覆盖总和占生态空间减少面积比例超过90%。

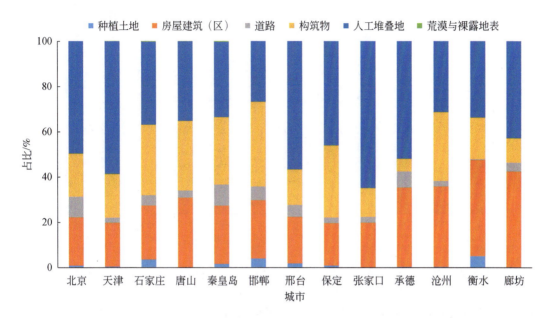

图6-14　2015年和2019年京津冀地区新增城区生态空间转移为非生态空间占比情况

从非生态空间向生态空间复原的角度，利用地理国情监测的地表覆盖数据分析原城区内非生态空间地表覆盖向生态空间转移占比（图6-15）。人工堆掘地、种植土地、房屋建筑（区）等对新增城区生态复原起到了重要作用。其中，除张家口（19.89%）外，其余12个城市人工堆掘地占生态空间复原面积比例超过20%。相比于旧城区，新增城区种植土地占生态空间复原面积比例有所提高，其中秦皇岛（51.64%）、邢台（47.47%）、保定（62.80%）、张家口（37.64%）和沧州（34.44%）5个城市的种植土地占比均超过30%。

利用地理国情监测的地表覆盖数据通过人工目视解译发现，城区生态空间减少主要是由于绿化林地、人工幼林、成片天然草地、绿化护坡和水域被占用，减少的生态空间主要转变为种植土地、房屋建筑（区）、道路、构筑物和人工堆掘地5种地表覆盖类型。

综上，本节通过分析城区生态空间变化发现，京津冀地区城市城区内生态空间不足，被占用问题突出，建设与保护形势严峻。城市在建设发展过程中重经济收益轻生态建设以及环境效益的问题依然存在。2019年京津冀城区内生态空间面积占比为16.29%，较2015年的16.50%略有降低，其中有超过半数（9个）的城市城区生态空间面积占比呈现下降趋势。城区生态空间减少主要是由于绿化林地、人工幼林、成片天然草地、绿化护坡和水域被占用，减少的生态空间主要转变为种植土地、房屋建筑（区）、道路、构筑物和人工堆掘地5种地表覆盖类型。根据城区生态空间被占用的严重程度，应及时与当地政府和自然资源管理部门对接，出台合理有效的生态空间评价指标，制定相应的年度和季度目标，

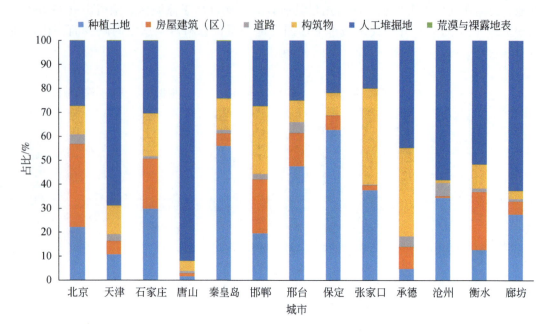

图例: 种植土地　房屋建筑（区）　道路　构筑物　人工堆掘地　荒漠与裸露地表

图 6-15　2015 年和 2019 年京津冀地区新增城区非生态空间转移为生态空间占比情况

加强生态空间保护监督和规划实施管控，及时终止违法违规占用生态空间等行为，保证京津冀地区生态空间面积的最优区间。

6.4　京津冀城市群空间联系格局变化分析

京津冀城市群各城市空间联系强度呈现增强的趋势（图 6-16）。2015 年共有一级联系 14 条，2019 年增加至 19 条，全部来源于 2015 年的二级联系，分别是石家庄—邢台、邢台—邯郸、北京—秦皇岛、石家庄—邯郸、北京—张家口，主要得益于相关高铁的开通运营，大大缩短了上述城市间的时间距离。以北京—张家口为例，北京和张家口的城区夜间灯光总量在 2015~2019 年分别增长至原来的 1.26 倍和 1.23 倍，但由于京张高铁的开通运营，两地的时间距离大幅缩短至原来的 1/4。二级联系由 2015 年的 18 条变为 2019 年的 20 条，减少了上述 5 条，同时新增了 7 条，即衡水—石家庄、保定—廊坊、保定—邢台、唐山—邢台、保定—邯郸、承德—天津、邯郸—唐山。三级联系增加 2 条。四级、五级联系分别减少 6 条和 3 条，2019 年五级联系条数降为 0。总体来看，自 2015 年《京津冀协同发展交通一体化规划》发布之后，城市群空间联系强度总体呈现增强趋势，这主要是由于城市群各地之间时间距离的缩短，随着京津冀交通一体化的推进，各项基础交通设施不断完善，城市群各城市间联系强度趋于向一级和二级集中。

从空间分布来看，联系较强的城市多分布在京津冀城市群中部，逐步从"单中心放射状"向"多中心网络化"的空间格局转变。2019 年北京和天津的一级联系城市数量分别为 8 个和 7 个，说明两个中心城市与京津冀城市群中其他城市联系较为紧密。其他

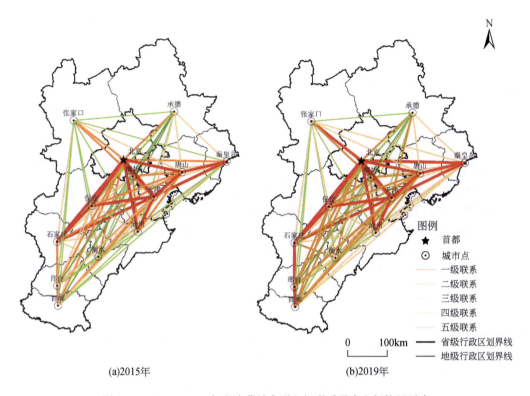

(a)2015年   (b)2019年

图6-16　2015~2019年京津冀城市群空间联系强度空间格局示意

一级联系较多的城市有石家庄、保定、唐山、秦皇岛、廊坊、沧州，其中廊坊和沧州仅与北京、天津两直辖市的为一级联系。与其他城市联系较弱的城市有承德、张家口、衡水，这三个城市也是京津冀城市群中经济发展水平相对较低的城市。衡水—北京的空间距离与石家庄—北京相近，但旅行时间却为石家庄—北京的1倍多。张家口和承德位于京津冀城市群的最北端，地理位置上与核心城市北京相邻，两者到北京空间距离相近，但旅行时间相差近3倍，导致张家口—北京的联系为一级，承德—北京为二级，这也表明承德与北京的联系度相对较弱。邯郸位于京津冀城市群的最南端，与周边邢台的空间联系最强，相对孤立，还应加强与北京、天津、石家庄等省会以上城市的联系，积极融入京津冀协同发展之中，逐步形成京津冀城市群多节点、网络化的区域交通一体化格局。

综上，本节通过对京津冀城市群空间联系格局变化分析发现，京津冀城市群空间联系强度在2015~2019年总体上呈现增加趋势，联系较强的地区主要分布在城市群中部，且与北京、天津等规模较大城市关联，空间分布逐步从"单中心放射状"向"多节点网络化"转变。南、北地区城市间联系强度较弱，如河北的张家口、承德、衡水三地与省会及北京、天津的联系仍然较弱。

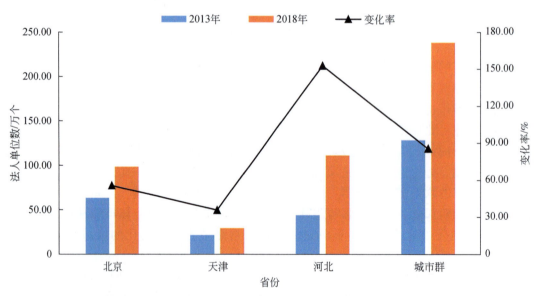

6.5 京津冀城市群产业发展格局变化分析

6.5.1 京津冀产业发展规模的时空变化

1. 分区县法人单位数的时空变化分析

法人单位数作为经济普查中一项重要数据，也是普查区域的市场主体，从很大程度上反映该区域的经济活力。从图6-17和图6-18来看，京津冀城市群包括三地的法人单位数均呈现上升趋势，其中河北变化幅度最大，法人单位数从2013年的43.87万个增加至2018年的110.85万个，增幅达到152.68%。究其原因，自2015年疏解北京非首都功能这一政策提出之后，首钢钢铁产业、其他与首都功能不符的劳动密集型产业以及工业制造业均向周边城市进行迁移，以唐山为例，法人单位数从2013年的4.73万个增加至9.43万个，增幅为99.37%。河北作为京津冀城市群的重要组成部分之一，不仅具有距离优势同时也存在资源优势，成为产业转移的重要承接地之一，因此河北2013~2018年法人单位数出现大幅增加。北京、天津的法人单位数也呈现出一定幅度的增长，增长率分别为55.70%和35.69%。

图6-17　2013年、2018年京津冀城市群/省/直辖市法人单位数变化

从京津冀城市群法人单位数的空间分布（图6-19）来看，整体呈现出"中心—外围"的不均衡空间结构，北京法人单位数占比较高，尤其是北京的海淀区和朝阳区为最高，并以两地为中心向外围递减。2013~2018年，法人单位数由北京城区开始逐步向四周蔓延，城市群西南部的石家庄和东部的唐山法人单位数显著增长。

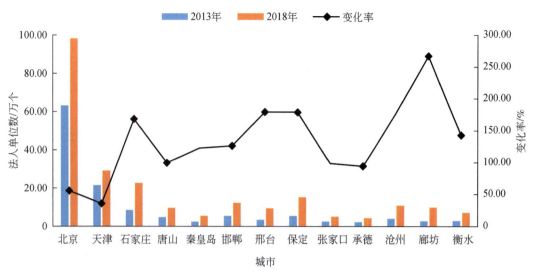

图 6-18　2013 年、2018 年京津冀城市群分地级市法人单位数变化

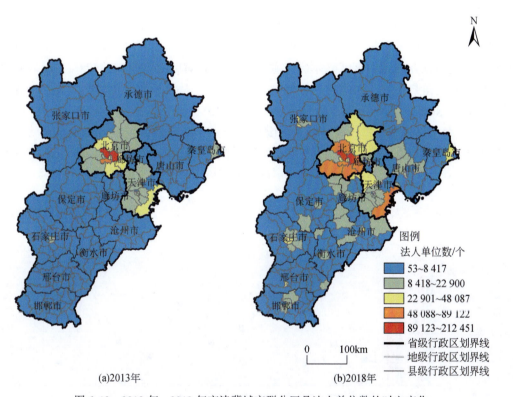

(a)2013年　　　　　　　　　　　　　　(b)2018年

图 6-19　2013 年、2018 年京津冀城市群分区县法人单位数的时空变化

借助 ArcGIS 中的 Geostatistical Analyst 工具对京津冀城市群法人单位数变化进行趋势分析，对比分析 2013 年和 2018 年城市群法人单位数的变化过程。从图 6-20 中可以看出，2013 ~ 2018 年京津冀城市群法人单位数的整体空间分布趋势并未发生较大变化，一直呈现中部高、四周低的分布趋势，但与 2013 年相比，2018 年法人单位数的拟合曲线的弯曲程

度稍显平缓。

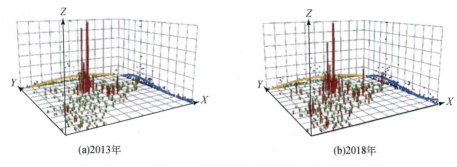

(a)2013年　　　　　　　　　(b)2018年

图6-20　2013年、2018年京津冀城市群法人单位数趋势变化
X、Y相当于经纬度，表示每个地区的位置，Z表示法人单位

2. 分区县营业收入的时空变化分析

基于2013年和2018年两次经济普查分区县的营业收入数据，分析京津冀城市群营业收入的时空变化。2013年和2018年京津冀城市群各地营业收入的变化情况如图6-21所示。营业收入总数排名前三的地区分别为北京、天津和唐山。自2014年以来北京与河北共建曹妃甸协同发展示范区，基本完成首钢钢铁产业向唐山曹妃甸的转移，20多家北京企业到曹妃甸落户发展，因此唐山营业收入水平较高。从增长率变化情况来看，河北的秦皇岛、廊坊和邯郸涨幅较高，营业收入相较2013年分别增长了68.38%、38.31%和31.02%。秦皇岛地理位置优越，位于环渤海经济区中心地带，坚持沿海开发开放，具备良好的投资环境，近年来社会经济和产业发展得到较大进步；廊坊作为北京、天津两大中心城市之间的地区，在承接北京和对接京津产业发展中具有十分重要的地位。

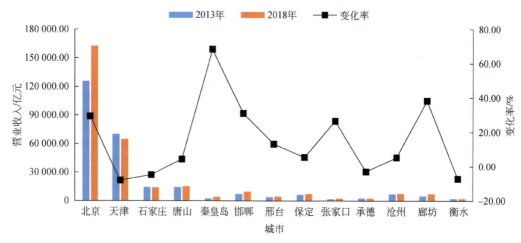

图6-21　2013年、2018年京津冀城市群各地营业收入变化

京津冀城市群各区县营业收入的空间分布格局与法人单位数总体上呈现一致性（图6-22），均为"中心—外围"分布，以北京为营业收入高值地区向周边区域递减，其

中天津滨海新区的营业收入与北京朝阳区、海淀区同属一个等级。自 2014 年获批国家级自由贸易试验区之后，天津滨海新区加快推进沿海开发，2016 年成为国内首个地区生产总值突破万亿的国家级新区，产业开发开放政策落实效果显著，经济发展水平较高。

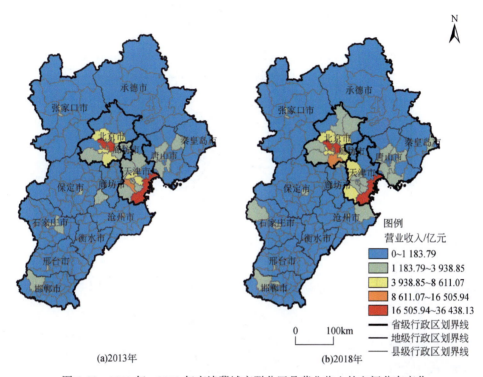

图 6-22　2013 年、2018 年京津冀城市群分区县营业收入的空间分布变化

6.5.2　京津冀城市群各行业的发展变化分析

1. 分地市各行业从业人员数变化

通过计算京津冀城市群及其内部城市各行业从业人员的变化情况，分析各区域 2013～2018 年产业结构变化趋势（图 6-23 和图 6-24）。城市群层面来看，从业人员数呈现上升趋势，由 2013 年的 2906.28 万增加至 2018 年的 3272.78 万，增长率达到 12.61%。从分行业层面来看（表 6-6），制造业从业人员数远超其他行业，2013～2018 年从业人员数虽呈现下降趋势，由 2013 年的 788.46 万减少至 616.57 万，下降幅度为 21.80%，但由于制造业从业人员数基数较大，在城市群 19 个行业中仍占据主导地位。目前京津冀城市群正处于推动制造业转型升级和高质量发展进程中，从业人员数出现下降这一现象，也是适应产业升级进程的正常调整。建筑业、批发和零售业及租赁和商务服务业的从业人员数在城市群中也占据较大比例。

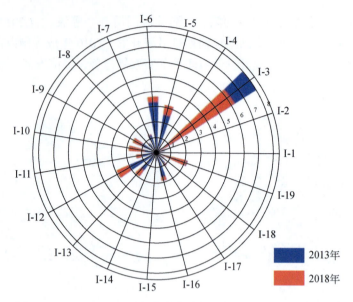

图6-23　2013年、2018年京津冀城市群各行业从业人员数变化

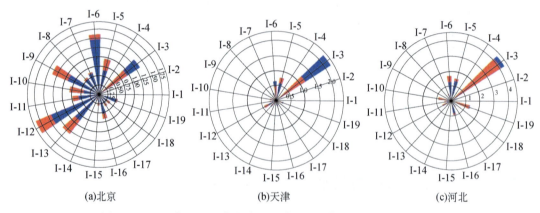

(a)北京　　　　　　　　(b)天津　　　　　　　　(c)河北

图6-24　2013年、2018年北京、天津、河北各行业从业人员数变化

表6-6　行业编号

编号	行业名称	编号	行业名称
I-1	农林牧渔业	I-11	房地产业
I-2	采矿业	I-12	租赁和商务服务业
I-3	制造业	I-13	科学研究和技术服务业
I-4	电力、热力、燃气及水生产和供应业	I-14	水利、环境和公共设施管理业
I-5	建筑业	I-15	居民服务、修理和其他服务业
I-6	批发和零售业	I-16	教育
I-7	交通运输、仓储和邮政业	I-17	卫生和社会工作
I-8	住宿和餐饮业	I-18	文化、体育和娱乐业
I-9	信息传输、软件和信息技术服务业	I-19	公共管理、社会保障和社会组织
I-10	金融业		

北京从业人员数整体呈现上升趋势，从 2013 年的 1091 万增加至 2018 年的 1340 万，增幅达到 22.82%。其中下降行业有 3 个，分别为农林牧渔业（－66.23%）、采矿业（－48.04%）、制造业（－30.58%），其他 15 个行业分别呈现不同程度的上升趋势，其中从业人员数增幅较大的行业为金融业（86.13%）、科学研究和技术服务业（50.67%），这也符合北京作为科技创新中心的首都功能定位。天津从业人员数整体上呈现下降趋势，从 2013 年的 566.20 万下降至 2018 年 490.71 万，下降幅度达到 －13.33%，其中降幅最为明显的三大行业分别为农林牧渔业（－75.38%）、制造业（－46.67%）和居民服务、修理和其他服务业（－39.35%），涨幅最为显著的三大行业分别为金融业（148.37%）、租赁和商务服务业（53.59%）以及房地产业（40.27%）。河北省从业人员数整体上呈现上升趋势，从 2013 年的 1248.85 万增加至 2018 年 1441.59 万，增幅达到 15.43%，其中降幅最为明显的三大行业分别为农林牧渔业（－71.33%）、采矿业（－27.93%）和制造业（－6.57%），尽管呈下降趋势，该三大行业从业人员数占全省从业总人数的比例还是较大；涨幅最为显著的三大行业分别为金融业（186.88%），信息传输、软件和信息技术服务业（135.23%），租赁和商务服务业（83.15%）。

从 2013~2018 年京津冀城市群及各地市分行业从业员人数的变化率情况来看（图 6-25），农林牧渔业、采矿业和制造业的从业人员数在绝大多数城市和城市群尺度均呈现下降趋

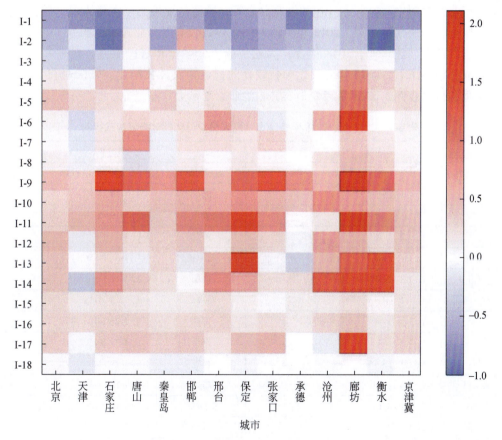

图 6-25　2013~2018 年京津冀城市群各地市分行业从业人员数变化率

势，其中邯郸作为全国著名的煤和高品位的铁矿石产区，采矿业从业人员数出现上升趋势。廊坊的批发和零售业，信息传输、软件和信息技术服务业，租赁和商务服务业及公共管理、社会保障和社会组织从业人员数出现大幅增长，究其原因，自 2014 年北京非首都功能疏解开始以来，廊坊在承接首都产业转移方面具有地缘优势，主动承接北京的产业、科技、人才等功能要素外溢。沧州居民服务、修理和其他服务业与批发和零售业从业人员数呈现增长，其明珠商贸城、明珠服饰产业特色小镇整体承接北京大红门、动物园批发市场等服装商贸企业。沧州承接京津产业疏解转移做法也被誉为"沧州现象"。

2. 分地市各行业专门化指数变化

通过计算不同地区各行业的专门化指数，旨在识别 2013 年和 2018 年京津冀城市群各地专门化指数较高的行业，从而分析各地主导行业的变化情况。从表 6-7 可知，2013 年北京从业人员专门化指数较高的行业主要集中在信息技术、科研、文体娱，2018 年专门化指数较高的行业为信息技术、金融、科研，均为技术密集型和知识密集型的第三产业，也较为符合北京"科技创新中心"的首都定位，对于一些高能耗产业、非科技创新型企业和科技创新成果转化型企业，以及高端制造业中缺乏比较优势的生产加工环节，这些均属于非首都功能疏解的企业，因此需要从北京转移到天津和河北，包括物流基地、批发市场，以及第三产业的呼叫中心、服务外包和健康养老等，这些产业聚集了大量人口，服务于整个区域，属于劳动密集型产业。2013 年天津专门化指数较高的行业为居民服务、修理和其他服务业、制造业、建筑业，2018 年变化为建筑业、金融业和居民服务、修理和其他服务业；从河北整体来看，2013 年专门化指数较高的行业为农林牧渔业、采矿业和公共管理、社会保障和社会组织，2018 年转变为农林牧渔业、采矿业和制造业。

表 6-7 2013 年、2018 年各地市从业人员专门化指数排名前三行业

2013 年		2018 年	
省份/城市	行业	省份/城市	行业
北京	I-9, I-12, I-17	北京	I-9, I-19, I-12
天津	I-14, I-3, I-5	天津	I-5, I-19, I-14
河北	I-1, I-2, I-18	河北	I-1, I-2, I-3
石家庄	I-1, I-19, I-3	石家庄	I-1, I-6, I-15
唐山	I-2, I-3, I-18	唐山	I-2, I-1, I-3
秦皇岛	I-4, I-13, I-18	秦皇岛	I-4, I-13, I-18
邯郸	I-1, I-5, I-18	邯郸	I-1, I-2, I-4
邢台	I-1, I-2, I-4	邢台	I-1, I-2, I-4
保定	I-5, I-18, I-15	保定	I-5, I-18, I-3
张家口	I-2, I-4, I-13	张家口	I-2, I-18, I-4
承德	I-2, I-1, I-13	承德	I-2, I-1, I-18
沧州	I-3, I-2, I-18	沧州	I-1, I-2, I-3
廊坊	I-3, I-10, I-18	廊坊	I-3, I-1, I-10

2013 年			2018 年	
衡水	I-1，I-18，I-4		衡水	I-1，I-3，I-4
			定州	I-4，I-3，I-6
			辛集	I-3，I-13，I-5
			雄安新区	I-3，I-18，I-15

3. 地区间产业结构相似系数变化

通过计算京津冀城市群各地区及与城市群产业结构的相似系数，分析北京、天津、河北三地产业结构异同的变化情况。从表 6-8 可以看出，北京与天津之间的产业相似系数在 2013～2018 年呈现上升趋势，北京与河北的相似系数呈现下降趋势，北京与整个城市群尺度的相似系数出现小幅上升，这也说明第三、第四次经济普查期间北京的非首都功能疏解初见成效，首都定位不断明确；天津与河北的相似系数较高，但在 2013～2018 年呈现下降趋势，天津与整个城市群的产业相似系数基本保持不变；河北作为城市群中重工业与制造业大省，同时也是承接首都产业的重要转移地之一，与整个城市群的产业相似系数呈现下降趋势。

表 6-8　2013 年、2018 年京津冀城市群各地区产业相似系数

地区	北京		天津		河北	
北京	—					
天津	0.74	↑				
	0.77					
河北	0.72	↓	0.97	↓		
	0.67		0.95			
城市群	0.86	↑	0.97		0.97	↓
	0.87		0.97		0.94	

注：上方为 2013 年相似系数，下方为 2018 年相似系数，↑表示变化呈上升趋势，↓表示变化呈下降趋势。

6.5.3　京津冀城市群新区发展聚焦

1. 北京经济技术开发区（亦庄新城）

北京经济技术开发区地处北京东南部大兴区，是北京唯一同时享受国家级经济技术开发区和国家高新技术产业园区双重优惠政策的国家级经济技术开发区（图 6-26）。1992 年开始建设，1994 年被国务院批准为北京国家级经济技术开发区。历经近 30 年的改革与发展，北京经济技术开发区现已逐步形成了电子信息、汽车制造、装备制造、生物医药四大主导产业为支撑，科文融合、节能环保、商业航天等战略性新兴产业加快推进发展的产业结构。

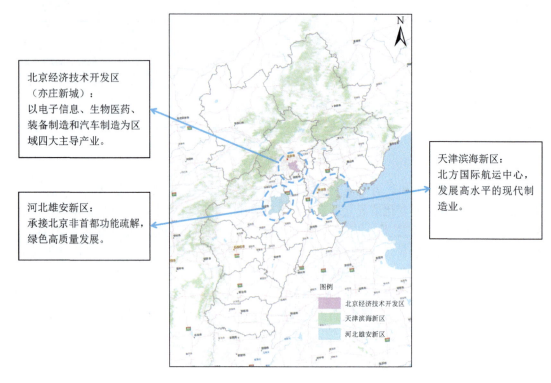

图 6-26 京津冀城市群代表性新区地理位置及定位

从北京经济技术开发区法人单位数来看（图 6-27），2013～2018 年出现大幅度增加，从 5099 个增加至 15 534 个，增幅达到 204.65%；其中，法人单位数位居前三位的行业分别是批发和零售业 3989 个，占比为 25.68%；科学研究和技术服务业 2986 个，占比 19.22%；租赁和商务服务业 2640 个，占比为 16.99%。从营业收入来看，从 2013 年的 4899.88 亿元增加至 2018 年的 11 759.70 亿元，增幅为 140.00%；其中，营业收入位居前

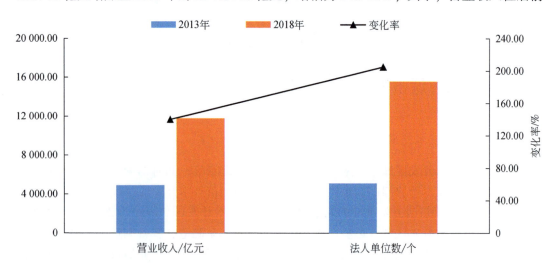

图 6-27 北京经济技术开发区营业收入和法人单位数变化

三位的行业分别是批发和零售业、制造业和建筑业。电子信息、生物医药、装备制造和汽车制造作为开发区经济发展的四大主导产业,近年来发展势头良好。第四次经济普查数据显示,四大主导产业营业收入占全区比例分别为 6.88%、4.10%、5.51% 和 13.78%;法人单位数占比分别为 0.81%、0.35%、2.83% 和 0.22%。

2. 天津滨海新区

滨海新区位于天津东部沿海地区,环渤海经济圈的中心地带,总面积 2270km²,常住人口 299 万,地理位置优越,成为金融商务、科技创新、装备制造等首都功能外迁的重要承接地之一。2014 年滨海新区获批为自由贸易试验区,成为北方第一个自贸区。从法人单位数来看(图 6-28),从 2013 年的 3.68 万个上升为 2018 年的 7.98 万个,增长率达到 116.85%,区域经济活力不断提升,发展势头较好。从营业收入层面来看,从 2013 年的 1.98 万亿上升为 2018 年的 3.28 万亿,增长率达到 65.66%。天津滨海新区围绕"全国先进制造研发基地"的定位,依托区域制造业的雄厚基础,不断迈向高质量发展之路。

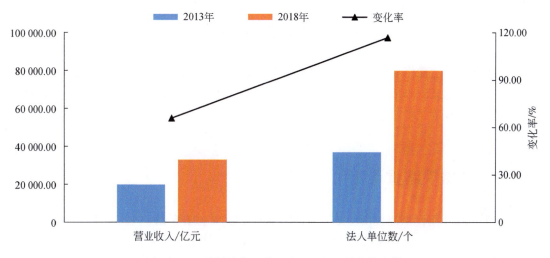

图 6-28 天津滨海新区营业收入和法人单位数变化

3. 河北雄安新区

雄安新区地处北京、天津、保定腹地,作为 2017 年设立的国家级新区,规划范围涵盖河北雄县、容城、安新 3 个县及周边部分区域,是中国(河北)自由贸易试验区组成部分。雄安新区的设立,对于集中疏解北京非首都功能,调整优化京津冀城市布局和空间结构,培育城市群地区创新驱动发展新引擎,具有重要的现实意义。从第四次经济普查数据中可以看出,2018 年雄安新区法人单位数达到 1.09 万个,其中占比最高的三个行业分别为制造业、批发零售业和公共管理、社会保障和社会组织;2018 年的从业人员数为 12.59 万人,其中占比最高的三个行业与法人单位数保持一致,分别为制造业、批发和零售业及公共管理、社会保障和社会组织。雄安新区的定位为北京非首都功能集中承载地、京津冀城市群重要一极、高质量高水平社会主义现代化城市,雄安新区未来将重点发展高端高新产业，打造创新高地和科技新城，有效吸引北京非首都功能疏解和人口转移，实现错位发展。

综上，本节通过对京津冀城市群产业发展格局变化分析发现，京津冀城市群各区县的法人单位数和营业收入在 2013～2018 年整体呈现上升趋势，产业层面的非首都功能疏解已初见成效，首都定位进一步明确，制造业逐步向天津、河北转移。京津冀城市群法人单位数增幅为 85.53%，营业收入增幅为 14.61%。河北法人单位数变化幅度最大。北京金融业（86.13%）、科学研究和技术服务业（50.67%）从业人员数增幅较大，符合北京作为科技创新中心的首都功能定位。河北廊坊、沧州等地因承接北京产业转移，批发和零售业等从业人员数显著增长。三地的传统行业（如农林牧渔业、制造业）从业人员数均呈下降趋势。北京非首都功能疏解已初见成效，其经济职能以信息技术、金融、科研为主，均为技术密集型和知识密集型的第三产业，科技创新中心的定位进一步明确，河北与北京、天津的产业相似系数均呈现下降趋势，三地产业分工逐步明确，发展定位不断明朗。

6.6 京津冀城市群交通可达性格局变化分析

开展交通可达性格局变化监测与分析对促进京津冀地区交通一体化发展从而实现协同发展具有重要意义。本节交通可达性主要分析对象分为公路与铁路两大类，公路包括京津冀地区国道、省道及各城市的城市道路，铁路包括区域内已建成和在建的高速铁路及普通铁路。

6.6.1 公路铁路重点变化

2015～2020 年，京津冀南部地区铁路增加数量较少（图 6-29），仅石家庄—衡水之间新增石济客运专线一条高速铁路，保定、廊坊、天津三地由于雄安新区的逐渐落实，京雄城际铁路与津保铁路互联加强了三地的区域联通性。2015～2020 年京津冀铁路发展变化最大的地方为张家口、承德、唐山三地。其中张家口市由于申办 2022 年冬季奥林匹克运动会的原因，以京张城际铁路、京唐铁路为主的铁路全线贯通，使得张家口市与京津冀南部城市联系更加紧密。唐山市作为《京津冀协同发展交通一体化规划》中的京唐秦发展轴核心城市之一，京唐、张唐、唐曹铁路的开通为唐山与周边城市沟通发展提供了帮助。同时承德地区受张唐铁路与京哈高铁建设的影响，在京津冀区域内外的交通联系层面又上升了一个阶段。另外，高易铁路的废弃，使得保定出现铁路总长度减少的情况，但从 2020 年整体来看，保定市由于雄安新区规划，京雄城际铁路的建设将为保定地区带来新的发展机遇。

由京津冀公路空间分布（图 6-29）能够看出，区域内国道省道总体分布在全域范围内，北京（1.00km/km²）、天津（1.08km/km²）、廊坊（0.45km/km²）三地形成公路路网密集区。同时，石家庄、邯郸、邢台、沧州等地公路路网呈现出圈层放射状分布，并与相邻城市道路网交流紧密。相较于京津冀南部城市，张家口、承德及秦皇岛三地受限于地

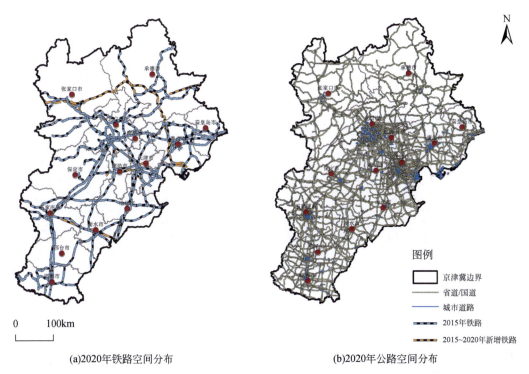

(a)2020年铁路空间分布　　　　　　(b)2020年公路空间分布

图 6-29　2020 年京津冀各地区铁路、公路空间分布

理位置、产业结构等客观因素，路网明显稀疏，需要因地制宜落实道路网建设工作，促进京津冀协同发展。从城市道路分布情况能够看出，北京、天津作为京津冀地区发展优势较大的城市，其城市内部道路表现出"大面积、高密度"空间分布特征，且突破了国道与省道的聚集范围，呈现放射扩散态势。天津滨海新区、唐山曹妃甸区、河北雄安新区城市道路均呈现出较好的发展趋势，证明京津冀协同发展相应规划的实施成果初见成效。此外，从空间分布看，承德、秦皇岛、张家口三地城市道路路网覆盖面积较小。

6.6.2　交通路网密度变化

1. 京津冀各地市公路路网变化

2015～2020 年京津冀地区各地市公路建设均呈现增长态势（表 6-9 和图 6-30），天津、北京、张家口三地公路路网长度增长突破 1000km，承德、石家庄等地紧随其后。天津、张家口及承德三地增长率同为 28% 左右，表明 2015～2020 年上述地区公路的高速建设发展；同时，邯郸、衡水、廊坊、沧州、秦皇岛五地市公路增长较缓慢，亟须根据实际需求对市域范围内公路建设情况，以及发展过程中存在的问题进行分析。

表 6-9   2015 年、2020 年京津冀地区各地市公路长度变化情况

城市名称	2015 年公路长度/km	2020 年公路长度/km	公路变化量/km	长度变化率
天津	9 118.86	11 657.92	2 539.06	0.28
北京	13 008.03	15 019.98	2 011.95	0.15
石家庄	4 453.93	5 224.09	770.16	0.17
邢台	3 833.75	4 341.59	507.84	0.13
唐山	4 050.24	4 598.37	548.13	0.14
廊坊	2 322.88	2 573.55	250.67	0.11
衡水	2 081.53	2 385.59	304.06	0.15
邯郸	3 385.40	3 768.41	383.01	0.11
保定	4 740.59	5 447.15	706.56	0.15
张家口	4 054.89	5 176.62	1 121.73	0.28
秦皇岛	2 051.09	2 258.82	207.72	0.10
承德	3 359.71	4 286.01	926.30	0.28
沧州	3 375.89	3 604.42	228.53	0.07

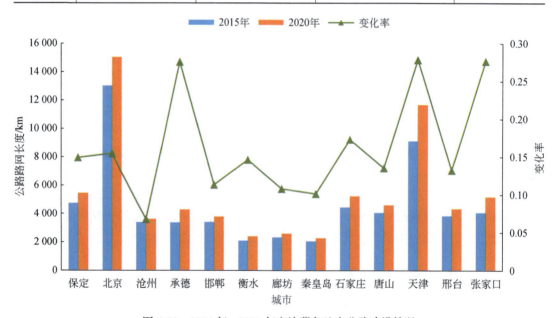

图 6-30   2015 年、2020 年京津冀各地市公路建设情况

对比 2015 年和 2020 年公路路网密度能够看出（表 6-10），京津冀地区 2015～2020 年公路路网密度保持平稳增长趋势，13 个地市总体排名并未发生较大变化，天津、北京两地仍保持公路路网密度的高增长，并且 2015～2020 年天津公路路网密度实现了对北京的反超，充分证明了其城市路网建设的成效。除北京、天津、石家庄三个京津冀地区核心城市外，廊坊拥有较高的公路路网密度，这是由于其与京津两地紧密相依，深入谋划和研究京津廊交通路网对接规划，廊坊在加快构建京津互联互通、现代立体的交通网络中承担着重要的中间节点与关键枢纽的角色。

表 6-10 2015 年、2020 年京津冀地区各地市公路网密度变化情况 （单位：km/km²）

城市名称	2015 年	2020 年	密度变化量
天津	0.77	0.98	0.21
北京	0.79	0.92	0.13
石家庄	0.32	0.37	0.05
邢台	0.31	0.35	0.04
唐山	0.29	0.33	0.04
廊坊	0.36	0.40	0.04
衡水	0.24	0.27	0.03
邯郸	0.28	0.31	0.03
保定	0.21	0.24	0.03
张家口	0.11	0.14	0.03
秦皇岛	0.26	0.29	0.03
承德	0.09	0.11	0.02
沧州	0.24	0.26	0.02

2. 京津冀各地市综合路网变化

在公路路网基础上，添加铁路路网组成京津冀地区 13 个地市交通综合路网并进行统计分析。2015 ~ 2020 年，京津冀地区各地市综合道路建设呈现利好趋势（图 6-31），张家口、承德增长速度仍为 13 个地市增长前列水平，由此能够看出京津冀地区区域间交通联系进一步加强，承德、张家口、石家庄、唐山等地综合道路的快速增长，表明《京津冀协同发展规划纲要》中提出的交通一体化规划逐渐得到落实。京津唐石四城市的交通路网逐步连通，使得京津冀地区逐渐构成了多节点交通联系格局。

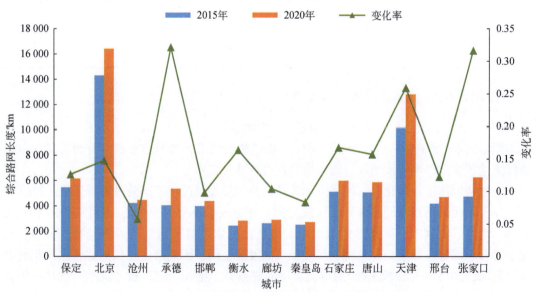

图 6-31 2015 年、2020 年京津冀各地市综合路网长度统计

在综合路网密度统计方面，以地级以上城市（直辖市、地级市）市辖区为统计单元，对2015～2020年各城市公路、铁路综合路网密度增加值进行分级排序，天津、北京仍处于京津冀地区交通基础设施发展核心地位；石家庄、唐山、衡水、邢台、廊坊作为发展第二梯队呈现稳步提升状态；张家口、承德、邯郸、保定、秦皇岛作为京津冀地区各方向与邻近省份接壤地区，增长并不明显，仍需加强建设以沟通内外联系；沧州综合路网密度并未有较大提升，2015～2020年路网密度基本保持不变状态。

通过综合路网密度变化情况（表6-11）能够明显看出，京津冀地区综合路网密度发展以京津唐石为主力城市，路网密度值与增长量均为13个地市前列水平，占13个地市密度增长总量的59.49%。同时，相较于单公路网密度结果，唐山由于以京唐高铁为主的线路建设，综合路网密度得到较大提升。另外，承德、张家口等地的综合路网建设仍处于较低水平，应当加强建设，实现京津冀地区各城市间的互联互通。

表6-11　2015年、2020年京津冀地区13地市综合路网密度变化情况

城市名称	2015年/（km/km²）	2020年/（km/km²）	密度变化量/（km/km²）	密度变化率
天津	0.85	1.08	0.23	0.27
北京	0.87	1.00	0.13	0.15
石家庄	0.36	0.42	0.06	0.17
唐山	0.37	0.42	0.05	0.14
衡水	0.27	0.32	0.05	0.19
廊坊	0.41	0.45	0.04	0.10
邢台	0.33	0.38	0.05	0.15
张家口	0.13	0.17	0.04	0.31
承德	0.10	0.13	0.03	0.30
邯郸	0.33	0.36	0.03	0.09
保定	0.24	0.27	0.03	0.13
秦皇岛	0.32	0.35	0.03	0.09
沧州	0.30	0.32	0.02	0.07

3. 京津冀各地市路网密度时空变化

将13个地市综合交通路网统计分析及计算结果实现空间化表达（图6-32），并结合《京津冀协同发展纲要》进行分析。为便于描述分析结果，参照自然断点分级方法，依据京津冀地区实际路网密度情况，将路网密度进行分级显示。

通过路网密度空间化分布图将京津冀地区路网发展情况按不同阶段进行分析，2015年仅北京及沧州两地市路网密度等级比较完善，并形成了典型的"中心—外围"圈层中心，天津、唐山、石家庄、秦皇岛四地市中心城区路网密度具有进一步发展趋势；邯郸、衡水、邢台、保定、张家口、承德仍存在较大的发展空间，距离形成完整的综合路网仍有差距。同时，2015年京津冀13个地市交通层面联系并不密切，仅形成"北京—廊坊—天津—沧州"和"天津—唐山—秦皇岛"两条路网发展轴，张家口、承德两城市综合路网相比于其他城市仍停留在低密度水平，不利于开展交通互联互通工作。同时，13个地市中

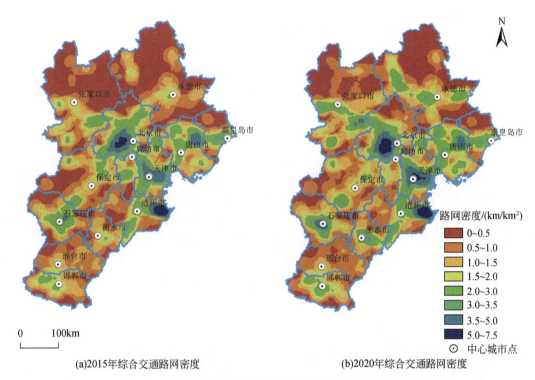

(a)2015年综合交通路网密度   (b)2020年综合交通路网密度

图 6-32   2015 年、2020 年京津冀各地市综合道路建设情况

心城区路网密度虽然发展到一定规模水平，但市域内其他地区路网密度显示出稀疏状态，仅京津唐石能够满足中等以上密度等级路网覆盖面积超市域面积一半以上。

     2020 年京津冀路网密度相比于 2015 年总体呈现增长趋势，13 个地市中心城区路网密度较 2015 年均上升一个层级以上。京津唐石均表现出路网密度的进一步优化，其中天津、石家庄主城区随着 2015～2020 年的道路建设效果显著，表现出高等级路网密度水平，并形成了以中心城区为核心的路网密度扩散圈层。北京、天津、唐山、廊坊、沧州在市域内及相邻市两个方面的交通联系均得到提升，但沧州路网密度并未出现扩张，证明其2015～2020 年路网建设程度较小。京张铁路、张唐铁路的建设增加了张家口、承德与唐山西部的路网密度，联系强度更为密切，在空间化分布图上表现出对应空间位置上的同等级路网连续性。由于 2015～2020 年规划的逐渐落实，张家口及承德两地路网密度有显著性提升，并且张家口实现了与北京路网的连通。天津滨海新区、唐山曹妃甸区以及河北雄安新区的发展，在各地市交通路网密度提升和优化中起到十分重要的作用。以北京为京津冀中心来看，京衡、京廊沧、京秦、京承、京石、京张六大通道作为京津冀"一环六射"运输通道布局规划，在 2020 年综合交通路网均能够得到很好的体现，并且依旧呈现快速发展势头。相比于 2015 年 13 个地市情况，北京、廊坊、天津、沧州、衡水、石家庄、保定正逐渐形成路网发展圈层，由各地市单线发展转变为面尺度的发展格局。京津冀由单一的京津发展格局，通过落实协同发展纲要，逐步形成多中心的发展格局。

6.6.3 交通可达性时空格局演变分析

根据不同道路时速，对其进行赋值，并利用 ArcGIS 成本距离工具，将 13 个地市点作为计算可达性的中心城市点数据，计算获得最小成本距离。其中，由于公路层仅使用国道、省道及城市道路，路网未覆盖的区域以步行或骑行时间进行统一赋值。

1. 2015 年京津冀各地市交通可达性

由 2015 年京津冀公路及综合路网交通可达性空间分布（图 6-33）可以看出，总体来讲，2015 年京津冀可达性呈现以各城市中心城区为核心的半小时或 1h 覆盖圈层。同时，京津冀地区除承德北部极少部分地区，以及保定、石家庄与邻近省份接壤地区外，基本实现 3h 内的交通可达。其中北京—廊坊形成了公路与综合路网的半小时通行保障。相比于京津唐石四大核心城市交通可达性空间分布情况，张家口、承德、衡水、沧州仍表现出半小时与 1h 两等级下的放射线状分布，表明交通基础设施仍需进一步规划建设。

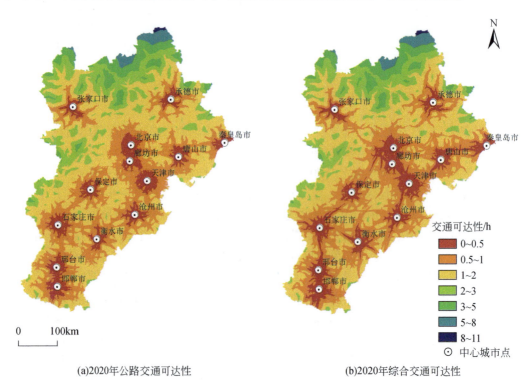

| (a)2020年公路交通可达性 | (b)2020年综合交通可达性 |

图 6-33　2015 年京津冀各地市公路、综合路网可达性

由公路路网可达性来看，北京、廊坊与天津实现 1h 的互通互联，并存在半小时可达的趋势。除张家口与承德两地市尚未与周边城市形成 1h 通行格局外，其他城市与相邻城市均能够实现公路 1h 可达。但需要注意的是，保定与北京以及北京与唐山之间 1h 可达性表现为线状可达，证明其公路路网连通稍显薄弱，1h 可达格局并未稳定。由 2015 年公

路可达性来看，未来需要进一步加强北京与保定之间的交通联系，同时需要向北沟通承德与张家口两地市，在重点关注城市间公路建设的同时，加强公路网可达性薄弱城市的城市内部道路建设。

从综合路网可达性来看，由于铁路的加入，弥补了公路路网可达性缺陷，在公路铁路互补的交通形式下，北京—廊坊—天津—沧州、石家庄—邢台—邯郸实现了半小时综合交通可达，13 个地市中除承德外，均能够实现 1h 沟通互联。但张家口由于仅凭借京张铁路实现 1h 可达，其交通可达性较弱，需要进一步加强综合路网建设。相比于单公路，多种交通方式对京津冀地区可达性影响在南部城市地区影响较大，从京唐、唐秦、京津廊可以明显看出，城际铁路的开通对相邻城市交通联系进一步发展起到至关重要作用。同时，铁路出行方式也为京津冀更多地区实现 3h 内可达，从而缩短通行时间，节省交通成本，使得"轨道上的京津冀"规划布局初步成型。

2. 2020 年京津冀各地市交通可达性

在 2015 年基础上对 2020 年京津冀地区 13 个地市交通可达性进行分析（图 6-34）。相较于 2015 年，2020 年京津冀地区可达性进一步提高，明显能够看出承德北部地区通行时间明显缩短，由原来的最高 11h 通行时间缩减到了 5h，通行的时间成本减少一半以上。此外，2015 年京津冀南部城市圈层中存在的少量 3h 通行时间区域也在 2020 年被消融。京津冀地区各地市基本满足规划中的相邻城市 1.5h 通行要求。

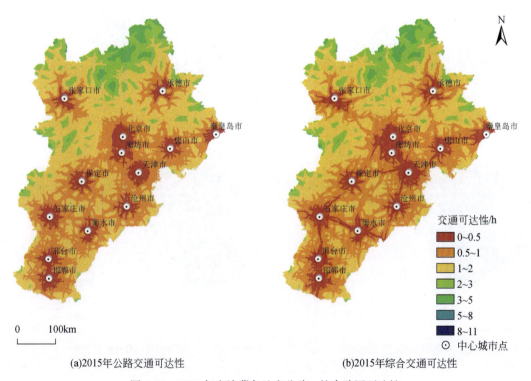

(a)2015年公路交通可达性　　　　　　　　(b)2015年综合交通可达性

图 6-34 2020 年京津冀各地市公路、综合路网可达性

从公路角度讲，2020年公路交通可达性呈现稳步上升趋势，北京、廊坊、石家庄、保定、沧州、唐山1h可达性覆盖范围明显扩大，由中心城区向相邻地区辐射发展。京津唐石四大核心城市交通影响范围呈现面状，并能够与相邻城市形成交叉。同时，石家庄与周边城市2020年公路可达性空间分布联系进一步加强。石家庄—衡水半小时可达性更为稳固，衡水—沧州两地市同样表现出可达性的提高。雄安新区、曹妃甸区、滨海新区实现1h到达中心城区。

6.6.4 重点城市交通等时圈范围变化分析

1. 北京市交通等时圈时空格局分析

北京交通等时圈变化如图6-35所示。2015年北京公路交通可达性大致可形成半小时以内覆盖城区，1h以内到达廊坊，2h内能够覆盖天津及唐山城区的公路路网等时圈。以1h通勤圈为标准，北京中心城区和近郊区基本能够满足市域内1h通行需求。大兴机场的建设，使得廊坊与北京之间道路联系进一步加强。加入铁路要素后北京交通等时圈出现沿铁路线扩散蔓延的格局，北京与石家庄、保定、沧州、张家口、承德、秦皇岛之间联系由5h以内缩短至2h以内。

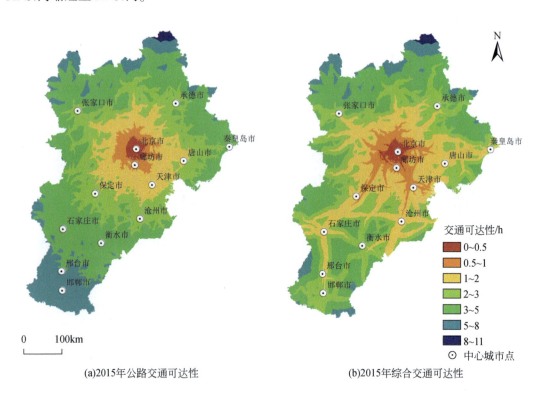

(a)2015年公路交通可达性   (b)2015年综合交通可达性

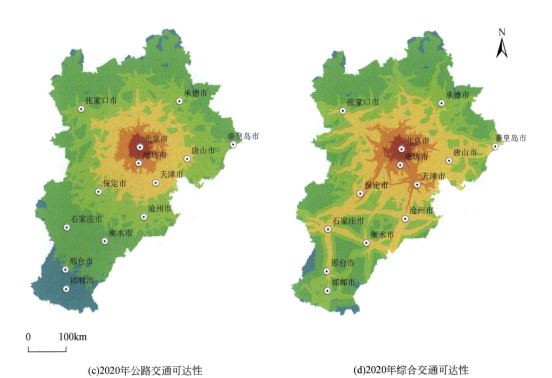

(c)2020年公路交通可达性   (d)2020年综合交通可达性

图 6-35 2015 年、2020 年北京市交通可达性空间分布

2020 年公路交通可达性较 2015 年各通行时间等级均向外扩散，京津冀地区以北京为出发点实现单公路通行时间基本控制在 8h 以内，首都半小时及 1h 交通圈逐渐趋近于团型结构，其五年间城市路网的不断补充和公路的向外扩张使得首都等时圈覆盖面积日益增加，通勤成本降低且服务人数提高。同时，雄安新区的建设也能够在保定与天津 1h 交通格局中显现。

2. 天津市交通等时圈时空格局分析

天津等时圈变化如图 6-36 所示。2015 年、2020 年京津冀单公路路网总体变化不大，基本增长趋势要小于北京增长速度。综合交通路网由于张唐铁路开通运营，2020 年天津与张家口、承德间可达性由 2015 年 5h 以内稳定至 3h 左右。雄安新区、曹妃甸区交通设施加快建设，使得天津与两地可达性提升到 1h 以内。

3. 唐山市交通等时圈时空格局分析

唐山交通等时圈如图 6-37 所示。在 2015 年与 2020 年均呈现出单公路路网 1h 覆盖唐山市域，2h 覆盖京津两地中心城区的格局。总体而言，唐山 2015～2020 年交通发展趋向于曹妃甸区路网建设，以及加强与秦皇岛、承德、张家口的交通联系，与南部城市交通联系变动并不明显，仅与石家庄和衡水初步实现 2h 可达。

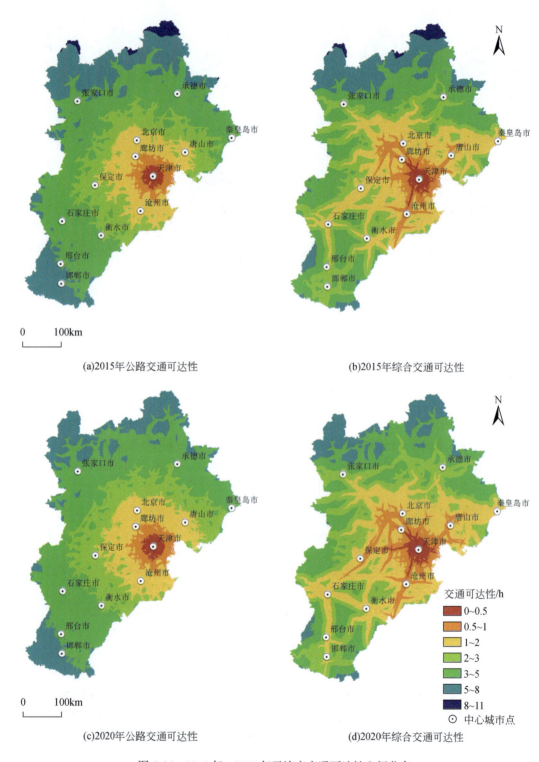

0 100km

(a)2015年公路交通可达性

(b)2015年综合交通可达性

0 100km

(c)2020年公路交通可达性

(d)2020年综合交通可达性

交通可达性/h
- 0~0.5
- 0.5~1
- 1~2
- 2~3
- 3~5
- 5~8
- 8~11
- ⊙ 中心城市点

图6-36 2015 年、2020 年天津市交通可达性空间分布

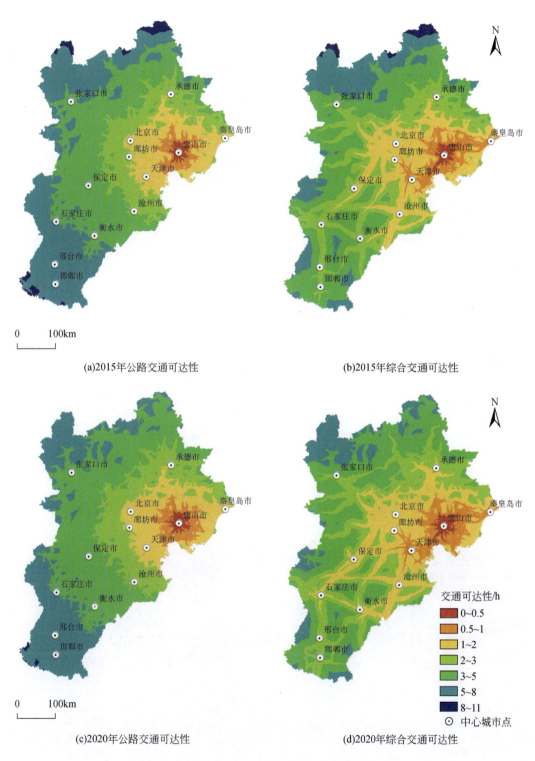

(a)2015年公路交通可达性

(b)2015年综合交通可达性

(c)2020年公路交通可达性

(d)2020年综合交通可达性

图 6-37 2015 年、2020 年唐山市交通可达性空间分布

4. 石家庄市交通等时圈时空格局分析

石家庄作为京津冀地区的第三大交通枢纽核心城市，2015～2020年公路可达性变化（图6-38）并不明显，各等级交通圈外扩程度较小，仍保持2h内到达保定、邢台、衡水三

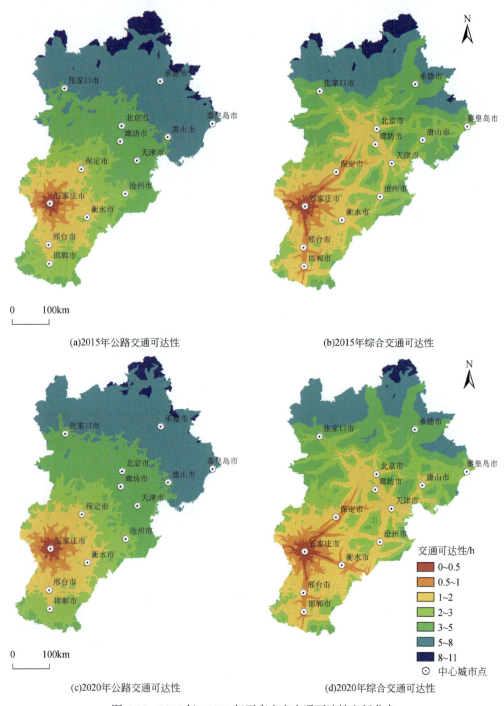

(a)2015年公路交通可达性　　　　　　　　　(b)2015年综合交通可达性

(c)2020年公路交通可达性　　　　　　　　　(d)2020年综合交通可达性

图 6-38　2015 年、2020 年石家庄市交通可达性空间分布

市的基本格局。综合路网交通可达性 2015～2020 年变化较明显，首先对于石家庄与衡水交通联系实现了 1h 通行时间，并向北实现与沧州的 2h 稳定连通；其次与唐山联系进一步缩短至 2h，向京津唐石互通目标迈进。同时石沧通道沟通了京沪、京九、京广三大通道，使得石家庄作为交通枢纽核心城市的特性得到较好的发挥与体现。

综上，本节通过对京津冀城市群交通可达性格局分析发现，京津冀城市群交通可达性整体变好，呈现出"西南差东北好"的空间格局，环首都 1h 交通圈范围显著增加。京津冀地区以京津唐石四地为主力城市，路网密度值与增长量均为 13 个地市前列水平。2015～2020 年京津冀地区交通可达性格局从"交通廊道拓展"向"同心圆结构"演变，中心城市交通圈层结构逐渐形成连片发展格局，中心城市的交通圈层结构具有明显的等级差异。除张家口、承德两地受限于地理位置因素，其余各城市与周边相邻城市均能够实现 1h 互通互联。京津冀地区各地市基本满足规划中的相邻城市 1.5h 综合交通通行要求。环首都 1h 交通圈，唐山、石家庄、保定等南部城市的 1h 交通圈覆盖范围均呈快速增加趋势。京津冀地区基本实现 3h 内的交通可达。

6.7 本 章 小 结

城市群作为城市发展到成熟阶段的最高空间组织形式，其内部各城市社会经济发展及用地变化过程、城市间联系强度及交通一体化水平，对实现城市群协同发展至关重要。本章选取京津冀城市群作为区域协同发展监测分析示例区，基于高分辨率遥感影像及地理国情监测成果，运用空间分析相关方法，辅以人口、经济普查等专题资料，从城市群的用地扩展、生态空间变化、空间联系变化、产业发展格局和交通可达性情况等方面，系统地分析了 2015～2020 年京津冀城市群城市发展差异和协同发展水平。研究成果可为今后合理确定城市规模、人口密度、空间结构，促进大中小城市和小城镇协调发展，从而完善城镇化空间布局，优化城市群内部空间结构，最终形成多中心、多层级、多节点的网络型城市群提供参考依据。

第7章 城市高质量发展监测分析实践

社区生活圈评估和城市可持续性评价是城市高质量发展分析的两项重要内容。社区生活圈的建设首先应面向物质空间问题的解决与回应，提升设施的完整度、覆盖度和匹配度，以满足现实生活需求。城市可持续性评价是验证城市居住环境的重要手段，对于推进城市可持续转型发展和实现高质量发展意义重大。本章聚焦社区公共服务设施和城市地理环境，以设施覆盖度为主导，运用"地理国情监测数据+互联网大数据"等多源数据，对36个重点城市（4个直辖市、27个省会城市和5个计划单列市）的社区生活圈构建状况进行了评估；以城市地理环境指数为模型，运用"地理国情监测数据+统计年鉴"等数据，从压力、状态、响应及总体状态等方面对中国30个省会城市（不包含港澳台和拉萨）的可续性进行了评价和分析。为合理配置公共服务设施、提升城市空间品质、促进城市高质量发展提供判断和指导。

7.1 全国重点城市社区生活圈评估

7.1.1 概况

1. 研究区

我国地域广阔，纬度跨越较大，城市发展水平差异较大，因此，各地生活圈发展也会形成多样化特征。本节以地域跨度广、基础数据好为原则，选取全国4个直辖市、27个省会城市和5个计划单列市共36个重点城市为研究区（图7-1）。基于手机信令数据获取的2019年城区常住人口数据，按照城市规模划分，将36个重点城市划分为7个超大城市，12个特大城市，16个大城市，1个小城市。

2. 数据源

本章中用于社区生活圈评估的基础数据主要包括地表覆盖数据、行政区划数据、居住小区数据，来源于2019年地理国情监测成果，以及笔者研究团队牵头承担的原国家测绘地理信息局（现合并至自然资源部）省部级项目"全国地级以上城市及典型城市群空间格局变化监测项目"城区边界成果，由全国31家原省级测绘地理信息局通过遥感监测方法生产获得，具体方法详见本书2.4.1节；用于社区生活圈评估的公共服务设施点数据来源于2020年抓取的百度POI、点评（如大众点评）矢量点数据，对不同来源数据进行名称、类别及空间位置相似度计算，实现多源数据的清洗与融合；进而对数据属性及类别进

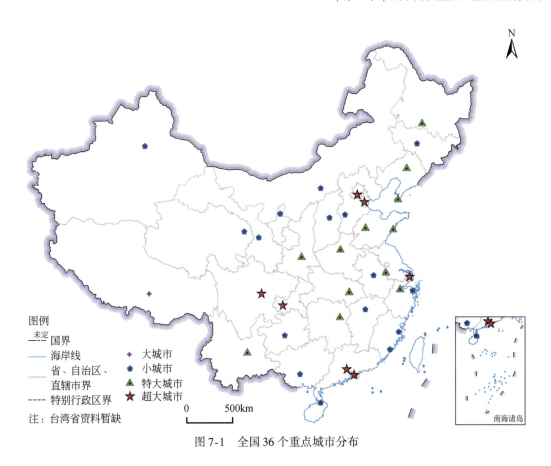

图 7-1　全国 36 个重点城市分布

行筛选，得到城市公共服务矢量点数据。各类数据处理及指标计算方法详见本书表 3-3。

3. 主要内容

社区生活圈体现了"以人民为中心"的城市发展观，以顺应社情民意、服务市民生活为主要出发点，打造高品质社区、提升居民幸福感，实现对城市生活的守望和关注。综合考虑指标代表性和数据可获取性，本节选取社区公交站点步行 5min 覆盖率、社区购物步行 5min 覆盖率、社区卫生服务设施步行 15min 覆盖率、社区中小学步行 15min 覆盖率、公园绿地步行 5min 覆盖率、社区体育设施步行 15min 覆盖率 6 项指标，从出行便捷、购物便利、医疗共享、教育服务、社区体育、绿色休闲 6 个方面对社区生活圈的建设情况进行体检评估。

7.1.2　单指标分析

1. 出行便捷——社区公交站点步行 5min 覆盖率达 70% 以上，基本满足出行需求，但部分地区仍需进一步提升

36 个重点城市中平均社区公交站点（含轨道站点）步行 5min 覆盖率为 87.98%，基

本能满足出行需求，其中 14 个城市社区公交站点步行 5min 覆盖率达到 90% 以上，32 个城市社区公交站点步行 5min 覆盖率达到 80% 以上。从不同地区来看（图 7-2），东北、东部、中部和西部地区社区公交站点步行 5min 覆盖率均大于 85%，在东北、东部、中部和西部地区中，以大连、深圳、郑州和兰州为代表的城市出行最为便捷，但城市间公交站点覆盖度差异较大；从城市规模来看（图 7-3），社区公交站点步行 5min 覆盖率总体上与城市规模呈正相关关系，超大城市最大为 87.96%，小城市最小为 85.35%。未来规划时，

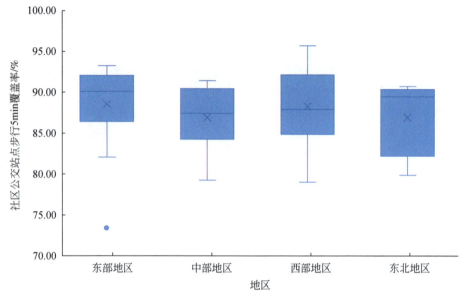

图 7-2　不同地区社区公交站点步行 5min 覆盖率

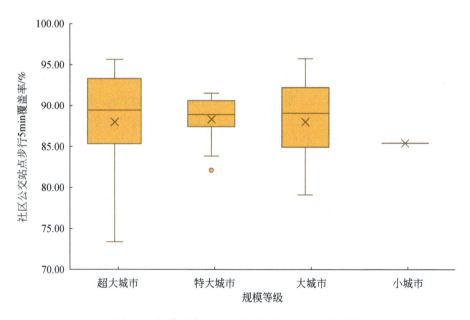

图 7-3　规模城市社区公交站点步行 5min 覆盖率

尽可能科学合理地布局站点位置，建设多样化的公交服务网络，使用较少的公共资源（路边空间资源、资金投入）达到较高的覆盖水平，努力实现《中共中央 国务院关于进一步加强城市规划建设管理工作的若干意见》（2016 年）提出的中心城区公交站点 500m 内全覆盖，以推动城市公共交通持续、稳定、健康发展。

2. 购物便利——基本满足生活圈内的买菜、吃饭等日常需求

36 个重点城市社区购物步行 5min 覆盖率整体水平较高，普遍在 75% 以上，其中有 23 个城市社区购物步行 5min 覆盖率高于 90%，33 个城市社区购物步行 5min 覆盖率高于 80%。从不同地区来看（图 7-4），哈尔滨、福州、太原和兰州分别成为东北、东部、中部、西部地区购物最为便利的城市，东部地区城市间购物便利度差异性最大；从规模城市来看（图 7-5），社区购物步行 5min 覆盖率与城市规模整体呈负相关关系，特大城市社区购物步行 5min 覆盖率最小为 87.84%。未来规划时，可结合市民生活习惯，就近提供充足多元的便民服务，配置菜场、集市、早餐点、家政服务中心等小型商业设施，满足生活圈日常需求。

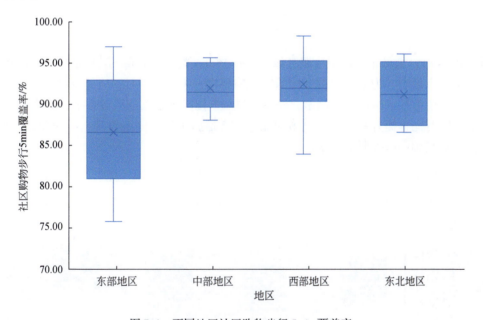

图 7-4 不同地区社区购物步行 5min 覆盖率

3. 医疗共享——多数城市医疗共享程度有待提升，需努力构建高覆盖、高品质、全方位的社区门诊医疗服务网络

医疗卫生设施是城市公共服务设施的重要组成部分，关系到城市的民生质量和社会稳定状态。36 个重点城市社区卫生服务设施步行 15min 覆盖率差异较大，多数城市覆盖率有待提升，社区卫生服务设施步行 15min 覆盖率高于 80% 的城市仅有 3 个，低于 50% 的城市有 10 个。从不同地区来看（图 7-6），哈尔滨、北京、郑州和西安分别是东北、东部、中部、西部地区就医最为便利的城市，东部地区城市间就医便利度差异性最大；从规模城市

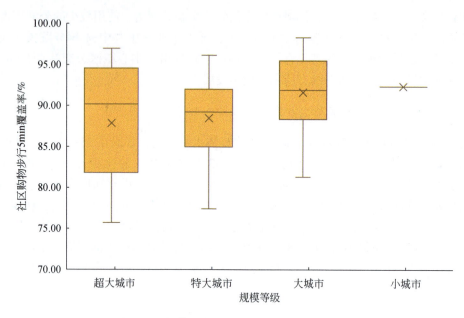

图 7-5　规模城市社区购物步行 5min 覆盖率

来看（图 7-7），大城市社区卫生服务设施步行 15min 覆盖率最高，其次是超大城市和特大城市，小城市最小。为落实"健康中国"战略要求，未来规划时，应努力建设高覆盖、高品质、全方位的社区医疗服务网络，提高中位与末位度城市医疗服务水平，减少大城市就医压力，同时完善提升基层医疗设施的配建，满足居民日常健康管理、小病看诊、取药、卫生防疫等基础性医疗服务需求。

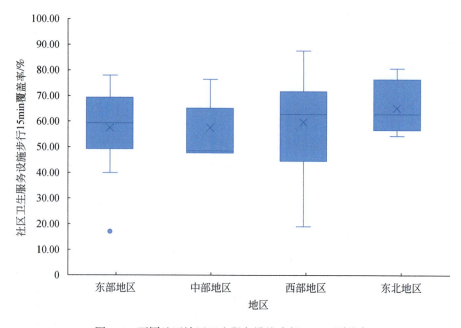

图 7-6　不同地区社区卫生服务设施步行 15min 覆盖率

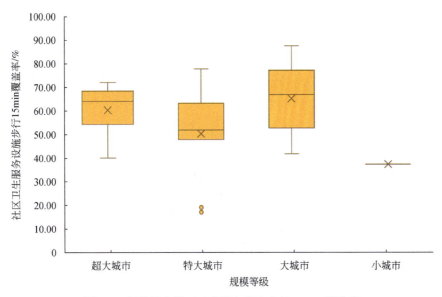

图 7-7　规模城市社区卫生服务设施步行 15min 覆盖率

4. 教育服务——教育设施覆盖程度差异较小，保障基础教育，引导就近入学，将是社区生活圈规划重点

我国历来重视基础教育发展，城市和社区教育设施的质量直接决定了城市的质量和社区的品质，作为教育资源的空间载体，学校布局是衡量教育空间合理性与资源分配公平性的基础指标。36 个重点城市的社区中小学步行 15min 覆盖率平均值为 79.16%，6 个城市覆盖率可达到 90% 以上，21 个城市覆盖率高于 80%，其中哈尔滨、福州、太原和兰州分别成为东北、东部、中部、西部地区入学最为便利的城市。从不同地区来看（图 7-8），

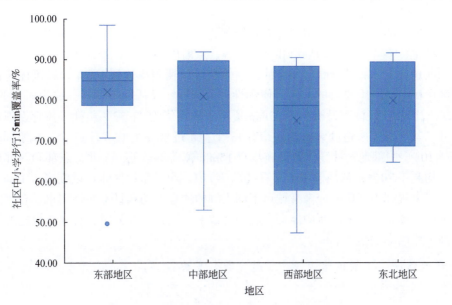

图 7-8　不同地区社区中小学步行 15min 覆盖率

东部和中部地区均超过80%，西部地区覆盖率最低；从规模城市来看（图7-9），大城市中小学覆盖率最高，达到80%。在未来城市规划及教育设施供给、提升过程中，应综合考虑社区入学人数，结合规模适度和节约集约用地原则，均衡布局，就近入学，进一步引导中小学建设，引入优质教育设施，引导社区高品质发展，充分保障未成年各年龄段的基础教育。

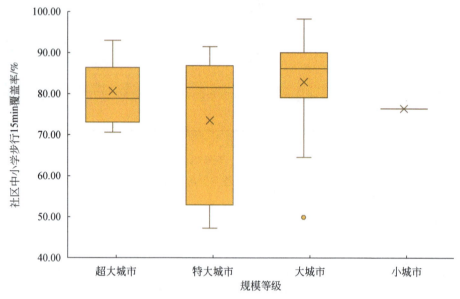

图7-9　规模城市社区中小学步行15min覆盖率

5. 社区体育——社区体育设施功能有待大力提升，需注重满足全民日常锻炼需求，提高居民健康水平

国务院发布的《关于加快发展体育产业促进体育消费的若干意见》指出，鼓励社会力量建设小型化、多样化的活动场馆和健身设施，政府以购买服务等方式予以支持，并要求在城市社区建设15min健身圈，新建社区的体育设施覆盖率达到100%。社区体育设施以方便社区居民健身为主要目的，因其便利性、可达性、灵活性等特点，成为居民的首选。36个重点城市的社区体育设施步行15min覆盖率平均值为72.33%，社区体育设施功能还有待提升，其中覆盖率超过90%的城市有13个，超过80%的城市有17个。从不同地区来看（图7-10），中部地区社区体育设施步行15min覆盖率最低，东北、东部和西部地区相差不大，均高于70%；从规模城市来看（图7-11），小城市社区体育设施步行15min覆盖率最高。未来规划中，应充分考虑城市不同人群的体育运动和日常锻炼需求，合理配置社区体育设施，提升学校等场所中体育设施的开放度，结合绿地公园进行体育设施的复合配置，提高市民的幸福指数。

6. 绿色休闲——绿色休闲设施亟待完善，需建设多层次、多类型的公园广场，打造魅力社区公共空间

全国公园绿地步行5min覆盖率水平较低，绿色休闲设施亟待完善。社区公园绿地步

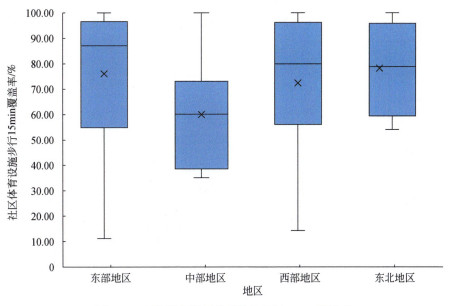

图 7-10　不同地区社区体育设施步行 15min 覆盖率

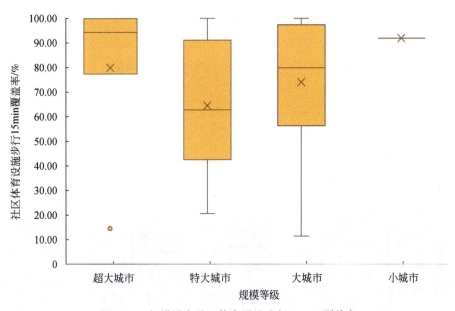

图 7-11　规模城市社区体育设施步行 15min 覆盖率

行 5min 覆盖率平均值为 47.44%，城市间差异较大，其中福州公园绿地覆盖率最高，广州覆盖率水平次之，其他城市，如长春、大连和宁波等覆盖水平较低。从不同地区来看（图 7-12），东部地区公园绿地步行 5min 覆盖率最高，其次是中部和西部地区，东北地区最低；从规模城市来看（图 7-13），超大城市公园绿地步行 5min 覆盖率最高，其次是大城市、特大城市和小城市。《全国城市市政基础设施建设"十三五"规划》中提到到 2020年，公园绿地服务半径覆盖率不少于 80%。未来规划时，应结合山水林草等自然资源，以及历史文化遗产等人文资源，提供多层次、多类型的公园绿地、广场等，优化社区环境空间品质，打造更加富有人文魅力的社区公共空间，为居民提供就近散步、健身和休憩场所。

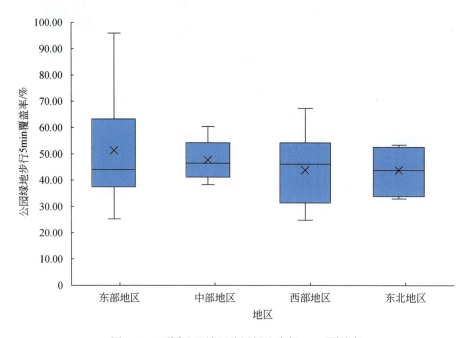

图 7-12　不同地区社区公园绿地步行 5min 覆盖率

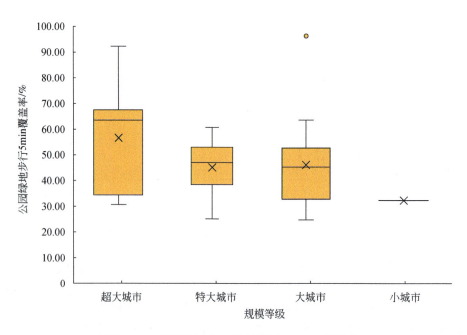

图 7-13　规模城市社区公园绿地步行 5min 覆盖率

7.1.3 综合指标分析

基于 6 个单项评估指标，对 36 个重点城市开展聚类分析，将其分成两类：均衡发展型城市和设施提升型城市。其中均衡发展型城市又进一步分为高水平均衡发展型、中水平均衡发展型和低水平均衡发展型三类；设施提升型城市又进一步分为单项提升型和多项提升型两类。36 个重点城市社区生活圈评价指标结果如图 7-14 所示。

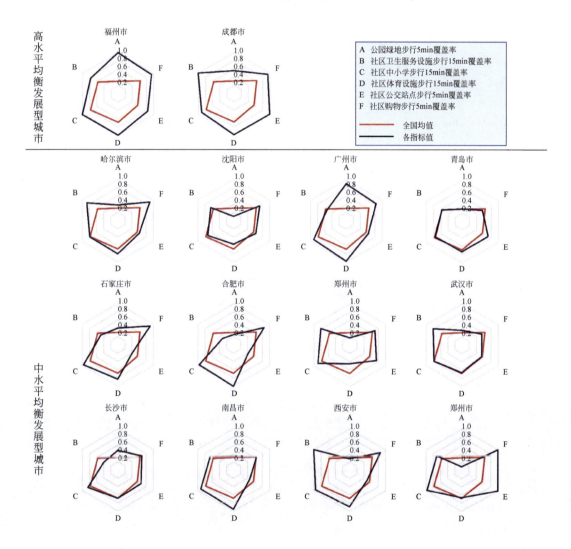

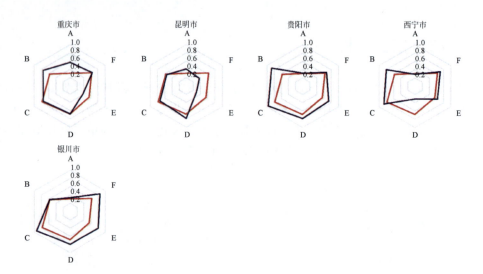

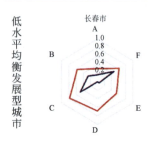

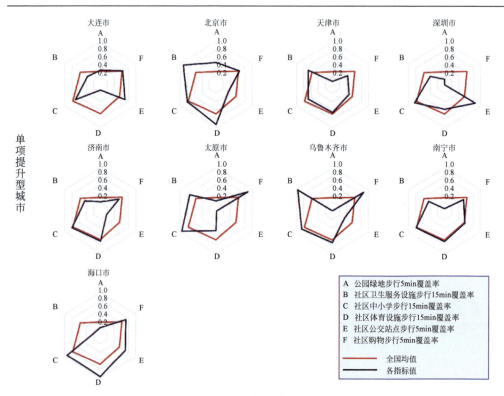

A 公园绿地步行5min覆盖率
B 社区卫生服务设施步行15min覆盖率
C 社区中小学步行15min覆盖率
D 社区体育设施步行15min覆盖率
E 社区公交站点步行5min覆盖率
F 社区购物步行5min覆盖率

—— 全国均值
—— 各指标值

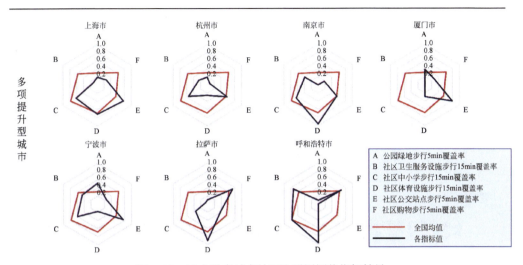

多项提升型城市

A 公园绿地步行5min覆盖率
B 社区卫生服务设施步行15min覆盖率
C 社区中小学步行15min覆盖率
D 社区体育设施步行15min覆盖率
E 社区公交站点步行5min覆盖率
F 社区购物步行5min覆盖率

—— 全国均值
—— 各指标值

图 7-14　36 个重点城市社区生活圈评价指标结果

1. 均衡发展型城市

福州、成都、青岛、长春等 20 个城市 6 项评价指标的评估结果相对均衡、无明显短板，属均衡发展型城市。根据在同类城市中的指标排名，又可以将其分为高水平均衡发展型、中水平均衡发展型和低水平均衡发展型三类城市。

1) 高水平均衡发展型

高水平均衡发展型城市指在全国 36 个重点城市中，城市公交、医疗设施、中小学、体育设施、购物及公园绿地 6 项指标的覆盖率排名靠前，居民出行、就学、就医、娱乐和日常生活相对便利，能满足居民的各项基本生活需求。此类城市共有 2 个，分别是福州和成都（图 7-15 和图 7-16）。从福州和成都两个城市设施覆盖图可以看出，除公园绿地覆盖范围以外，其他设施覆盖度从中心城区到郊区呈现逐渐降低的趋势，说明社区设施配套虽然总体水平较高，但是城市内部不均衡，郊区配套设施还有待提升。此类城市在完善设施配置的同时，提高设施活力及居民满意度，并针对设施周边社区人群特点提供多样化、差异性的特色设施。

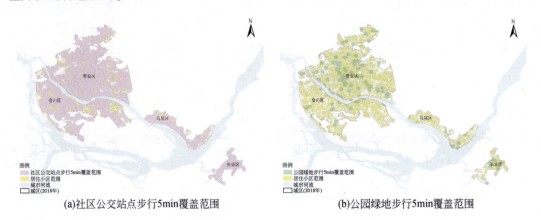

(a)社区公交站点步行5min覆盖范围　　　　　　(b)公园绿地步行5min覆盖范围

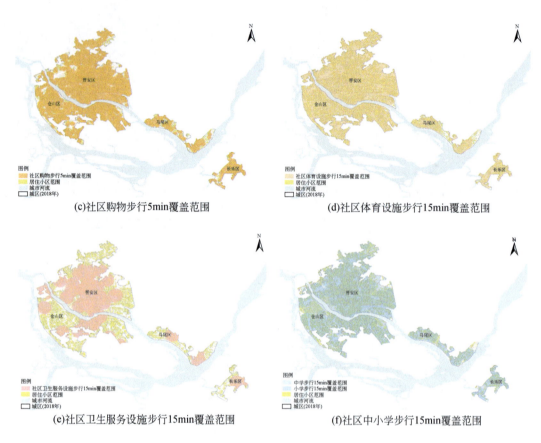

(c)社区购物步行5min覆盖范围　　　　　　(d)社区体育设施步行15min覆盖范围

(e)社区卫生服务设施步行15min覆盖范围　　(f)社区中小学步行15min覆盖范围

图 7-15　福州市各类设施步行 5min、15min 覆盖范围

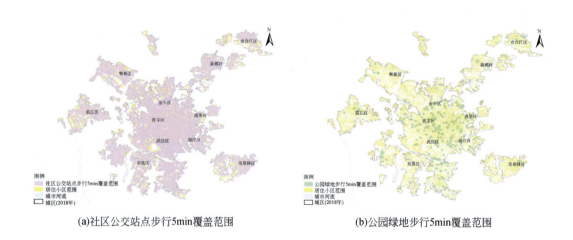

(a)社区公交站点步行5min覆盖范围　　　　　(b)公园绿地步行5min覆盖范围

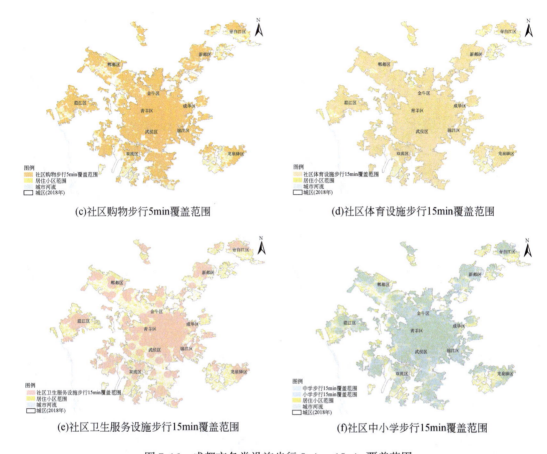

(c)社区购物步行5min覆盖范围

(d)社区体育设施步行15min覆盖范围

(e)社区卫生服务设施步行15min覆盖范围

(f)社区中小学步行15min覆盖范围

图 7-16　成都市各类设施步行 5min、15min 覆盖范围

2）中水平均衡发展型城市

中水平均衡发展型城市指在全国 36 个重点城市中，各类设施排名大多位于中等水平，没有明显的短板。此类型城市包括青岛、广州、贵阳、哈尔滨、合肥、昆明、兰州、南昌、沈阳、石家庄、武汉、西安、西宁、银川、长沙、郑州和重庆 17 个城市。以青岛为例，从设施覆盖图可以看出（图 7-17），以组团状空间结构发展的城区呈现明显的组团中心设施配套齐全、组团外围设施配套欠缺的特点，设施覆盖率较高的区域大多位于城市组团中心，组团内外差异较大。针对此类城市需提出设施配套及活力提升双方面措施，重点补齐边缘片区及其外围的各类设施配建，并整体提升设施服务水平。

3）低水平均衡发展型城市

低水平均衡发展型城市指在全国 36 个重点城市中，城市公交、医疗设施、中小学、体育设施、购物及公园绿地 6 项指标覆盖率排名均位于低水平区间。此类城市为长春市，从长春市的设施覆盖图可以看出（图 7-18），城区内存在大面积设施空白区，设施覆盖率普遍低下，各类设施均存在明显的配套短板，针对此类城市需重点加强各项设施的配套建设。

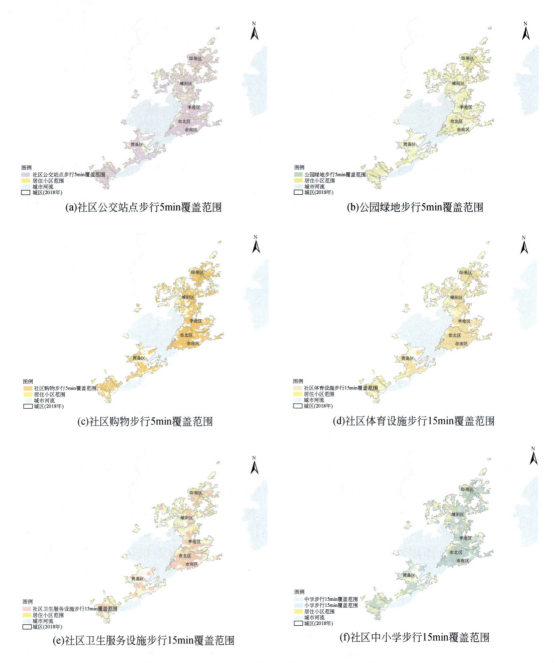

(a)社区公交站点步行5min覆盖范围

(b)公园绿地步行5min覆盖范围

(c)社区购物步行5min覆盖范围

(d)社区体育设施步行15min覆盖范围

(e)社区卫生服务设施步行15min覆盖范围

(f)社区中小学步行15min覆盖范围

图 7-17　青岛市各类设施步行 5min、15min 覆盖范围

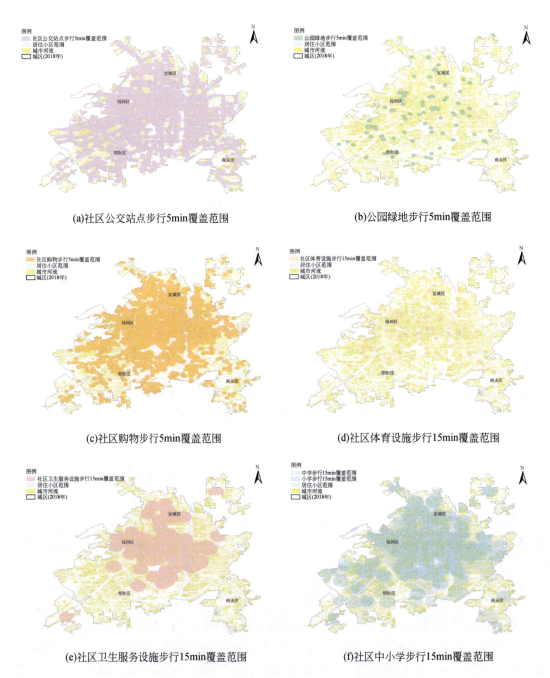

(a)社区公交站点步行5min覆盖范围

(b)公园绿地步行5min覆盖范围

(c)社区购物步行5min覆盖范围

(d)社区体育设施步行15min覆盖范围

(e)社区卫生服务设施步行15min覆盖范围

(f)社区中小学步行15min覆盖范围

图 7-18　长春市各类设施步行 5min、15min 覆盖范围

2. 设施提升型城市

1）单项提升型城市

单项提升型城市指在全国 36 个重点城市中，评估指标情况整体较好，但某一项指标项排名较低。此类型城市包括北京、大连、海口、济南、南宁、深圳、太原、天津和乌鲁木齐 9 个城市，南宁、天津和乌鲁木齐的社区公园绿地步行 5min 覆盖率排名较低，北京、济南的社区公交站点步行 5min 覆盖率排名较低，海口的社区卫生服务设施步行 15min 覆盖率排名较低，大连的体育设施步行 15min 覆盖率排名较低，深圳的社区购物步行 5min 覆盖率排名较低。这类城市未来规划需进一步提高重点短板设施的布点，完善设施配置的完整性，提升居民的多样化需求。

2）多项提升型城市

多项提升型城市指在全国 36 个重点城市中，6 项评价指标计算结果差异较大，其中有 2 项及以上指标项排名较低。此类城市包括呼和浩特、拉萨、宁波、杭州、南京、厦门和上海 7 个城市，占评价城市总数的 19.44%，指标最高值与最低值相差较大，最高可达 60%，设施布局极不均衡。这类城市未来规划需要根据设施的布局特点提出有针对性的提升对策。

综上，本节通过对全国 36 个重点城市社区生活圈评估发现，36 个重点城市中公共交通、便民购物和教育设施覆盖率相对较高，在一定程度上能满足居民需求，但社区卫生服务、体育设施以及公园绿地覆盖率存在明显不足。均衡发展型城市包括福州、成都、青岛和长春等 21 个城市，该类型 6 项评价指标的评估结果相对均衡、无明显短板。设施提升型城市包括北京、大连、海口、济南、南宁、深圳、太原、天津和乌鲁木齐等 15 个城市，评估指标情况整体较好，但存在单项或多项指标项排名较低的情况，各类设施覆盖率差异较大。

7.2 全国省会城市可持续性评价

7.2.1 概况

1. 研究区

研究区包括中国 30 个省会城市（不包含港澳台和拉萨），省会城市一般是一个省份的政治、经济、科教和文化中心（图 7-19）。这些城市经济社会快速发展，城镇化进程迅猛，城区扩展迅速，但同时也带来资源过度消耗、环境污染等诸多问题。因此，本研究选取这些城市进行城市可持续性评价研究具有重要的现实意义。

2. 数据源

本章中用于全国省会城市可持续性评价的数据主要包括地表覆盖数据、行政区划数

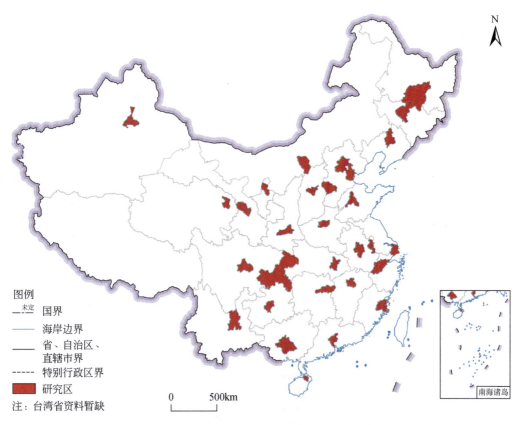

图 7-19　城市地理环境指数研究区
拉萨因缺乏数据未纳入研究区

据、城区边界数据，来源于 2015 年地理国情监测成果，以及笔者研究团队牵头承担的原国家测绘地理信息局（现合并至自然资源部）省部级项目"全国地级以上城市及典型城市群空间格局变化监测项目"成果，由全国 31 家原省级测绘地理信息局通过遥感监测方法生产获得，具体方法详见本书 2.4.1 节；用于构建城市环境评价模型的数据主要为 2016年统计年鉴数据（包括《中国统计年鉴》、《中国城市统计年鉴》、各省会城市统计年鉴等）。

3. 主要内容

中国城市类型众多，大中小城市发展水平各异，人口数量各不相同且人口流动频繁，本章从自然资源有限的角度出发，将城区面积引入城市环境评价，摒弃原始（总量）指标、人均指标、地均指标混用的做法，统一采用地均指标，构建了一种克服城市发展水平、人口数量等因素影响的城市地理环境指数模型以反映城市可持续性，同时与采用原始（总量）指标、人均指标和以城市行政区面积为分母的地均指标结果进行比较，验证了本书模型的客观性和可靠性，最后从压力、状态、响应及总体状态等方面对中国省会城市可持续性进行了评价和分析。

7.2.2 基于城市地理环境指数的城市可持续性分析

在城市地理环境指数的计算中，状态指数的权重最大，在压力、状态、响应这三类指标中，压力指标在传统的压力–状态–响应模型中表征人类的经济和社会活动对环境的作用，如一段时期内环境受到的污染和破坏，而响应指标则刚好与压力指标相反，表征人类为了保护环境、改善生态而采取的一些有益措施。压力指标和响应指标表征环境受到的坏的或者好的方面的影响，如果压力大而响应弱，则环境恶化，反之，压力小而响应强，则环境得到改善。但压力指标和响应指标并不能直接表征着环境的好或坏，状态指标才是表征当前环境好坏的指标，因而是最重要的指标，其权重应当是最大的。从生物、水体、空气、土地覆盖等几个环境对人类有着重要作用的方面进行了环境状态的衡量，并通过求地均的做法消除了由于城市面积大小差距过大导致的偏差。

1. 压力子指数分析

从压力指数分布图（图7-20）可以看出16个（53.3%）省份在环境压力方面有着中等以上的表现。其中，贵阳的环境压力尤为突出，通过比较初次加权后的数据（图7-21）可以看出，贵阳的一般工业固体废物产生量很高，为1200.98万t，相比之下，北京同期

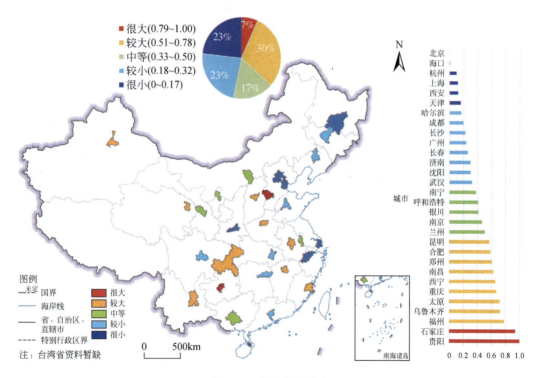

图 7-20 压力指数分布
拉萨因缺乏数据未纳入研究区

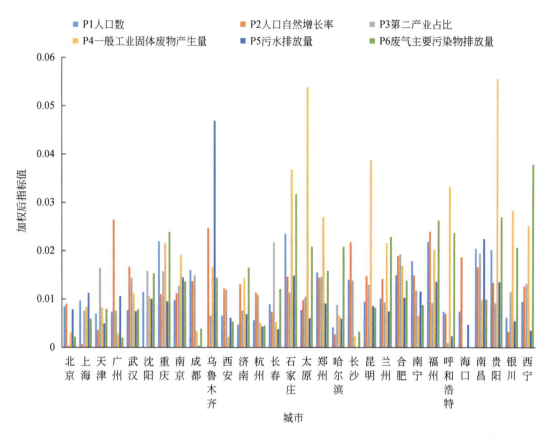

图 7-21　压力指数子指标加权后对比

数值为 709.86 万 t，海口只有 4.60 万 t。另外，贵阳的污水排放量和废气中主要污染物排放量也相对较高，说明贵阳在工业污染方面有着较高的压力，从而导致最终的评价得到压力指数很大，面临着同样问题的还有太原、石家庄、昆明、呼和浩特、银川等。从图 7-21 中还可以看出，乌鲁木齐的污水排放量指标远远高出其他城市，为 18.11 亿 t，同期北京为 16.42 亿 t，长沙只有 0.51 亿 t，但北京城区面积为 997.9km²，大约是乌鲁木齐面积（210.94km²）的 4.7 倍，相比之下，可见乌鲁木齐的污水排放情况极为严重。通过网络查阅相关资料可知，污水处理一直是乌鲁木齐的一大难题，由于多数处理厂建设年代较早，所采用的标准较低，相关设备未能及时更新升级，污水排放超标现象严重。有着同样问题的城市还有南昌、石家庄等。北京、海口、杭州、上海、西安、天津等城市的环境压力较小，北京、上海、天津、杭州等城市发展较早，在应对环境问题上有经济优势，且已有成熟的解决方案。2015 年，西安大力抓环保，在各类工业污染物排放量中表现良好，环境压力同样较小。

另外，评价结果显示，重庆、石家庄、福州、贵阳、合肥等城市相比于其他城市面临着更为严重的人口压力，而北京、上海、广州、天津等一线城市反而人口压力不大，其原因可能有以下两个方面：其一是人口数据采用的指标为年末常住人口，在外来人口流入较多的大城市，统计得到的年末常住人口具有一定的局限性，难以完全反映城市平时的人口状况，而对于人口流动较少的城市则不存在此问题；其二是这些大城市虽然人口众多，同样的城区面积也很大，而一些二线城市，以石家庄为例，人口为 1070.16 万人，城区面积只有 197.37km²，而同期北京城区面积为 997.9km²，人口为 2170.5 万人，相比石家庄人口压力反而较小，说明这些城市还并不具备完全承载人口的能力，只能分散到周围的区县来共同承担。

2. 状态子指数分析

状态指标方面，从状态指数分布图（图 7-22）来看，整体表现较差，有 8 个（27%）城市状态很差，而评价为优的城市只有 2 个。环境状态恶劣的城市有郑州、合肥、上海等，环境状况较好的城市有南宁、重庆、海口等。

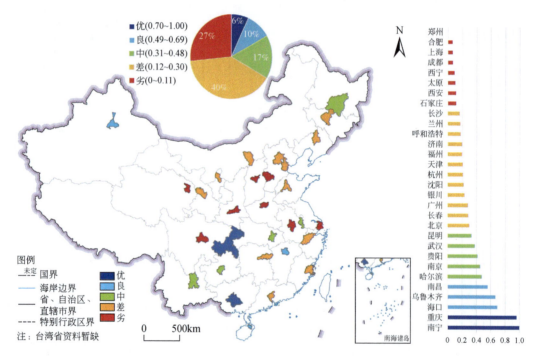

图 7-22　状态指数分布
拉萨因缺乏数据未纳入研究区

通过比较初次加权后的数据（图 7-23）可以看出，南宁有着良好的自然气候和条件，在植被覆盖和水资源方面有着优良的表现，这与南宁作为中国热带水果、粮食和经济作物生产基地有着密不可分的联系。重庆作为临江的"山城"，在植被覆盖和水资源方面也有着突出的表现。而地处沿海的海口也在其他植被覆盖面积、水域面积指标上有着突出的优势。海口地处热带沿海地区，植被四季常青，气候条件得天独厚，且十分重视旅游业发展，为优质的环境状况提供了有力的保障。其他在水资源方面有着突出表现的有地处长江中游，有着"百湖之市"之称的武汉，以及在长江下游，滨江临海的南京和有"襟三江而带五湖"之称的南昌。相反，郑州基本在各个方面上都表现极差，郑州是河南省会，作为铁路运输交通枢纽而崛起，地处内陆，典型的温带季风气候，四季分明，降雨较少，气候条件不利于植被生长，且主要产业为纺织和制药，但并未对环境状况的改善提供有力的帮助，类似的城市还有石家庄、太原、西安、合肥和西宁等。上海和成都作为两个地理位置较好的城市，却在状态指标有着极差的表现。上海经济发展极为迅速，而上海土地却极为有限，约有接近一半的土地被人造建筑（房屋、道路、构筑物、人工堆掘地等）所占据，林草地覆盖率不足20%，虽然城市内部绿化建设较好，但城市的进一步发展已受到自然资源的严重制约，相比而言同为超大城市的北京则有着更为广阔的发展空间和发展潜力。成都也面临相似的问题，市辖区土地面积过小，大多已成为建设用地，成都可以将周边自然资源丰富、地理环境条件好的市县纳入管辖范围，提升城市发展潜力。

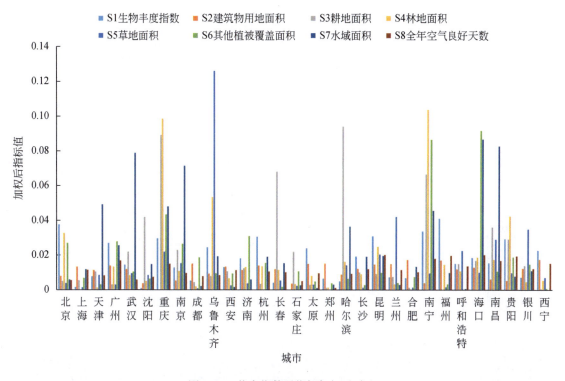

图 7-23　状态指数子指标加权后对比

3. 响应子指数分析

从响应指标的分布图（图7-24）来看，有15个（50%）省会城市对环境的恶化状况响应在中等及以下，图7-24可以看出除贵阳的响应指数远远高于其他城市外，其余城市的响应指数相差不大，分布较为均衡，进行更进一步挖掘可知（图7-25），贵阳在植树种草、环保投资方面有着突出的成就。尤其是环保投资方面，贵阳2015年水利、环境和公共设施管理业投资832.33亿元，在全国省会城市中排名第四，农林牧渔业投资206.70亿元，排名第五，这些投资平均到97.83km²（排名倒数第二，只有北京城区面积的1/10）的城区内，能够显著地改善环境水平。而若采用全市域面积，则贵阳面积为北京的1/2，

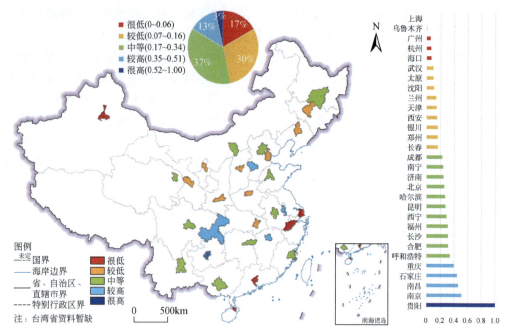

图 7-24 响应指数分布
拉萨因缺乏数据未纳入研究区

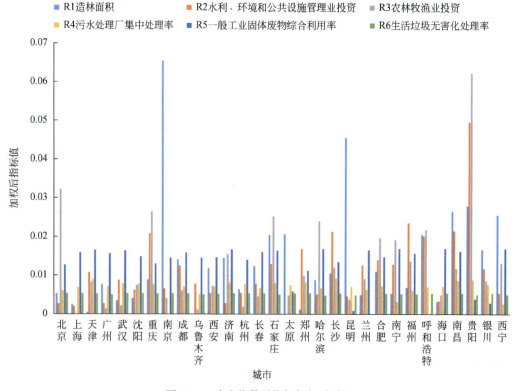

图 7-25 响应指数子指标加权后对比

得到的结果将有 5 倍的差距，严重影响评价结果。根据图 7-24，北京、上海、天津、重庆等超大城市，除重庆外，其余响应指数结果均在中等及以下，产生这种结果的原因有以下两点：一是各超大城市发展较早，对环境问题的重视和解决也比其他城市要早，并且随着全国对环保行业的重视，各省会城市的投资力度很大，同几个超大城市相比投资总额的差距并不大；二是各超大城市的面积远大于其他省会城市，同样的投资额度平均到不同大小的城区中得到的效果显然不同。因此，北京、上海和天津等超大城市的响应指数并不高。

4. 城市地理环境指数分析

从城市地理环境指数的分布图（图 7-26）可以看出，中国省会城市地理环境分布较为均衡，环境质量最好的城市和最差的城市各有 3 个，中等及良好的共计 14 个，较差的城市有 10 个。海口、重庆和南宁等城市地理环境状况最好，郑州、太原和石家庄等城市地理环境状况最差，在 4 个直辖市中，重庆的表现最好，上海最差。压力指数和响应指数均表现极为突出的贵阳最终评价结果为中等，而海口虽然在环保等方面的响应差，但其环境压力也很小，凭借其良好的环境状态成为中国地理环境很好的城市，相反，石家庄本身环境状态很差，环境压力大，虽然进行了一定力度的环保，但依然被评为地理环境最差的城市。

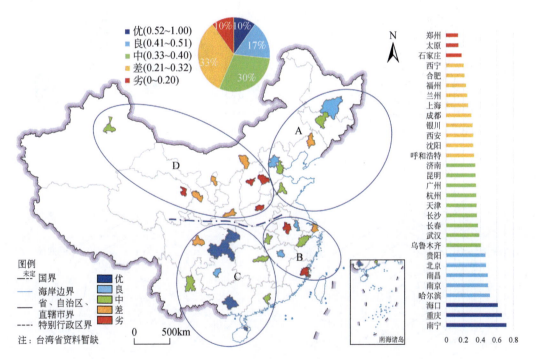

图 7-26　城市地理环境指数分布

拉萨因缺乏数据未纳入研究区

中国省会城市根据环境状况可以分为 A、B、C、D 四个区域（图 7-26）。环境差的城市主要分布在秦岭—淮河以北靠西边的中国内陆地区（D 区），秦岭—淮河以北距大洋较近的东部地区环境状况相对较好。地理环境状况好的城市主要分布在秦岭—淮河以南地区（B区、C区），尤其是中国西南部（C区）。这样的分布规律揭示了气候环境对地理环境的影响是十分巨大的。

从图7-27（a）、（b）可以看出，C区整体地理环境状况最好，同时区域内城市间的差异也相对较大，D区地理环境状况最差，但区域内城市间的差异较小，A区与B区整体地理环境状况相差不大，与全国总体状况大致持平，但B区城市间差异大于A区。从图7-27（c）可以看出，A区各城市指数差异较小，北京和哈尔滨环境状况稍优于其他四个城市。图7-27（d）显示，B区中南京和南昌环境状况最优，上海、福州、合肥环境状况较差。图7-27（e）显示，C区城市可进一步分为两类，一类包括重庆、南宁、海口和贵阳，环境状况良好，另一类包括长沙、昆明、广州和成都，环境状况相对第一类较差。图7-27（f）显示，D区中的乌鲁木齐、呼和浩特、西安和银川的环境相对较好，优于其他5个城市。综上，C区环境状况最好，D区环境状况最差，A区和B区居中，虽然各区内部气候环境相差不大，由于各城市面临的环境压力及对环境保护的响应不同，也有着不同的表现。

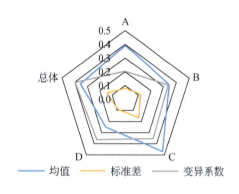

(a)各区总体情况比较

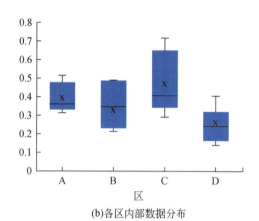

(b)各区内部数据分布

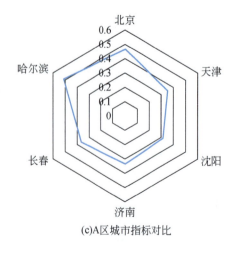

(c)A区城市指标对比

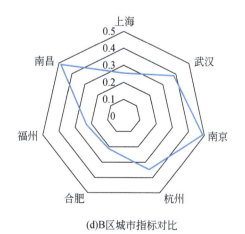

(d)B区城市指标对比

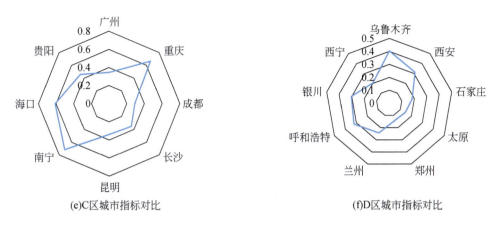

(e)C区城市指标对比　　　　　　　　　　(f)D区城市指标对比

图 7-27　城市地理环境指数分区状况

5. 不同类型指数比较分析

为探究地均指标、人均指标及总量指标对综合评价结果的影响，验证引入城区面积进行指标计算的有效性，开展各类指标评价结果之间的比较分析。其中，本书提出的引入城区面积求取地均指标的评价结果为 UGEI，采用城市行政区面积求取地均指标的评价结果为 UGEI-A，采用人口求取人均指标的评价结果为 UGEI-P，直接采用原始总量值进行评价的结果为 UGEI-T，四者进行对比得到图 7-28，城区面积、行政区面积、人口也在图中进行展示以便于关联分析。

从图 7-28（a）可以看出，UGEI、UGEI-A、UGEI-P、UGEI-T 四个指标评价结果的均值和方差相差不大，UGEI 处于中间位置，箱线图结果显示 UGEI 评价结果范围最广，且是四个指标中唯一没有异常值的指标，说明 UGEI 相比与其他指标更为稳定和可靠。图 7-28（b）中，UGEI 同 UGEI-A、UGEI-P、UGEI-T 在 0.05 水平的 F-test 和 T-test 中差异并不显著，但 UGEI—UGEI-P 的 F-test 结果和 UGEI—UGEI-A 的 T-test 结果均已接近 0.05，而 UGEI—UGEI-T 的 F-test、T-test 结果均远大于 0.05，说明在统计意义上，UGEI-A、UGEI-P、UGEI-T 同 UGEI 的差异不大，尤其是 UGEI-T，说明不同的指标处理方式并未引起评价结果的巨大变化，证明了本模型具有一定的稳定性。UGEI 同 UGEI-A、UGEI-P、UGEI-T 的相关系数均大于 0.5 但小于 0.8，说明 UGEI 同 3 个指标之间有着较为显著的正相关性，但同时也有所不同，证明了不同的指标处理方式在一定程度上影响了评价结果，但总体评价结果并没有发生质的变化。UGEI 同 UGEI-T 的相关系数最大且差异最小，说明 UGEI-T 相比于 UGEI-A 和 UGEI-P 同 UGEI 的评价结果更为接近，采用总量作为指标比采用城市行政区面积和人口的均值指标更为可靠。

从图 7-28（c）可以看出，北京、上海、天津、广州、武汉、南京、海口、哈尔滨、重庆、乌鲁木齐、南宁等城市的 UGEI、UGEI-A、UGEI-P、UGEI-T 评价结果差异较大，结合图 7-28（d）可以看出，北京、上海、天津、广州、武汉和南京属于 GDP 高、城区面积大、行政区面积较小、人口数量多的城市，这些城市的 UGEI-A 值远大于 UGEI、UGEI-P 和 UGEI-T，说明采用以行政区面积为分母的地均指标进行评价同城市发展程度有关，发达城

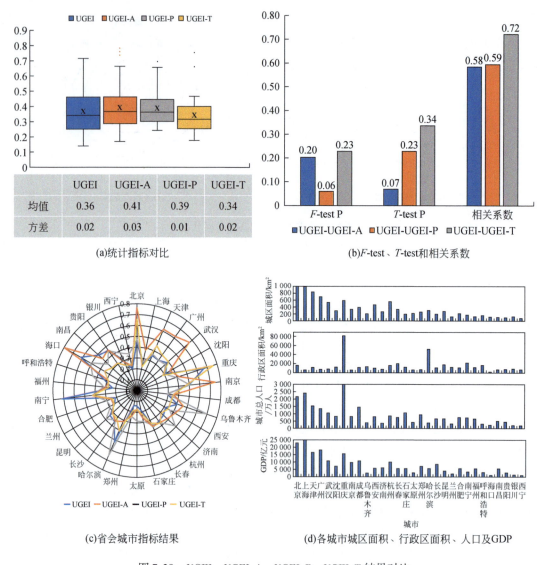

(a)统计指标对比

(b)F-test、T-test和相关系数

(c)省会城市指标结果

(d)各城市城区面积、行政区面积、人口及GDP

图7-28　UGEI、UGEI-A、UGEI-P、UGEI-T结果对比

市评价结果更好,海口的 UGEI-A 值高主要是因为海口的行政区面积远小于其他城市。乌鲁木齐、哈尔滨则属于人口数量少,行政区面积大的城市,采用人均指标的 UGEI-P 大于其他指标,说明采用人均指标对于城市人口密度小的城市更为有利。重庆在城市总人口和行政区面积方面均排第一,GDP 和城区面积排名也在前五,UGEI-T 最高,UGEI 次之,高于 UGEI-A 和 UGEI-P,说明采用总量指标对于体量较大的城市评价结果更好,UGEI 能在一定程度上反映城市体量。南宁则属于 GDP、人口、行政区面积和城区面积均位于中等水平的城市,同其他指标相比,UGEI 评价结果最好,而同样属于中等水平城市的福州则UGEI 评价结果相对最差,说明采用城区面积为分母的地均指标评价结果与城市 GDP、总人口和行政区面积关联较小。总之,UGEI 评价结果不受城市经济发展水平、人口数量和行政区域面积的影响,同时也能够反映城市的总体情况,相对于其他指标更为客观、

可靠。

综上，本节通过对全国省会城市的可持续评估发现，中国省会城市中有接近一半的城市地理环境状况较差，还需要进一步加强环境保护，提升环境质量。其中，南宁、重庆、海口是中国省会城市中环境最好的，而郑州、太原、石家庄是最差的。中国省会城市地理环境状况可分为四个区域，以秦岭—淮河线为界，南方地区的省会城市地理环境状况整体优于北方地区，同时北方地区沿海城市优于内陆城市，环境最好的省会城市集中分布于中国西南部，而华北平原和西北地区的省会城市环境最差。采用城区面积为分母的地均指标评价结果能够准确反映城市环境状况，不受城市经济发展水平、人口数量和行政区域面积的影响，相对于采用人均指标、采用行政区面积为分母的地均指标、总量指标的评价结果更为客观、可靠。

7.3　本章小结

推动城市高质量发展，是新型城镇化持续健康发展和推进社会主义现代化强国建设的必然要求。本章基于地理国情监测数据、互联网大数据以及统计年鉴等多源数据，通过空间分析方法，从社区生活圈评估和城市可持续评价两个方面对城市社区生活圈构建情况、社区发展以及城市可持续发展水平进行评估实践。研究结果有助于解决城市发展的突出矛盾和问题，并确定城市社区规划短板与提升要求，制定规划任务与更新行动，动态修正规划管理方向，实现公共资源的有效分配，提高服务效率，持续提升居住环境品质和市民幸福感，最终推动城市更高质量、更高效率、更可持续发展。

第8章 | 总结与展望

8.1 总　　结

本书首先介绍了研究背景、研究意义、研究目标与内容及本书框架，总结了城市国土空间格局与国土空间规划、城市体检评估工作的关系，以及开展城市国土空间格局监测分析的意义。其次介绍了城市国土空间要素相关概念，并在此基础上归纳总结了城市国土空间要素遥感监测现状，常见的城市国土空间要素产品，以及本书采用的城市国土空间要素遥感监测方法。再次梳理了城市空间扩展、规划实施评估、区域协同发展的内涵，建立起了与城区范围、城市空间结构、城市群空间格局等城市国土空间格局的衔接关系，归纳总结了本书提出的以城市国土空间格局为支撑的城市空间扩展分析方法、规划实施评估方法、区域协同发展分析方法、城市高质量发展分析方法。最后选择全国重点城市和典型区域，将城市国土空间要素遥感监测与城市国土空间格局监测分析方法应用于实践。主要结论如下：

（1）参考建成区的概念，以《统计上划分城乡的规定》中定义的城区分布地域和范围，充分挖掘高分辨率遥感影像中的城市景观和形态等空间可视化特征，从城市建设完成情况出发，提出了城区边界遥感监测方法，保证了以城区为统计分析单元的全国城市扩展分析及其他相关分析的一致性与可比性。利用地理国情监测数据等先验知识，提出了基本公共服务设施、综合交通网络设施、城市低矮杂乱房屋建筑区等城市内部国土空间要素遥感监测方法，为规划实施评估和城市高质量发展评估提供了高精度的时空数据。

（2）深刻剖析了城区范围、城市空间结构、城市群空间格局三种城市国土空间格局与城市空间扩展、规划实施评估、区域协同发展之间的关系，为城市国土空间格局监测分析方法支撑国土空间规划提供了理论依据。同时针对"十四五"规划中关注的城市高质量发展问题，探索了时空信息支撑城市高质量发展的分析方法，为城市国土空间格局更好地服务国家战略规划提供支撑。

（3）研究方法在全国338个地级以上城市、全国108个现行国务院审批国土空间总体规划城市、京津冀城市群等区域得到了示范应用，揭示了全国338个地级以上城市空间扩展、108个现行国审城市规划实施、京津冀协同发展、重点城市社区生活圈和可持续发展中存在的风险和短板，研究结果可服务于国土空间总体规划编制、实施监督及优化调整。

8.2 展　　望

本书尽管在城市国土空间要素遥感监测方法、城市国土空间格局监测分析方法、实践应用中取得了初步成果，但若想对国土空间规划评估更好的支撑，仍有很长的路要走，在

此提出以下几点展望:

(1) 城市国土空间格局的认知主要集中在宏观尺度上对国土要素的表达,未考虑空间粒度和时间粒度差异对认知的影响,以及人口等多元要素引入后对认知的影响。

城市(群)的范围仍缺乏满足不同业务需求的统一标准,且传统上主要在较粗空间粒度(最小可识别单元)上获取,未考虑空间粒度差异带来的影响。此外,由于城市国土空间格局具有明显的空间自相关性而对尺度具有显著的依赖性,城市扩展类型随城市范围变化和感受野变化产生截然不同的结论。城市国土空间结构对于城市用地扩展的响应也具有明显的时间滞后性。开展微观尺度研究对于厘清城市内部要素之间的关系及其互动机制具有重要意义,然而社区尺度研究不足。城市群网络偏重于单经济或单要素流形式下的网络格局,较少探讨多重要素流对于城市群空间结构和关联的认知。未来将研究变尺度的城区、镇区边界提取技术,满足不同业务的需求;发挥多源遥感数据的优势,结合以人为本的理念,提出反映人民生活品质的城市国土空间要素综合监测指标。

(2) 城市国土空间要素的监测以遥感影像得到地表覆盖为主,与地理信息数据、新型大数据的多源协同监测不足,满足国土空间规划需求的功能与属性等特征刻画相对缺失。

遥感技术是城市国土空间中地表覆盖获取的先进技术。然而,单一的影像数据源难以满足国土空间规划对于城市国土空间精准表达的需求。随着全国国土调查监测、地理国情监测等国家重大工程的实施,地理信息愈加丰富。地理信息数据中蕴含的城市国土空间的诸多先验知识,是城市国土空间要素监测的重要数据来源。夜间灯光、手机信令、微博、微信、POI 等各类新型大数据,也为城市的人口、经济、公共服务设施数据等各类属性信息的获取提供了可能。多源数据集成和协同动态监测将有助于更加全面的功能与属性信息获取。未来还将发挥大数据对人行为的感知优势,研究面向国土空间规划管理需求的大数据处理技术,并制定大数据应用标准;发展知识智能化引导下的多源遥感监测技术,对现有常态化监测能力予以补充。

(3) 城市国土空间格局的评价方法尚未适应新时代国土空间规划需求。评估以粗粒度的数据输入为主,缺乏以人为本的城市高质量发展精准评估模型,难以定位人地矛盾的具体空间位置。

现权威部门提出的指标体系中部分指标难以获取或难以空间化表达,影响了评估效果。遥感影像、高精度地理信息数据及新型大数据隐含的知识尚未挖掘,指标体系中与空间相关的指标改进空间较大。尽管现有的城市体检评估意识到人的重要性和城市的高质量发展目标,但多以城市国土要素为评估对象,忽略了国土要素与居民间的协调匹配关系,以及空间分布差异。现有的城市扩展以空间或时间统计模型为主,对城市三维时空扩展背景下精明增长的精准评估模型研究不足,同时对中小城市及微观尺度的城市扩展关注不足。城市群内部空间联系度量模型多利用单一时间或空间距离,对综合交通的可达性分析关注不够,对城市综合发展规模考虑不足。未来将研发以人为本的城市高质量发展精准评估模型,准确定位人地矛盾的冲突空间位置和原因,为国土空间规划编制和优化调整提供可行依据。

参 考 文 献

《中国大百科全书》总编委会. 2002. 中国大百科全书: 精粹本. 北京: 中国大百科全书.

安俞静, 刘静玉, 乔墩墩. 2019. 中原城市群城市空间联系网络格局分析——基于综合交通信息流. 地理科学, 39 (12): 1929-1937.

白孝忠, 孟子贻. 2018. 中三角城市群产业同构性评价及协同发展分析. 商业经济研究, (7): 149-152.

测绘通报编辑部. 2020. 《全球生态环境遥感监测 2019 年度报告》出版. 测绘通报, (9): 131.

柴彦威, 李春江, 张艳. 2020. 社区生活圈的新时间地理学研究框架. 地理科学进展, 39 (12): 1961-1971.

柴彦威, 李春江. 2019. 城市生活圈规划: 从研究到实践. 城市规划, 43 (5): 9-16.

柴彦威, 王德, 甄峰, 等. 2021. 中国城市空间结构. 北京: 科学出版社.

常飞, 王录仓, 马玥, 等. 2021. 城市公共服务设施与人口是否匹配? ——基于社区生活圈的评估. 地理科学进展, 40 (4): 607-619.

晁静, 赵新正, 李同昇, 等. 2019. 长江经济带三大城市群经济差异演变及影响因素——基于多源灯光数据的比较研究. 经济地理, 39 (5): 92-100.

陈百明, 张凤荣. 2011. 我国土地利用研究的发展态势与重点领域. 地理研究, 30 (1): 1-9.

陈洪, 陶超, 邹峥嵘, 等. 2013. 一种新的高分辨率遥感影像城区提取方法. 武汉大学学报 (信息科学版), 38 (9): 1063-1067.

陈军, 陈利军, 李然, 等. 2015. 基于 GlobeLand30 的全球城乡建设用地空间分布与变化统计分析. 测绘学报, 44 (11): 1181-1188.

陈军, 廖安平, 陈晋, 等. 2017. 全球 30m 地表覆盖遥感数据产品-Globe Land30. 地理信息世界, 24 (1): 1-8.

陈军, 刘万增, 武昊, 等. 2021. 智能化测绘的基本问题与发展方向. 测绘学报, 50 (8): 995-1005.

陈一溥, 郑伯红. 2021. 长株潭城市群人为热排放对城市热环境影响研究. 长江流域资源与环境, 30 (7): 1625-1637.

陈永林, 谢炳庚, 钟典, 等. 2018. 基于微粒群-马尔科夫复合模型的生态空间预测模拟——以长株潭城市群为例. 生态学报, 38 (1): 55-64.

陈宇光. 2007. 城市空间要素及其结构. 华东理工大学学报 (社会科学版), (7): 80-84.

陈志杰, 张志斌. 2015. 兰州城市社会空间结构分析. 兰州大学学报 (自然科学版), 51 (2): 285-292.

程敏, 连月娇. 2018. 基于改进潜能模型的城市医疗设施空间可达性——以上海市杨浦区为例. 地理科学进展, 37 (2): 266-275.

程钰, 陈延斌, 任建兰, 等. 2012. 城市群产业结构与分工的测度研究——以辽中南城市群为例. 城市发展研究, 19 (6): 1-5.

邓强, 陈建军, 田志强. 2014. 基于一致性和绩效性分析的南宁市土地规划实施中期评估技术方法研究. 中国土地科学, 28 (9): 39-46.

邓祥征. 2021. 国土空间优化利用——理论、方法与实践. 北京: 科学出版社.

邓羽, 陈田, 刘盛和. 2017. 城市物质空间更新研究进展与展望. 地理科学进展, 36 (5): 540-548.

丁亮，钮心毅，施澄．2020．基于一致性标准的大城市多中心体系规划实施评估——以杭州为例．地理科学，40（2）：211-219.

段德罡，黄博燕．2008．中心城区概念辨析．现代城市研究，（10）：20-24.

段进．1999．城市空间发展论．南京：江苏科技出版社．

樊立惠，蔺雪芹，王岱．2015．北京市公共服务设施供需协调发展的时空演化特征——以教育医疗设施为例．人文地理，30（1）：90-97.

范辉，王立，周晋．2012．基于主成分分析和物元模型的河南省城市土地集约利用对比研究．水土保持通报，32（3）：160-164.

范胜龙，张莉，曾在森，等．2017．不同经济发展水平地区开发区土地集约利用的影响因素研究——以福建省为例．中国土地科学，31（6）：51-58.

方斌，张宪哲，杨柳，等．2017．基于POI数据的城市边界变化提取研究——以山西运城市城区为例．现代测绘，40（5）：20-22.

方创琳．2014．中国城市群研究取得的重要进展与未来发展方向．地理学报，69（8）：1130-1144.

方创琳．2017．京津冀城市群协同发展的理论基础与规律性分析．地理科学进展，36（1）：15-24.

方创琳．2019．中国新型城镇化高质量发展的规律性与重点方向．地理研究，38（1）：13-22.

方修琦，章文波，张兰生，等．2002．近百年来北京城市空间扩展与城乡过渡带演变．城市规划，（4）：56-60.

冯健，周一星，李伯衡，等．2012．城乡划分与监测．北京：科学出版社．

冯健，周一星．2003．中国城市内部空间结构研究进展与展望．地理科学进展，（3）：204-215.

冯仕超，高小红，亢健，等．2012．西宁市30多年来土地利用/土地覆被变化及城市扩展研究．干旱区研究，29（1）：129-136.

高文娜．2021．基于区位熵灰色关联度的关中平原城市群产业协同分析．当代经济，（8）：54-58.

顾朝林，陈振光．1994．中国大都市空间增长形态．城市规划，18（6）：45-50，19，63.

顾朝林．2011．城市群研究进展与展望．地理研究，30（5）：771-784.

关爱萍，陈锐．2014．产业集聚水平测度方法的研究综述．工业技术经济，33（12）：150-155.

韩会然，杨成凤，宋金平．2015．北京市土地利用空间格局演化模拟及预测．地理科学进展，34（8）：976-986.

韩增林，董梦如，刘天宝，等．2020．社区生活圈基础教育设施空间可达性评价与布局优化研究——以大连市沙河口区为例．地理科学，40（11）：1774-1783.

韩增林，李彬，张坤领．2015．中国城乡基本公共服务均等化及其空间格局分析．地理研究，34（11）：2035-2048.

何春阳，陈晋，陈云浩，等．2001．土地利用/覆盖变化混合动态监测方法研究．自然资源学报，16（3）：255-262.

何春阳，陈晋，史培军，等．2003．大都市区城市扩展模型——以北京城市扩展模拟为例．地理学报，58（2）：294-304.

何丹，金凤君，戴特奇，等．2017．北京市公共文化设施服务水平空间格局和特征．地理科学进展，36（9）：1128-1139.

何为，修春亮．2011．吉林省城市土地集约利用的空间分异．自然资源学报，26（8）：1287-1296.

贺灿飞，刘作丽，王亮．2008．经济转型与中国省区产业结构趋同研究．地理学报，（8）：807-819.

贺灿飞，朱晟君．2020．中国产业发展与布局的关联法则．地理学报，75（12）：2684-2698.

侯成哲，卢银桃，李玮．2015．杭州公共设施调研与分析——基于日常生活服务需求的视角．城市规划，39（S1）：52-58.

胡盼盼, 李锋, 胡聃, 等. 2021. 1980—2015 年珠三角城市群城市扩张的时空特征分析. 生态学报, (17)：1-11.

胡盈, 韩增林. 2019. 基于改进引力模型的辽中南城市群网络结构研究. 地理与地理信息科学, 35 (5)：101-108.

黄季焜, 朱莉芬, 邓祥征, 等. 2007. 中国建设用地扩张的区域差异及其影响因素. 中国科学 (D 辑：地球科学), (9)：1235-1241.

黄洁, 杜德林, 王姣娥, 等. 2020. 基于城市群尺度的高铁列车与长途汽车网络结构比较. 地理科学, 40 (12)：1958-1966.

黄磊. 2012. 协同论历史哲学. 北京：中国社会科学出版社.

黄顺魁, 王裕瑾, 张可云. 2013. 中国制造业八大区域转移分析——基于偏离—份额分析. 经济地理, 33 (12)：90-96.

黄昕, 李家艺, 杨杰, 等. 2021. Landsat 卫星观测下的 30m 全球不透水面年度动态与城市扩张模式（1972～2019）. 中国科学：地球科学, 51：1894-1906.

黄亚平. 2002. 城市空间理论与空间分析. 南京：东南大学出版社.

惠彦, 金志丰, 陈雯, 等. 2009. 城乡地域划分和城镇人口核定研究——以常熟市为例. 地域研究与开发, 28 (1)：42-46.

金凤君, 陈卓. 2018. 交通枢纽与廊道的识别方法与应用. 台北：第七届海峡两岸经济地理研讨会.

金贵, 王占岐, 姚小薇, 等. 2013. 国土空间分区的概念与方法探讨. 中国土地科学, 27 (5)：48-53.

金云峰, 杜伊. 2018. 社区生活圈的公共开放空间绩效研究——以上海市中心城区为例. 现代城市研究, (5)：101-108.

匡文慧, 迟文峰, 史文娇. 2014. 中国与美国大都市区城市内部土地覆盖结构时空差异. 地理学报, 69 (7)：883-895.

兰肖雄, 刘盛和, 胡章. 2012. 我国城市蔓延概念的界定与思考. 地域研究与开发, 31 (3)：53-57, 63.

李斌, 岑倩华, 杨丽娟, 等. 2007. 泛珠三角产业分工合作的空间规划研究. 热带地理, (4)：337-342.

李春生. 2015. 京津冀协同发展中的产业结构调整研究. 企业经济, (8)：141-145.

李峰清, 赵民, 黄建中. 2021. 论大城市空间结构的绩效与发展模式选择. 城市规划学刊, (1)：18-27.

李空明, 李春林, 曹建军, 等. 2021. 基于景观生态学和形态学的辽宁中部城市群绿色基础设施 20 年时空格局演变. 生态学报, (21)：1-13.

李琳, 刘莹. 2014. 中国区域经济协同发展的驱动因素——基于哈肯模型的分阶段实证研究. 地理研究, 33 (9)：1603-1616.

李萌. 2017. 基于居民行为需求特征的"15 分钟社区生活圈"规划对策研究. 城市规划学刊, (1)：111-118.

李秋丽. 2017. 长江中游城市群城市空间联系及网络结构研究. 武汉大学硕士学位论文.

李琬, 孙斌栋, 刘倩倩, 等. 2018. 中国市域空间结构的特征及其影响因素. 地理科学, 38 (5)：672-680.

李彦熙, 柴彦威, 张艳. 2021. 家庭企划情境下郊区居民一周活动时空特征分析——以北京上地—清河为例. 地理科学进展, 40 (4)：597-606.

李震, 杨永春, 刘宇香. 2010. 西北地级城市的行业分工测度研究. 地域研究与开发, 29 (2)：65-71.

梁龙武, 王振波, 方创琳, 等. 2019. 京津冀城市群城市化与生态环境时空分异及协同发展格局. 生态学报, 39 (4)：1212-1225.

廖开怀, 蔡云楠. 2017. 近十年来国外城市更新研究进展. 城市发展研究, 24 (10)：27-34.

廖永生. 2020. 地理国情普查数据与全球 30m 地表覆盖数据分析. 测绘, 43 (5)：208-214.

林雄斌, 杨家文, 陶卓霖, 等. 2018. 交通投资、经济空间集聚与多样化路径——空间面板回归与结构方程模型视角. 地理学报, 73 (10): 1970-1984.

刘安国, 张英奎, 姜玲, 等. 2013. 京津冀制造业产业转移与产业结构调整优化重点领域研究——不完全
竞争视角. 重庆大学学报 (社会科学版), 19 (5): 1-7.

刘海龙, 呼旭红, 郭政昇, 等. 2021. 中原城市群基本公共服务与城市化协调发展的时空演变及影响因素.
湖南师范大学自然科学学报, 44 (4): 71-80.

刘汉初, 樊杰, 周道静, 等. 2019. 2000 年以来中国高耗能产业的空间格局演化及其成因. 经济地理, 39
(5): 110-118.

刘洪铎. 2013. 北京市分工地位的测度研究——基于行业上游度的视角. 现代产业经济, (11): 45-52.

刘纪远, 匡文慧, 张增祥, 等. 2014. 20 世纪 80 年代末以来中国土地利用变化的基本特征与空间格局.
地理学报, 69 (1): 3-14.

刘纪远, 刘明亮, 庄大方, 等. 2002. 中国近期土地利用变化的空间格局与驱动力分析. 昆明: 全国土地
覆被变化及其环境效应学术研讨会.

刘纪远, 刘文超, 匡文慧, 等. 2016. 基于主体功能区规划的中国城乡建设用地扩张时空特征遥感分析.
地理学报, 71 (3): 355-369.

刘纪远, 王新生, 庄大方, 等. 2003. 凸壳原理用于城市用地空间扩展类型识别. 地理学报, (6):
885-892.

刘纪远, 张增祥, 徐新良, 等. 2009. 21 世纪初中国土地利用变化的空间格局与驱动力分析. 地理学报,
64 (12): 1411-1420.

刘静, 朱青. 2016. 城市公共服务设施布局的均衡性探究——以北京市城六区医疗设施为例. 城市发展研
究, 23 (5): 6-11.

刘倩, 李诚固, 申庆喜, 等. 2017. 长春市医疗设施空间格局与演变特征. 经济地理, 37 (7): 139-145.

刘沁萍, 杨永春, 付冬暇, 等. 2014. 基于 DMSP/OLS 灯光数据的 1992~2010 年中国城市空间扩张研究.
地理科学, 34: 129-136.

刘瑞, 朱道林. 2010. 基于转移矩阵的土地利用变化信息挖掘方法探讨. 资源科学, 32 (8): 1544-1550.

刘盛和. 2002. 城市土地利用扩展的空间模式与动力机制. 地理科学进展, (1): 43-50.

刘晓啸, 吴康. 2020. 功能疏解背景下京津冀中部核心区产业投资网络演化研究. 地理科学进展,
39 (12): 1972-1984.

刘耀林, 李纪伟, 侯贺平, 等. 2014. 湖北省城乡建设用地城镇化率及其影响因素. 地理研究, 33 (1):
132-142.

刘云中, 刘嘉杰. 2020. 中国城镇人口和建设用地扩张的空间特征及其启示. 发展研究, (7): 8-15.

柳泽, 杨宏宇, 熊维康, 等. 2017. 基于改进两步移动搜索法的县域医疗卫生服务空间可达性研究. 地理
科学, 37 (5): 728-737.

卢志伟. 2018. 基于手机通话数据的土地利用分类与分析. 山东科技大学硕士学位论文.

马海涛, 徐楟钫. 2020. 黄河流域城市群高质量发展评估与空间格局分异. 经济地理, 40 (4): 11-18.

毛卫华, 胡德勇, 曹冉, 等. 2013. 利用 MODIS 产品和 DMSP/OLS 夜间灯光数据监测城市扩张. 地理研
究, 32 (7): 1325-1335.

苗长虹, 胡志强. 2015. 城市群空间性质的透视与中原城市群的构建. 地理科学进展, 34 (3): 271-279.

穆晓东, 刘慧平, 薛晓娟. 2012. 基于区域城市结构的城市边缘区遥感监测方法. 北京师范大学学报 (自
然科学版), 48 (4): 411-415.

宁晓刚, 王浩, 林祥国, 等. 2018a. 京津冀城市群 1990—2015 年城区时空扩展监测与分析. 测绘学报,
47 (9): 1207-1215.

宁晓刚, 王浩, 张翰超, 等. 2018b. 2000—2016 年中国地级以上城市高精度城区边界遥感提取及时空扩

展分析. 武汉大学学报（信息科学版），43（12）：1916-1926.

欧阳晓，李勇辉，徐帆，等. 2021. 城市用地扩张与生态环境保护的交互作用研究——以长株潭城市群为例. 经济地理，41（7）：193-201.

乔伟峰，毛广雄，王亚华，等. 2016. 近 32 年来南京城市扩展与土地利用演变研究. 地球信息科学学报. 18（2）：200-209.

任秋如，杨文忠，汪传建，等. 2021. 遥感影像变化检测综述. 计算机应用，41（8）：2294-2305.

宋雪涛，蒲英霞，刘大伟，等. 2015. 利用行人轨迹挖掘城市区域功能属性. 测绘学报，44（S1）：82-88.

眭海刚，冯文卿，李文卓，等. 2018. 多时相遥感影像变化检测方法综述. 武汉大学学报（信息科学版），43（12）：1885-1898.

孙斌栋，华杰媛，李琬，等. 2017. 中国城市群空间结构的演化与影响因素——基于人口分布的形态单中心——多中心视角. 地理科学进展，36（10）：1294-1303.

孙道成，杨立. 2020. 基于多种生态分析的生态空间格局构建和研究——以长治"双修"为例. 国土与自然资源研究，（3）：4-9.

孙道胜，柴彦威，张艳. 2016. 社区生活圈的界定与测度：以北京清河地区为例. 城市发展研究，23（9）：1-9.

孙平军，修春亮. 2014. 中国城市空间扩展研究进展. 地域研究与开发，33（4）：46-52.

孙施文. 2016. 基于绩效的总体规划实施评价及其方法. 城市规划学刊，（1）：22-27.

孙晓霞，张继贤，燕琴，等. 2011. 遥感影像变化检测方法综述及展望. 遥感信息，（1）：119-123.

孙瑜康，吕斌，赵勇健. 2015. 基于出行调查和 GIS 分析的县域公共服务设施配置评价研究——以德兴市医疗设施为例. 人文地理，30（3）：103-110.

唐恩斌，张梅青. 2018. 高铁背景下城市铁路可达性与空间相互作用格局——以江西省为例. 长江流域资源与环境，27（10）：2241-2249.

陶超，谭毅华，蔡华杰，等. 2010. 面向对象的高分辨率遥感影像城区建筑物分级提取方法. 测绘学报，39（1）：39-45.

田立征，李成名，刘晓丽，等. 2021. 时空大数据分类体系研究. 测绘通报，（5）：4.

童陆亿. 2020. 国内外城市扩张内涵及度量研究进展. 世界地理研究，29（4）：762-772.

王灿，王继富，任春颖，等. 2017. 1970s-2015 年长春市城市扩张过程时空动态分析. 干旱区资源与环境，31（3）：21-25.

王峰，张东旭. 2010. 城市空间增长边界与城市总体规划中相关概念的关系解析. 重庆：2010 中国城市规划年会.

王甫园，王开泳，陈田，等. 2017. 城市生态空间研究进展与展望. 地理科学进展，36（2）：207-218.

王浩，刘娅菲，宁晓刚，等. 2019. 城区边界遥感提取研究进展. 测绘科学，44（6）：159-165.

王姣娥，景悦. 2017. 中国城市网络等级结构特征及组织模式——基于铁路和航空流的比较. 地理学报，72（8）：1508-1519.

王雷，李丛丛，应清，等. 2012. 中国 1990～2010 年城市扩张卫星遥感制图. 科学通报，57（16）：1388-1403.

王丽艳，段中信，宋顺锋. 2020. 区域城市视域下都市圈发展路径及对策研究——以天津都市圈为例. 城市发展研究，27（7）：106-112.

王萌. 2016. 基于可持续"流空间"理论的珠江三角洲城际人口吸引力研究. 北京：中国科学院大学（中国科学院广州地球化学研究所）博士学位论文.

王青，金春. 2018. 中国城市群经济发展水平不平衡的定量测度. 数量经济技术经济研究，35（11）：77-94.

王群, 王万茂, 金雯. 2017. 中国城市土地集约利用研究中的新观点和新方法: 综述与展望. 中国人口·资源与环境, 27 (S1): 95-100.

王师勤. 1988. 霍夫曼工业化阶段论述评. 经济学动态, (10): 54-57.

王温鑫, 金晓斌, 杨绪红, 等. 2017. 新数据环境下城市土地集约利用精细化评价——以南京市为例. 现代城市研究, (6): 9-15, 46.

王晓霞. 2016. 京津冀生产性服务业空间布局分析及优化. 领导之友, (9): 62-67.

王新生, 刘纪远, 庄大方, 等. 2005. 中国特大城市空间形态变化的时空特征. 地理学报, (3): 392-400.

王秀, 姚玲玲, 李阳, 等. 2017. 新型城镇化与土地集约利用耦合协调性及其时空分异——以黑龙江省12个地级市为例. 经济地理, 37 (5): 173-180.

王旭, 马伯文, 李丹, 等. 2020. 基于FLUS模型的湖北省生态空间多情景模拟预测. 自然资源学报, 35 (1): 230-242.

王郁, 赵一航. 2020. 区域协同发展政策能否提高公共服务供给效率? ——以京津冀地区为例的研究. 中国人口·资源与环境, 30 (8): 100-109.

王振坡, 姜智越, 郑丹, 等. 2016. 京津冀城市群人口空间结构演变及优化路径研究. 西北人口, 37 (5): 31-39.

王智勇. 2013. 快速成长期城市密集区生态空间框架及其保护策略研究. 华中科技大学博士学位论文.

王卓, 王璇. 2021. 川渝城市群城市化对产业结构转型的影响研究——基于京津冀、长三角、珠三角三大城市群的比较. 西北人口, 42 (3): 1-11.

吴炳方, 高峰, 何国金, 等. 2016. 全球变化大数据的科学认知与云共享平台. 遥感学报, 20 (6): 1479-1484.

吴健生, 冯喆, 高阳, 等. 2012. CLUE-S模型应用进展与改进研究. 地理科学进展, 31 (1): 3-10.

武廷海, 张能. 2015. 作为人居环境的中国城市群——空间格局与展望. 城市规划, 39 (6): 14-25, 36.

向晓梅, 杨娟. 2018. 粤港澳大湾区产业协同发展的机制和模式. 华南师范大学学报 (社会科学版), (2): 17-20.

肖池伟, 刘影, 李鹏, 等. 2016. 基于城市空间扩张与人口增长协调性的高铁新城研究. 自然资源学报, 31 (9): 1440-1451.

肖作鹏, 柴彦威, 张艳. 2014. 国内外生活圈规划研究与规划实践进展述评. 规划师, 30 (10): 89-95.

谢小华, 王瑞璋, 文东宏, 等. 2015. 医疗设施布局的GIS优化评价——以翔安区医疗设施为例. 地球信息科学学报, 17 (3): 317-328.

熊鹰, 徐亚丹, 孙维筠, 等. 2019. 城市群空间结构效益评价与优化研究——以长株潭城市群与环洞庭湖城市群为例. 地理科学, 39 (10): 1561-1569.

徐岚, 赵羿. 1993. 利用马尔柯夫过程预测东陵区土地利用格局的变化. 应用生态学报, 4 (3): 272-277.

许雪爽, 包安明, 常存, 等. 2017. 新疆重点城市建设用地扩张与人地配置协调性分析. 经济地理, 37 (10): 92-99.

许芸鹭, 雷国平. 2018. 辽中南城市群空间联系测度. 城市问题, 11: 65-74.

许泽宁, 高晓路. 2016. 基于电子地图兴趣点的城市建成区边界识别方法. 地理学报, 71 (6): 928-939.

闫曼娇, 马学广, 娄成武. 2016. 中国沿海城市带城市职能分工互补性比较研究. 经济地理, 36 (1): 69-74.

闫梅, 黄金川. 2013. 国内外城市空间扩展研究评析. 地理科学进展, 32 (7): 1039-1050.

杨蕙嘉, 赵振宇. 2021. 基于修正引力模型的区域城市群关联强度时空演进特征. 统计与决策, 37 (5): 70-73.

杨俊, 黄贤金, 王占岐, 等. 2020. 新时代中国城市土地集约利用若干问题的再认识. 中国土地科学, 34 (11): 31-37.

杨俊, 解鹏, 席建超, 等. 2015. 基于元胞自动机模型的土地利用变化模拟——以大连经济技术开发区为例. 地理学报, 70 (3): 461-475.

杨荣南, 张雪莲. 1997. 城市空间扩展的动力机制与模式研究. 地域研究与开发, (2): 2-5, 22.

杨天荣, 匡文慧, 刘卫东, 等. 2017. 基于生态安全格局的关中城市群生态空间结构优化布局. 地理研究, 36 (3): 441-452.

杨万钟. 1999. 经济地理学导论. 上海: 华东师范大学出版社.

杨艳昭, 封志明, 赵延德, 等. 2013. 中国城市土地扩张与人口增长协调性研究. 地理研究, 32 (9): 1668-1678.

杨永春, 乔林凰, 侯利. 2008. 土地利用强度的空间分布与行业驱动力研究——以兰州市为例. 城市规划, (9): 63-68.

杨振山, 张慧, 丁悦, 等. 2015. 城市绿色空间研究内容与展望. 地理科学进展, 34 (1): 18-29.

姚常成, 吴康. 2020. 多中心空间结构促进了城市群协调发展吗?——基于形态与知识多中心视角的再审视. 经济地理, 40 (3): 63-74.

叶强, 赵垚, 谭畅, 等. 2021. 新时期沿黄省会城市商业空间结构及其空间服务能力. 自然资源学报, 36 (1): 103-113.

岳文泽, 吴桐, 刘学, 等. 2020. 中国大城市蔓延指数的开发. 地理学报, 75 (12): 2730-2743.

曾国军, 徐雨晨, 王龙杰, 等. 2021. 从在地化、去地化到再地化: 中国城镇化进程中的人地关系转型. 地理科学进展, 40 (1): 28-39.

曾文, 向梨丽, 李红波, 等. 2017. 南京市医疗服务设施可达性的空间格局及其形成机制. 经济地理, 37 (6): 136-143.

湛东升, 张文忠, 谌丽, 等. 2019. 城市公共服务设施配置研究进展及趋向. 地理科学进展, 38 (4): 506-519.

湛东升, 张文忠, 张娟锋, 等. 2020. 北京市公共服务设施集聚中心识别分析. 地理研究, 39 (3): 554-569.

张国俊, 黄婉玲, 周春山, 等. 2018. 城市群视角下中国人口分布演变特征. 地理学报, 73 (8): 1513-1525.

张晗, 倪维平, 严卫东, 等. 2016. 利用分形和多尺度分析的中低分辨率 SAR 图像变化检测. 武汉大学学报 (信息科学版), 41 (5): 642-648.

张翰超, 宁晓刚, 王浩, 等. 2018. 基于高分辨率遥感影像的 2000-2015 年中国省会城市高精度扩张监测与分析. 地理学报, 73 (12): 2345-2363.

张建清, 严妮飒. 2017. 长江中游城市群基本公共服务均等化的测度与特征分析. 生态经济, 33 (1): 102-106.

张军民, 侯艳玉, 徐腾. 2015. 城市空间发展与规划目标一致性评估体系架构——以山东省胶南市为例. 城市规划, 39 (6): 43-50.

张俊凤, 刘友兆. 2013. 城市建成区扩张与经济增长间的关系——以长三角地区为例. 城市问题, (2): 11-15.

张宁, 方琳娜, 周杰, 等. 2010. 北京城市边缘区空间扩展特征及驱动机制. 地理研究, 29: 471-480.

张涛, 温素馨 2017. 基于遥感的城市地表覆盖变化检测综述. 现代测绘, 40: 25-28, 34.

张旺, 申玉铭. 2012. 京津冀都市圈生产性服务业空间集聚特征. 地理科学进展, 31 (6): 742-749.

张文忠, 许婧雪, 马仁锋, 等. 2019. 中国城市高质量发展内涵、现状及发展导向——基于居民调查视角.

城市规划, 43 (11): 13-19.

张夏坤, 裴新蕊, 李俊蓉, 等. 2021. 生活圈视角下天津市中心城区公共服务设施配置的空间差异. 干旱区资源与环境, 35 (3): 43-51.

张小英, 巫细波. 2016. 广州购物中心时空演变及对城市商业空间结构的影响研究. 地理科学, 36 (2): 231-238.

张肖. 2020. 全球 30 米地表覆盖定量遥感分类与制图研究. 北京: 中国科学院大学 (中国科学院空天信息创新研究院) 博士学位论文.

张雪飞, 王传胜, 李萌. 2019. 国土空间规划中生态空间和生态保护红线的划定. 地理研究, 38 (10): 2430-2446.

张扬. 2021. 基于少量标记样本的城市土地利用分类. 北京: 中国科学院大学 (中国科学院深圳先进技术研究院) 硕士学位论文.

张玉强, 李民梁. 2021. 粤港澳大湾区空间联系及其优化研究——基于城市流强度和引力模型. 特区经济, (2): 25-31.

张跃胜, 李思蕊, 李朝鹏. 2021. 为城市发展定标: 城市高质量发展评价研究综述. 管理学刊, 34 (1): 27-42.

张增祥, 汪潇, 王长耀, 等. 2009. 基于框架数据控制的全国土地覆盖遥感制图研究. 地球信息科学学报, 11: 216-224.

张增祥, 赵晓丽, 汪萧, 等. 2012. 中国土地利用遥感监测. 北京: 星球地图出版社.

张振龙, 曾志远, 李硕, 等. 2005. 遥感变化检测方法研究综述. 遥感信息, (5): 64-66, 59.

张治清, 贾敦新, 邓仕虎, 等. 2013. 城市空间形态与特征的定量分析——以重庆市主城区为例. 地球信息科学学报, 15: 297-306.

章瑞, 王凯平, 张云路, 等. 2022. 基于空间演变多元分析的市域生态空间优化研究——以宁波市为例. 生态学报, 42 (1): 127-137.

赵宏波, 余涤非, 苗长虹, 等. 2018. 基于 POI 数据的郑州市文化设施的区位布局特征与影响因素研究. 地理科学, 38 (9): 1525-1534.

赵会顺, 陈超, 高素芳. 2019. 城市土地集约利用评价及驱动因子分析. 西南大学学报 (自然科学版), 41 (5): 112-119.

赵敏宁, 周治稳, 曹玉香, 等. 2014. 陕西省城市土地集约利用评价及其区域差异研究. 水土保持研究, 21 (5): 210-215.

赵亚博, 臧鹏, 朱雪梅. 2019. 国内外城市更新研究的最新进展. 城市发展研究, 26 (10): 42-48.

赵燕菁. 2014. 土地财政: 历史、逻辑与抉择. 城市发展研究, 21: 1-13.

赵英时 2013. 遥感应用分析原理与方法 (第二版). 北京: 科学出版社.

郑文晖, 宋小冬. 2009. 全球化下经济空间结构演化趋势的解析. 城市规划学刊, (1): 81-89.

中华人民共和国建设部. 1999. 城市规划基本术语标准: GB/T 50280-98. 北京: 中国建筑工业出版社.

周鹏超, 张宏敏. 2019. 河南省城市人口增长与土地扩张协调性分析. 现代城市研究, (7): 110-117.

周小驰, 刘咏梅, 杨海娟, 等. 2017. 西安市城市边缘区空间识别与边界划分. 地球信息科学学报, 19: 1327-1335.

朱一中, 曹裕. 2011. 基于 PSR 模型的广东省城市土地集约利用空间差异分析. 经济地理, 31 (8): 1375-1380.

卓莉, 李强, 史培军, 等. 2006. 基于夜间灯光数据的中国城市用地扩展类型. 地理学报, 61 (2): 169-178.

宗会明, 杜瑜, 黄言. 2020. 中国西南地区—东南亚国家陆路交通可达性与城市空间联系格局. 经济地理, 40 (5): 90-98.

Asparouhov T, Muthén B. 2014. Multiple-group factor analysis alignment. Structural Equation Modeling: A Multi-disciplinary Journal, 21 (4): 495-508.

Atasoy B S. 2017. Testing the environmental Kuznets curve hypothesis across the U. S. : Evidence from panel mean group estimators. Renewable & Sustainable Energy Reviews, 77: 731-747.

Aubrecht C, Leon Torres J A. 2016. Evaluating Multi-Sensor Nighttime Earth Observation Data for Identification of Mixed vs. Residential Use in Urban Areas. Remote Sensing, 8 (2): 114.

Aubrecht C, Torres L, Antonio J. 2016. Evaluating multi-sensor nighttime earth observation data for identification of mixed vs. residential use in urban areas. Remote Sensing, 8 (2): 1-19.

Baer W C. 1997. General Plan Evaluation Criteria: An Approach to Making Better Plans. Journal of the American Planning Association, 63 (3): 329-344.

Bank T W. 2015. East Asia's changing urban landscape : measuring a decade of spatial growth. Washington Dc World Bank.

Boyce R R, Clark W A. 1964. The Concept of Shape in Geography. Geographical Review, 54 (4): 561-572.

Bro R, Smilde A K. 2014. Principal component analysis. Analytical Methods, 6 (9): 2812-2831.

Brown de Colstoun E C, Huang C, Wang P, et al. 2017. Global Man-made Impervious Surface (GMIS) Dataset From Landsat. NASA Socioeconomic Data and Applications Center (SEDAC); Palisades, NY.

Camagni R, Gibelli M C, Rigamonti P. 2002. Urban mobility and urban form: the social and environmental costs of different patterns of urban expansion. Ecological Economics, 40 (20): 199-216.

Carayannis E G, Grigoroudis E, Goletsis Y. 2016. A multilevel and multistage efficiency evaluation of innovation systems: A multiobjective DEA approach. Expert Systems with Applications, 62: 63-80.

Chen W, Lefei Z, Liangpei Z. 2016. A scene change detection framework for multi-temporal very high resolution remote sensing images. Signal Processing, 124: 184-197.

Chen Y, Peng G. 2013. Clustering based on eigenspace transformation-CBEST for efficient classification. Isprs Journal of Photogrammetry & Remote Sensing, 83: 64-80.

Chen Z Q, Yu B L, Zhou Y, et al. 2019. Mapping Global Urban Areas From 2000 to 2012 Using Time-Series Nighttime Light Data and MODIS Products. IEEE journal of selected topics in applied earth observations and remote sensing, 12 (4): 1143-1153.

Chenery H, et al. 1988. 发展的型式. 北京: 经济科学出版社.

Clark C. 1940. The conditions of economic progress. London: Macmillan and co, limited.

Cui X G, Fang C L, Wang Z B et al. 2019. Spatial relationship of high-speed transportation construction and land-use efficiency and its mechanism: Case study of Shandong Peninsula urban agglomeration. Journal of Geographical Sciences, 29 (4): 549-562.

Cui X, Fang C, Wang Z, et al. 2019. Spatial relationship of high-speed transportation construction and land-use efficiency and its mechanism: Case study of Shandong Peninsula urban agglomeration. Journal of geographical sciences, 29 (4): 549-562.

Dahl A. 2014. Agenda 21. Global Environmental Change, 527-531.

Deng H, Zhang K, Wang F, et al. 2021. Compact or disperse Evolution patterns and coupling of urban land expansion and population distribution evolution of major cities in China, 1998-2018. Habitat International, 108: 102324.

Doll C N H, Muller J P, Elvidge C D. 2000. Night-time imagery as a tool for global mapping of socioeconomic parameters and greenhouse gas emissions. AMBIO-A Journal of the Human Environment, 29 (3): 157-162.

Fang C L, Yu X H, Zhang X L, et al. 2020. Big data analysis on the spatial networks of urban agglomeration. Cities, (102): 102735.

Fang C, Yu X, Zhang X, et al. 2020. Big data analysis on the spatial networks of urban agglomeration. Cities, 102: 102735.

Fiala N. 2008. Measuring sustainability: Why the ecological footprint is bad economics and bad environmental science. Ecological Economics, 67 (4): 519-525.

Foody G M, Mathur A. 2006. The use of small training sets containing mixed pixels for accurate hard image classification: Training on mixed spectral responses for classification by a SVM. Remote Sensing of Environment, 103: 179-189.

Foody G M. 2004. Supervised image classification by MLP and RBF neural networks with and without an exhaustively defined set of classes. International Journal of Remote Sensing, 25: 3091-3104.

Fu W, Turner J C, Zhao J, et al. 2015. Ecological footprint (EF): An expanded role in calculating resource productivity (RP) using China and the G20 member countries as examples. Ecological Indicators, 48: 464-471.

Furby S L, Caccetta P A, Wu X. 2008. Continental Scale Land Cover Change Monitoring in Australia using Landsat Imagery. In, Earth Conference—Studying modeling and sense making of planet Earth (pp. 1-6).

Galli A, Wackernagel M, Iha K, et al. 2014. Ecological footprint: Implications for biodiversity. Biological Conservation, 173: 121-132.

Gao F, De Colstoun E B, Ma R H, et al. 2012. Mapping impervious surface expansion using medium-resolution satellite image time series: a case study in the Yangtze River Delta, China. International Journal of Remote Sensing, 33: 7609-7628.

Gong P, Li X, Wang J, et al. 2020. Annual maps of global artificial impervious area (GAIA) between 1985 and 2018. Remote Sensing of Environment , 236: 111510.

Gong P, Liu H, Zhang M, et al. 2019. Stable classification with limited sample: transferring a 30-m resolution sample set collected in 2015 to mapping 10-m resolution global land cover in 2017. Science Bulletin, 64: 370-373.

Gorochnaya V, Mikhaylov A. 2020. Spatial configuration of Rostov agglomeration in southwestern Russia-territorial, demographical and functional dynamics. Human Geographies, 14 (2): 301-320.

Guindon B, Zhang Y, Dillabaugh C. 2004. Landsat urban mapping based on a combined spectral-spatial methodology. Remote Sensing of Environment, 92: 218-232.

Gupta K, Roy A, Luthra K, et al. 2016. GIS based analysis for assessing the accessibility at hierarchical levels of urban green spaces. Urban Forestry & Urban Greening, 18: 198-211.

Guyot M, Araldi A, Fusco G, et al. 2021. The urban form of Brussels from the street perspective: The role of vegetation in the definition of the urban fabric. Landscape and Urban Planning, 205: 103947.

Haken H. 1981. 协同学导论. 西安: 西北大学科研处.

Hansen W G. 1959. How Accessibility Shapes Land Use. Journal of the American Planning Association, 25 (2): 73-76.

Hara M, Okada S, Yagi H, et al. 2010. Progress For Stable Artificial Lights Distribution Extrvction Accuracy And Estimation Of Electric Power Consumption By Means of Dmsp/Ols Nighttime Imagery. International Journal of Remote Sensing & Earth Sciences, 1: 31-42.

He X, Zhou W, Shen L. 2015. A Risk Evaluation Method for the Scientific Cognitive Value Deviation due to Irrational Factors. 2015 12th International Conference on Fuzzy Systems and Knowledge Discovery (FSKD): 489-495.

Herva M, Roca E. 2013. Ranking municipal solid waste treatment alternatives based on ecological footprint and multi-criteria analysis. Ecological Indicators, 25: 77-84.

Hu L, Sun T, Wang L. 2018. Evolving urban spatial structure and commuting patterns: A case study of Beijing, China. Transportation Research Part D-Transport and Environment, 59: 11-22.

Jat M K, Garg P K, Khare D. 2008. Monitoring and modelling of urban sprawl using remote sensing and GIS techniques. International Journal of Applied Earth Observation and Geoinformation, 10: 26-43.

Jin H, Stehman S V, Mountrakis G. 2014. Assessing the impact of training sample selection on accuracy of an urban classification: a case study in Denver, Colorado. International Journal of Remote Sensing, 35: 2067-2081.

Johansen K, Arroyo L A, Phinn S, et al. 2010. Comparison of Geo-Object Based and Pixel-Based Change Detection of Riparian Environments using High Spatial Resolution Multi-Spectral Imagery. Photogrammetric Engineering & Remote Sensing, 76: 123-136.

Kuang W, Zhang S, Li X, et al. 2021. A 30 m resolution dataset of China's urban impervious surface area and green space, 2000-2018. Earth System Science Data, 13: 63-82.

Kuznets S, 常勋. 1999. 各国的经济增长. 北京: 商务印书馆.

Laurian L, Day M, Berke P, et al. 2004. Evaluating Plan Implementation: A Conformance-Based Methodology. Journal of the American Planning Association, 70 (4): 471-480.

Lee C. 2020. Impacts of two-scale urban form and their combined effects on commute modes in U. S. metropolitan areas. Journal of Transport Geography, 88: 102821.

Leorey O M, Nariida C S. 1999. A framework for linking urban form and air quality. Environmental Modelling and Software, 14: 541-548.

Li C, Duan X. 2020. Exploration of Urban Interaction Features Based on the Cyber Information Flow of Migrant Concern: A Case Study of China's Main Urban Agglomerations. International journal of environmental research and public health, 17 (12): 4235.

Li Y, Liu X. 2018. How did urban polycentricity and dispersion affect economic productivity? A case study of 306 Chinese cities. Landscape and Urban Planning, 173: 51-59.

Lin Y, Zhang H, Lin H, et al. 2020. Incorporating synthetic aperture radar and optical images to investigate the annual dynamics of anthropogenic impervious surface at large scale. Remote Sensing of Environment, 242: 111757.

Liu F, Zhang Z, Zhao X, et al. 2019. Chinese cropland losses due to urban expansion in the past four decades. Science of the Total Environment, 650: 847-857.

Liu H, Gong P, Wang J, et al. 2020. Annual dynamics of global land cover and its long-term changes from 1982 to 2015. Earth System Science Data, 12: 1217-1243.

Liu X, Hu G, Chen Y, et al. 2018. High-resolution multi-temporal mapping of global urban land using Landsat images based on the Google Earth Engine Platform. Remote Sensing of Environment, 209: 227-239.

Liu X, Li X, Zhang X. 2010. Determining Class Proportions Within a Pixel Using a New Mixed-Label Analysis Method. Ieee Transactions on Geoscience And Remote Sensing, 48: 1882-1891.

Liu X, Hu G, Ai B, et al. 2015a. A normalized urban areas composite index (NUACI) based on combination of DMSP-OLS and MODIS for mapping impervious surface area. Remote Sensing, 7 (12): 17168-17189.

Liu X, Li Z, Liao C, et al. 2015b. The development of ecological impact assessment in China. Environment International, 85: 46-53.

Ma T, Zhou C, Pei T, et al. 2012. Quantitative estimation of urbanization dynamics using time series of DMSP/

OLS nighttime light data: A comparative case study from China's cities. Remote Sensing of Environment, 124: 99-107.

Marc W, Massimiliano P. 2014. Performance evaluation of machine learning algorithms for urban pattern recognition from multi-spectral satellite images. Remote Sensing, 6 (4): 2912-2939.

Marquez L O, Smith N C. 1999. A framework for linking urban form and air quality. Environmental Modelling & Software, 14: 541-548.

Martino P, Daniele E, Stefano F, et al. 2016. Operating procedure for the production of the Global Human Settlement Layer from Landsat data of the epochs 1975, 1990, 2000, and 2014. Publications Office of the European Union, 1-62.

Meixia M, Yang Y, Yuping S. 2021. Did highways cause the urban polycentric spatial structure in the Shanghai metropolitan area? Journal of Transport Geography, 92: 103022.

Mertes C M, Schneider A, Sulla-Menashe D, et al. 2015. Detecting change in urban areas at continental scales with MODIS data. Remote Sensing of Environment, 158: 331-347.

Mo Z, Liu Y, Jing W, et al. 2018. Index system of urban resource and environment carrying capacity based on ecological civilization. Environmental Impact Assessment Review, 68: 90-97.

Mori K, Christodoulou A. 2012. Review of sustainability indices and indicators: Towards a new City Sustainability Index (CSI). Environmental Impact Assessment Review, 32 (1): 94-106.

Mori K, Yamashita T. 2015. Methodological framework of sustainability assessment in City Sustainability Index (CSI): A concept of constraint and maximisation indicators. Habitat International, 45: 10-14.

Morris J M, Dumble P L, Wigan M R. 1979. Accessibility indicators for transport planning. Transportation Research Part A: General, 13 (2): 91-109.

Mukherjee N, Huge J, Sutherland W J, et al. 2015. The Delphi technique in ecology and biological conservation: applications and guidelines. Methods in Ecology and Evolution, 6 (9): 1097-1109.

Pan H, Cong C, Zhang X, et al. 2020. How do high-speed rail projects affect the agglomeration in cities and regions? Transportation Research. Part D, Transport and Environment, 88: 102561.

Pan H, Deal B, Chen Y, et al. 2018. A Reassessment of urban structure and land-use patterns: distance to CBD or network-based? -Evidence from Chicago. Regional Science and Urban Economics, 70: 215-228.

Picazo-Tadeo A J, Beltrán-Esteve M, Gómez-Limón J A. 2012. Assessing eco-efficiency with directional distance functions. European Journal of Operational Research, 220 (3): 798-809.

Ratti C, Frenchman D, Pulselli R M, et al. 2006. Mobile Landscapes: Using Location Data from Cell Phones for Urban Analysis. Environment and Planning B: Planning and Design, 33 (5): 727-748.

Rapoport A. 1978. The changing shape of metropolitan America (Commuting patterns, urban fields and decentralization processes): Brian J. L. Berry and Quentin Gillard. Ballinger Publishing Co, Cambridge, Mass. Urban Ecology, 3 (2): 206-207.

Romesburg H C. 2004. Cluster Analysis for Researches. North Carotina: Lulu Press.

Saaty T L, Vargas L G. 2012. Models, methods, concepts & applications of the analytic hierarchy process. Netherland: Kluwer Academic Publisher.

Schneider A, Friedl M A, Potere D. 2010. Mapping global urban areas using MODIS 500-m data: New methods and datasets based on 'urban ecoregions'. Remote Sensing of Environment, 114: 1733-1746.

Shao Y, Lunetta R S. 2012. Comparison of support vector machine, neural network, and CART algorithms for the land-cover classification using limited training data points. ISPRS Journal of Photogrammetry and Remote Sensing, 70: 78-87.

Shao Y, Lunetta R S. 2012. Comparison of support vector machine, neural network, and CART algorithms for the land-cover classification using limited training data points. ISPRS Journal of Photogrammetry and Remote Sensing, 70: 78-87.

Shi K, Huang C, Yu B, et al. 2014. Evaluation of NPP-VIIRS night-time light composite data for extracting built-up urban areas. Remote Sensing Letters, 5: 358-366.

Shi Y, Qi Z, Liu X, et al. 2019. Urban Land Use and Land Cover Classification Using Multisource Remote Sensing Images and Social Media Data. Remote Sensing, 11 (22): 2719.

Smith A. 2002. Readings in Economic Sociology. New Jersey: Blackwell Publishing.

Son N T, Chen C F, Chen C R, et al. 2012. Urban growth mapping from Landsat data using linearmixture model in Ho Chi Minh City, Vietnam. Journal of Applied Remote Sensing, 6: 1-14.

Soteriou A C, Stavrinides Y. 2020. An internal customer service quality data envelopment analysis model for bank branches. International Journal of Bank Marketing, 18 (5): 246-252.

Sun Z, Wang C, Guo H, et al. 2017. A Modified Normalized Difference Impervious Surface Index (MNDISI) for Automatic Urban Mapping from Landsat Imagery. Remote Sensing, 9 (9): 942.

Teng J, Wu X. 2014. Eco-footprint-based life-cycle eco-efficiency assessment of building projects. Ecological Indicators, 39: 160-168.

Tong H L, Shi P J, Luo J, et al. 2020. The Structure and Pattern of Urban Network in the Lanzhou-Xining Urban Agglomeration. Chinese Geographical Science, 30 (1): 59-74.

Tong L, Hu S, Frazier A E, et al. 2017. Multi-order urban development model and sprawl patterns: An analysis in China, 2000 - 2010. Landscape and Urban Planning, 167: 386-398.

Tremblay J, Robert D, Varela D E, et al. 2012. Current state and trends in Canadian Arctic marine ecosystems: I. Primary production. Climatic Change, 115 (1): 161-178.

Tu W, Hu Z, Li L, et al. 2018. Portraying Urban Functional Zones by Coupling Remote Sensing Imagery and Human Sensing Data. Remote Sensing, 10 (1): 141.

Uchiyama K. 2017. Environmental Kuznets Curve Hypothesis. Springerbriefs in Economics Tokyo: Springer.

Uchiyama Y, Mori K. 2017. Methods for specifying spatial boundaries of cities in the world: The impacts of delineation methods on city sustainability indices. Science of the Total Environment, 592: 345-356.

Ullah A, Perret S R, Gheewala S H, et al. 2016. Eco-efficiency of cotton-cropping systems in Pakistan: an integrated approach of life cycle assessment and data envelopment analysis. Journal of Cleaner Production, 134: 623-632.

Wan B, Guo Q, Fang F, et al. 2015. Mapping US Urban Extents from MODIS Data Using One-Class Classification Method. Remote Sensing, 7: 10143-10163.

Wang H, Ning X, Zhang H, et al. 2018. Urban Boundary Extraction and Urban Sprawl Measurement Using High-Resolution Remote Sensing Images: A Case Study of China's Provincial Capital. International Archives of the Photogrammetry, Remote Sensing & Spatial Information Sciences, 42 (3).

Wang L, Li C, Ying Q, et al. 2012. China's urban expansion from 1990 to 2010 determined with satellite remote sensing. Chinese Science Bulletin, 57: 2802-2812.

Wieland M, Pittore M. 2014. Performance Evaluation of Machine Learning Algorithms for Urban Pattern Recognition from Multi-spectral Satellite Images. Remote Sensing, 6: 2912-2939.

Wu Y, Shi K F, Chen Z, et al. 2021. Developing improved time-series DMSP-OLS-like data (1992-2019) in China by integrating DMSP-OLS and SNPP-VIIRS. IEEE Transactions on Geoscience and Remote Sensing, 60.

Yang C, Wu G, Ding K, et al. 2017. Improving Land Use/Land Cover Classification by Integrating Pixel

Unmixing and Decision Tree Methods. Remote Sensing, 9 (12): 1222.

Yao Y, Li X, Liu X, et al. 2017. Sensing spatial distribution of urban land use by integrating points-of-interest and Google Word2Vec model. International Journal of Geographical Information Science, 31: 825-848.

Yu Y, Han Q, Tang W, et al. 2018. Exploration of the Industrial Spatial Linkages in Urban Agglomerations: A Case of Urban Agglomeration in the Middle Reaches of the Yangtze River, China. Sustainability (Basel, Switzerland), 10 (5): 1469.

Yuan G, Chen Y, Sun L, et al. 2020. Recognition of Functional Areas Based on Call Detail Records and Point of Interest Data. Journal of Advanced Transportation, 1-16.

Zhang L P, Chen L F, et al. 2016. A scene change detection framework for multi-temporal very high resolution remote sensing images. Signal Processing: The Official Publication of the European Association for Signal Processing (EURASIP), 124: 184-197.

Zhang X, Liu L, Zhao T, et al. 2021. GISD30: global 30-m impervious surface dynamic dataset from 1985 to 2020 using time-series Landsat imagery on the Google Earth Engine platform. Earth Syst. Sci. Data, 14: 1831-1856.

Zhang X, Sun Y, Zheng A, et al. 2020. A New Approach to Refining Land Use Types: Predicting Point-of-Interest Categories Using Weibo Check-in Data. ISPRS International Journal of Geo-Information, 9 (2): 124.

Zhao M, Cheng C X, Zhou Y, et al. 2022. A global dataset of annual urban extents from harmonized nighttime lights. Earth System Science Data, 14 (2): 517-534.

Zhao W, Du S. 2016. Scene classification using multi-scale deeply described visual words. International Journal of Remote Sensing, 37 (17-18): 4119-4131.

Zhao Y B, Zhang G, Zhao H W, et al. 2021. Spatial Network Structures of Urban Agglomeration Based on the Improved Gravity Model: A Case Study in China's Two Urban Agglomerations. Complexity, Article ID 6651444, 17 pages.

Zheng H, Cao X. 2021. Impact of high-speed railway construction on spatial relationships in the Guanzhong Plain urban agglomeration. Regional Sustainability, 2 (1): 47-59.

Zhou J, Shen L, Song X, et al. 2015. Selection and modeling sustainable urbanization indicators: A responsibility-based method. Ecological Indicators, 56: 87-95.

Zhu X, Wang Q, Zhang P, et al. 2021. Optimizing the spatial structure of urban agglomeration: based on social network analysis. Quality & Quantity: International Journal of Methodology, 55 (2): 683-705.

Zhu Z, Gallant A L, Woodcock C E, et al. 2016. Optimizing selection of training and auxiliary data for operational land cover classification for the LCMAP initiative. ISPRS Journal of Photogrammetry and Remote Sensing, 122: 206-221.

Zhu Z, Zhou Y, Seto K C, et al. 2019. Understanding an urbanizing planet: Strategic directions for remote sensing. Remote Sensing of Environment, 228: 164-182.

附表 全国地级以上城市名录

序号	省级行政区划	城市名称	监测时相	城市规模等级	是否现行国审城市	是否重点城市
1	北京市	北京市	2000、2005、2010、2015、2017、2018、2019	超大	是	是
2	天津市	天津市	2000、2005、2010、2015、2017、2018、2019	特大	是	是
3	河北省	石家庄市	2000、2005、2010、2015、2017、2018、2019	大	是	是
4		唐山市	2000、2005、2010、2015、2017、2018、2019	大	是	否
5		秦皇岛市	2000、2005、2010、2015、2017、2018、2019	大	是	否
6		邯郸市	2000、2005、2010、2015、2017、2018、2019	大	是	否
7		邢台市	2000、2005、2010、2015、2017、2018、2019	中等	否	否
8		保定市	2000、2005、2010、2015、2017、2018、2019	大	是	否
9		张家口市	2000、2005、2010、2015、2017、2018、2019	中等	是	否
10		承德市	2000、2005、2010、2015、2017、2018、2019	中等	否	否
11		沧州市	2000、2005、2010、2015、2017、2018、2019	中等	否	否
12		廊坊市	2000、2005、2010、2015、2017、2018、2019	中等	否	否
13		衡水市	2000、2005、2010、2015、2017、2018、2019	小	否	否
14	山西省	太原市	2000、2005、2010、2015、2017、2018	大	是	是
15		大同市	2000、2005、2010、2015、2017、2018	大	是	否
16		阳泉市	2000、2005、2010、2015、2017	中等	否	否

续表

序号	省级行政区划	城市名称	监测时相	城市规模等级	是否现行国审城市	是否重点城市
17	山西省	长治市	2000、2005、2010、2015、2017	中等	否	否
18		晋城市	2000、2005、2010、2015、2017	小	否	否
19		朔州市	2000、2005、2010、2015、2017	小	否	否
20		晋中市	2000、2005、2010、2015、2017	小	否	否
21		运城市	2000、2005、2010、2015、2017	小	否	否
22		忻州市	2000、2005、2010、2015、2017	小	否	否
23		临汾市	2000、2005、2010、2015、2017	中等	否	否
24		吕梁市	2000、2005、2010、2015、2017	小	否	否
25	内蒙古自治区	呼和浩特市	2000、2005、2010、2015、2017、2018	大	是	是
26		包头市	2000、2005、2010、2015、2017、2018	大	是	是
27		乌海市	2000、2005、2010、2015、2017	中等	否	否
28		赤峰市	2000、2005、2010、2015、2017	中等	否	否
29		通辽市	2000、2005、2010、2015、2017	小	否	否
30		鄂尔多斯市	2000、2005、2010、2015、2017	中等	否	否
31		呼伦贝尔市	2000、2005、2010、2015、2017	小	否	否
32		巴彦淖尔市	2000、2005、2010、2015、2017	小	否	否
33		乌兰察布市	2000、2005、2010、2015、2017	小	否	否
34		兴安盟	2000、2005、2010、2015、2017	小	否	否
35		锡林郭勒盟	2000、2005、2010、2015、2017	小	否	否
36		阿拉善盟	2000、2005、2010、2015、2017	小	否	否
37	辽宁省	沈阳市	2000、2005、2010、2015、2017、2018	特大	是	是
38		大连市	2000、2005、2010、2015、2017、2018	大	是	是
39		鞍山市	2000、2005、2010、2015、2017、2018	大	是	否
40		抚顺市	2000、2005、2010、2015、2017、2018	大	是	否
41		本溪市	2000、2005、2010、2015、2017、2018	中等	是	否
42		丹东市	2000、2005、2010、2015、2017、2018	中等	是	否
43		锦州市	2000、2005、2010、2015、2017、2018	中等	是	否
44		营口市	2000、2005、2010、2015、2017	中等	否	否
45		阜新市	2000、2005、2010、2015、2017、2018	中等	是	否
46		辽阳市	2000、2005、2010、2015、2017、2018	中等	是	否
47		盘锦市	2000、2005、2010、2015、2017、2018	中等	是	否
48		铁岭市	2000、2005、2010、2015、2017	小	否	否
49		朝阳市	2000、2005、2010、2015、2017	中等	否	否
50		葫芦岛市	2000、2005、2010、2015、2017	中等	否	否

序号	省级行政区划	城市名称	监测时相	城市规模等级	是否现行国审城市	是否重点城市
51	吉林省	长春市	2000、2005、2010、2015、2017、2018	大	是	是
52		吉林市	2000、2005、2010、2015、2017、2018	大	是	否
53		四平市	2000、2005、2010、2015、2017	中等	否	否
54		辽源市	2000、2005、2010、2015、2017	小	否	否
55		通化市	2000、2005、2010、2015、2017	小	否	否
56		白山市	2000、2005、2010、2015、2017	小	否	否
57		松原市	2000、2005、2010、2015、2017	小	否	否
58		白城市	2000、2005、2010、2015、2017	小	否	否
59		延边朝鲜族自治州	2000、2005、2010、2015、2017	小	否	否
60	黑龙江省	哈尔滨市	2000、2005、2010、2015、2017、2018	大	是	是
61		齐齐哈尔市	2000、2005、2010、2015、2017、2018	大	是	否
62		鸡西市	2000、2005、2010、2015、2017、2018	中等	是	否
63		鹤岗市	2000、2005、2010、2015、2017、2018	中等	是	否
64		双鸭山市	2000、2005、2010、2015、2017	小	否	否
65		大庆市	2000、2005、2010、2015、2017、2018	大	是	否
66		伊春市	2000、2005、2010、2015、2017、2018	中等	是	否
67		佳木斯市	2000、2005、2010、2015、2017、2018	中等	是	否
68		七台河市	2000、2005、2010、2015、2017	小	否	否
69		牡丹江市	2000、2005、2010、2015、2017、2018	中等	是	否
70		黑河市	2000、2005、2010、2015、2017	小	否	否
71		绥化市	2000、2005、2010、2015、2017	小	否	否
72		大兴安岭地区	2000、2005、2010、2015、2017	小	否	否
73	上海市	上海市	2000、2005、2010、2015、2017、2018	超大	是	是
74	江苏省	南京市	2000、2005、2010、2015、2017、2018	特大	是	是
75		无锡市	2000、2005、2010、2015、2017、2018	大	是	否
76		徐州市	2000、2005、2010、2015、2017、2018	大	是	否
77		常州市	2000、2005、2010、2015、2017、2018	大	是	否
78		苏州市	2000、2005、2010、2015、2017、2018	大	是	否
79		南通市	2000、2005、2010、2015、2017、2018	大	是	否
80		连云港市	2000、2005、2010、2015、2017	大	否	否
81		淮安市	2000、2005、2010、2015、2017	大	否	否
82		盐城市	2000、2005、2010、2015、2017	大	否	否
83		扬州市	2000、2005、2010、2015、2017、2018	大	是	否
84		镇江市	2000、2005、2010、2015、2017、2018	中等	是	否
85		泰州市	2000、2005、2010、2015、2017、2018	中等	是	否
86		宿迁市	2000、2005、2010、2015、2017	中等	否	否

序号	省级行政区划	城市名称	监测时相	城市规模等级	是否现行国审城市	是否重点城市
87	浙江省	杭州市	2000、2005、2010、2015、2017、2018	特大	是	是
88		宁波市	2000、2005、2010、2015、2017、2018	大	是	是
89		温州市	2000、2005、2010、2015、2017、2018	大	是	否
90		嘉兴市	2000、2005、2010、2015、2017、2018	中等	是	否
91		湖州市	2000、2005、2010、2015、2017	中等	否	否
92		绍兴市	2000、2005、2010、2015、2017、2018	大	是	否
93		金华市	2000、2005、2010、2015、2017	中等	否	否
94		衢州市	2000、2005、2010、2015、2017	小	否	否
95		舟山市	2000、2005、2010、2015、2017	中等	否	否
96		台州市	2000、2005、2010、2015、2017、2018	大	是	否
97		丽水市	2000、2005、2010、2015、2017	小	否	否
98	安徽省	合肥市	2000、2005、2010、2015、2017、2018	大	是	是
99		芜湖市	2000、2005、2010、2015、2017	大	否	否
100		蚌埠市	2000、2005、2010、2015、2017	中等	否	否
101		淮南市	2000、2005、2010、2015、2017、2018	大	是	否
102		马鞍山市	2000、2005、2010、2015、2017、2018	中等	是	否
103		淮北市	2000、2005、2010、2015、2017、2018	中等	是	否
104		铜陵市	2000、2005、2010、2015、2017	小	否	否
105		安庆市	2000、2005、2010、2015、2017	中等	否	否
106		黄山市	2000、2005、2010、2015、2017	小	否	否
107		滁州市	2000、2005、2010、2015、2017	小	否	否
108		阜阳市	2000、2005、2010、2015、2017	中等	否	否
109		宿州市	2000、2005、2010、2015、2017	中等	否	否
110		六安市	2000、2005、2010、2015、2017	中等	否	否
111		亳州市	2000、2005、2010、2015、2017	小	否	否
112		池州市	2000、2005、2010、2015、2017	小	否	否
113		宣城市	2000、2005、2010、2015、2017	小	否	否
114	福建省	福州市	2000、2005、2010、2015、2017、2018	大	是	是
115		厦门市	2000、2005、2010、2015、2017、2018	大	是	是
116		莆田市	2000、2005、2010、2015、2017	中等	否	否
117		三明市	2000、2005、2010、2015、2017	小	否	否
118		泉州市	2000、2005、2010、2015、2017	大	否	否
119		漳州市	2000、2005、2010、2015、2017	中等	否	否
120		南平市	2000、2005、2010、2015、2017	小	否	否
121		龙岩市	2000、2005、2010、2015、2017	小	否	否
122		宁德市	2000、2005、2010、2015、2017	小	否	否

序号	省级行政区划	城市名称	监测时相	城市规模等级	是否现行国审城市	是否重点城市
123	江西省	南昌市	2000、2005、2010、2015、2017、2018	大	是	是
124		景德镇市	2000、2005、2010、2015、2017	中等	否	否
125		萍乡市	2000、2005、2010、2015、2017	小	否	否
126		九江市	2000、2005、2010、2015、2017	中等	否	否
127		新余市	2000、2005、2010、2015、2017	小	否	否
128		鹰潭市	2000、2005、2010、2015、2017	小	否	否
129		赣州市	2000、2005、2010、2015、2017	大	否	否
130		吉安市	2000、2005、2010、2015、2017	小	否	否
131		宜春市	2000、2005、2010、2015、2017	中等	否	否
132		抚州市	2000、2005、2010、2015、2017	中等	否	否
133		上饶市	2000、2005、2010、2015、2017	中等	否	否
134	山东省	济南市	2000、2005、2010、2015、2017、2018	大	是	是
135		青岛市	2000、2005、2010、2015、2017、2018	大	是	是
136		淄博市	2000、2005、2010、2015、2017、2018	大	是	否
137		枣庄市	2000、2005、2010、2015、2017、2018	中等	是	否
138		东营市	2000、2005、2010、2015、2017、2018	中等	是	否
139		烟台市	2000、2005、2010、2015、2017、2018	大	是	否
140		潍坊市	2000、2005、2010、2015、2017、2018	大	是	否
141		济宁市	2000、2005、2010、2015、2017	大	否	否
142		泰安市	2000、2005、2010、2015、2017、2018	中等	是	否
143		威海市	2000、2005、2010、2015、2017、2018	中等	是	否
144		日照市	2000、2005、2010、2015、2017	中等	否	否
145		莱芜市	2000、2005、2010、2015、2017	中等	否	否
146		临沂市	2000、2005、2010、2015、2017、2018	大	是	否
147		德州市	2000、2005、2010、2015、2017、2018	中等	是	否
148		聊城市	2000、2005、2010、2015、2017	中等	否	否
149		滨州市	2000、2005、2010、2015、2017	中等	否	否
150		菏泽市	2000、2005、2010、2015、2017	中等	否	否
151	河南省	郑州市	2000、2005、2010、2015、2017、2018	特大	是	是
152		开封市	2000、2005、2010、2015、2017、2018	大	是	否
153		洛阳市	2000、2005、2010、2015、2017、2018	大	是	否
154		平顶山市	2000、2005、2010、2015、2017、2018	中等	是	否
155		安阳市	2000、2005、2010、2015、2017、2018	中等	是	否
156		鹤壁市	2000、2005、2010、2015、2017	小	否	否

序号	省级行政区划	城市名称	监测时相	城市规模等级	是否现行国审城市	是否重点城市
157	河南省	新乡市	2000、2005、2010、2015、2017、2018	中等	是	否
158		焦作市	2000、2005、2010、2015、2017、2018	中等	是	否
159		濮阳市	2000、2005、2010、2015、2017	中等	否	否
160		许昌市	2000、2005、2010、2015、2017	中等	否	否
161		漯河市	2000、2005、2010、2015、2017	中等	否	否
162		三门峡市	2000、2005、2010、2015、2017	中等	否	否
163		南阳市	2000、2005、2010、2015、2017、2018	大	是	否
164		商丘市	2000、2005、2010、2015、2017	中等	否	否
165		信阳市	2000、2005、2010、2015、2017	中等	否	否
166		周口市	2000、2005、2010、2015、2017	小	否	否
167		驻马店市	2000、2005、2010、2015、2017	小	否	否
168	湖北省	武汉市	2000、2005、2010、2015、2017、2018	特大	是	是
169		黄石市	2000、2005、2010、2015、2017、2018	中等	是	否
170		十堰市	2000、2005、2010、2015、2017	中等	否	否
171		宜昌市	2000、2005、2010、2015、2017	中等	否	否
172		襄阳市	2000、2005、2010、2015、2017、2018	大	是	否
173		鄂州市	2000、2005、2010、2015、2017	小	否	否
174		荆门市	2000、2005、2010、2015、2017	小	否	否
175		孝感市	2000、2005、2010、2015、2017	中等	否	否
176		荆州市	2000、2005、2010、2015、2017、2018	中等	是	否
177		黄冈市	2000、2005、2010、2015、2017	小	否	否
178		咸宁市	2000、2005、2010、2015、2017	小	否	否
179		随州市	2000、2005、2010、2015、2017	小	否	否
180		恩施土家族苗族自治州	2000、2005、2010、2015、2017	小	否	否
181	湖南省	长沙市	2000、2005、2010、2015、2017、2018	大	是	是
182		株洲市	2000、2005、2010、2015、2017、2018	大	是	否
183		湘潭市	2000、2005、2010、2015、2017、2018	中等	是	否
184		衡阳市	2000、2005、2010、2015、2017、2018	大	是	否
185		邵阳市	2000、2005、2010、2015、2017	中等	否	否
186		岳阳市	2000、2005、2010、2015、2017	中等	否	否
187		常德市	2000、2005、2010、2015、2017	中等	否	否
188		张家界市	2000、2005、2010、2015、2017	小	否	否
189		益阳市	2000、2005、2010、2015、2017	中等	否	否

序号	省级行政区划	城市名称	监测时相	城市规模等级	是否现行国审城市	是否重点城市
190	湖南省	郴州市	2000、2005、2010、2015、2017	中等	否	否
191		永州市	2000、2005、2010、2015、2017	中等	否	否
192		怀化市	2000、2005、2010、2015、2017	中等	否	否
193		娄底市	2000、2005、2010、2015、2017	小	否	否
194		湘西土家族苗族自治州	2000、2005、2010、2015、2017	小	否	否
195	广东省	广州市	2000、2005、2010、2015、2017、2018	超大	是	是
196		韶关市	2000、2005、2010、2015、2017	中等	否	否
197		深圳市	2000、2005、2010、2015、2017、2018	超大	是	是
198		珠海市	2000、2005、2010、2015、2017、2018	大	是	否
199		汕头市	2000、2005、2010、2015、2017、2018	大	是	否
200		佛山市	2000、2005、2010、2015、2017、2018	大	是	否
201		江门市	2000、2005、2010、2015、2017、2018	大	是	否
202		湛江市	2000、2005、2010、2015、2017、2018	中等	是	否
203		茂名市	2000、2005、2010、2015、2017	中等	否	否
204		肇庆市	2000、2005、2010、2015、2017	中等	否	否
205		惠州市	2000、2005、2010、2015、2017、2018	大	是	否
206		梅州市	2000、2005、2010、2015、2017	小	否	否
207		汕尾市	2000、2005、2010、2015、2017	小	否	否
208		河源市	2000、2005、2010、2015、2017	小	否	否
209		阳江市	2000、2005、2010、2015、2017	小	否	否
210		清远市	2000、2005、2010、2015、2017	中等	否	否
211		东莞市	2000、2005、2010、2015、2017、2018	特大	是	否
212		中山市	2000、2005、2010、2015、2017、2018	中等	是	否
213		潮州市	2000、2005、2010、2015、2017	中等	否	否
214		揭阳市	2000、2005、2010、2015、2017	中等	否	否
215		云浮市	2000、2005、2010、2015、2017	小	否	否
216	广西壮族自治区	南宁市	2000、2005、2010、2015、2017、2018	大	是	是
217		柳州市	2000、2005、2010、2015、2017、2018	大	是	否
218		桂林市	2000、2005、2010、2015、2017、2018	中等	是	否
219		梧州市	2000、2005、2010、2015、2017	中等	否	否
220		北海市	2000、2005、2010、2015、2017	小	否	否
221		防城港市	2000、2005、2010、2015、2017	小	否	否
222		钦州市	2000、2005、2010、2015、2017	小	否	否

序号	省级行政区划	城市名称	监测时相	城市规模等级	是否现行国审城市	是否重点城市
223	广西壮族自治区	贵港市	2000、2005、2010、2015、2017	小	否	否
224		玉林市	2000、2005、2010、2015、2017	中等	否	否
225		百色市	2000、2005、2010、2015、2017	小	否	否
226		贺州市	2000、2005、2010、2015、2017	小	否	否
227		河池市	2000、2005、2010、2015、2017	小	否	否
228		来宾市	2000、2005、2010、2015、2017	小	否	否
229		崇左市	2000、2005、2010、2015、2017	小	否	否
230	海南省	海口市	2000、2005、2010、2015、2017、2018	大	是	是
231		三亚市	2000、2005、2010、2015、2017	小	否	否
232		三沙市	2000、2005、2010、2015、2017、2018	小	是	否
233		儋州市	2000、2005、2010、2015、2017	小	否	否
234	重庆市	重庆市	2000、2005、2010、2015、2017、2018	超大	是	是
235	四川省	成都市	2000、2005、2010、2015、2017、2018	特大	是	是
236		自贡市	2000、2005、2010、2015、2017	大	否	否
237		攀枝花市	2000、2005、2010、2015、2017	中等	否	否
238		泸州市	2000、2005、2010、2015、2017	大	否	否
239		德阳市	2000、2005、2010、2015、2017	中等	否	否
240		绵阳市	2000、2005、2010、2015、2017	大	否	否
241		广元市	2000、2005、2010、2015、2017	小	否	否
242		遂宁市	2000、2005、2010、2015、2017	中等	否	否
243		内江市	2000、2005、2010、2015、2017	中等	否	否
244		乐山市	2000、2005、2010、2015、2017	中等	否	否
245		南充市	2000、2005、2010、2015、2017	大	否	否
246		眉山市	2000、2005、2010、2015、2017	中等	否	否
247		宜宾市	2000、2005、2010、2015、2017	中等	否	否
248		广安市	2000、2005、2010、2015、2017	小	否	否
249		达州市	2000、2005、2010、2015、2017	中等	否	否
250		雅安市	2000、2005、2010、2015、2017	小	否	否
251		巴中市	2000、2005、2010、2015、2017	小	否	否
252		资阳市	2000、2005、2010、2015、2017	小	否	否
253		阿坝藏族羌族自治州	2000、2005、2010、2015、2017	小	否	否
254		甘孜藏族自治州	2000、2005、2010、2015、2017	小	否	否
255		凉山彝族自治州	2000、2005、2010、2015、2017	小	否	否

序号	省级行政区划	城市名称	监测时相	城市规模等级	是否现行国审城市	是否重点城市
256	贵州省	贵阳市	2000、2005、2010、2015、2017、2018	大	是	是
257		六盘水市	2000、2005、2010、2015、2017	小	否	否
258		遵义市	2000、2005、2010、2015、2017	中等	否	否
259		安顺市	2000、2005、2010、2015、2017	小	否	否
260		毕节市	2000、2005、2010、2015、2017	小	否	否
261		铜仁市	2000、2005、2010、2015、2017	小	否	否
262		黔西南布衣族苗族自治州	2000、2005、2010、2015、2017	小	否	否
263		黔东南苗族侗族自治州	2000、2005、2010、2015、2017	小	否	否
264		黔南布衣族苗族自治州	2000、2005、2010、2015、2017	小	否	否
265	云南省	昆明市	2000、2005、2010、2015、2017、2018	大	是	是
266		曲靖市	2000、2005、2010、2015、2017	中等	否	否
267		玉溪市	2000、2005、2010、2015、2017	小	否	否
268		保山市	2000、2005、2010、2015、2017	小	否	否
269		昭通市	2000、2005、2010、2015、2017	小	否	否
270		丽江市	2000、2005、2010、2015、2017	小	否	否
271		普洱市	2000、2005、2010、2015、2017	小	否	否
272		临沧市	2000、2005、2010、2015、2017	小	否	否
273		楚雄彝族自治州	2000、2005、2010、2015、2017	小	否	否
274		红河哈尼族彝族自治州	2000、2005、2010、2015、2017	小	否	否
275		文山壮族苗族自治州	2000、2005、2010、2015、2017	小	否	否
276		西双版纳傣族自治州	2000、2005、2010、2015、2017	小	否	否
277		大理白族自治州	2000、2005、2010、2015、2017	小	否	否
278		德宏傣族景颇族自治州	2000、2005、2010、2015、2017	小	否	否
279		怒江傈僳族自治州	2000、2005、2010、2015、2017	小	否	否
280		迪庆藏族自治州	2000、2005、2010、2015、2017	小	否	否

续表

序号	省级行政区划	城市名称	监测时相	城市规模等级	是否现行国审城市	是否重点城市
281	西藏自治区	拉萨市	2000、2005、2010、2015、2017、2018	小	是	是
282		日喀则市	2000、2005、2010、2015、2017	小	否	否
283		昌都市	2000、2005、2010、2015、2017	小	否	否
284		山南地区	2000、2005、2010、2015、2017	小	否	否
285		那曲地区	2000、2005、2010、2015、2017	小	否	否
286		阿里地区	2000、2005、2010、2015、2017	小	否	否
287		林芝地区	2000、2005、2010、2015、2017	小	否	否
288	陕西省	西安市	2000、2005、2010、2015、2017、2018	大	是	是
289		铜川市	2000、2005、2010、2015、2017	小	否	否
290		宝鸡市	2000、2005、2010、2015、2017	中等	否	否
291		咸阳市	2000、2005、2010、2015、2017	大	否	否
292		渭南市	2000、2005、2010、2015、2017	中等	否	否
293		延安市	2000、2005、2010、2015、2017	小	否	否
294		汉中市	2000、2005、2010、2015、2017	小	否	否
295		榆林市	2000、2005、2010、2015、2017	小	否	否
296		安康市	2000、2005、2010、2015、2017	小	否	否
297		商洛市	2000、2005、2010、2015、2017	小	否	否
298	甘肃省	兰州市	2000、2005、2010、2015、2017、2018	大	是	是
299		嘉峪关市	2000、2005、2010、2015、2017	小	否	否
300		金昌市	2000、2005、2010、2015、2017	小	否	否
301		白银市	2000、2005、2010、2015、2017	小	否	否
302		天水市	2000、2005、2010、2015、2017	中等	否	否
303		武威市	2000、2005、2010、2015、2017	小	否	否
304		张掖市	2000、2005、2010、2015、2017	小	否	否
305		平凉市	2000、2005、2010、2015、2017	小	否	否
306		酒泉市	2000、2005、2010、2015、2017	小	否	否
307		庆阳市	2000、2005、2010、2015、2017	小	否	否
308		定西市	2000、2005、2010、2015、2017	小	否	否
309		陇南市	2000、2005、2010、2015、2017	小	否	否
310		临夏回族自治州	2000、2005、2010、2015、2017	小	否	否
311		甘南藏族自治州	2000、2005、2010、2015、2017	小	否	否

序号	省级行政区划	城市名称	监测时相	城市规模等级	是否现行国审城市	是否重点城市
312	青海省	西宁市	2000、2005、2010、2015、2017、2018	大	是	是
313		海东市	2000、2005、2010、2015、2017	小	否	否
314		海北藏族自治州	2000、2005、2010、2015、2017	小	否	否
315		黄南藏族自治州	2000、2005、2010、2015、2017	小	否	否
316		海南藏族自治州	2000、2005、2010、2015、2017	小	否	否
317		果洛藏族自治州	2000、2005、2010、2015、2017	小	否	否
318		玉树藏族自治州	2000、2005、2010、2015、2017	小	否	否
319		海西蒙古族藏族自治州	2000、2005、2010、2015、2017	小	否	否
320	宁夏回族自治区	银川市	2000、2005、2010、2015、2017、2018	大	是	是
321		石嘴山市	2000、2005、2010、2015、2017	小	否	否
322		吴忠市	2000、2005、2010、2015、2017	小	否	否
323		固原市	2000、2005、2010、2015、2017	小	否	否
324		中卫市	2000、2005、2010、2015、2017	小	否	否
325	新疆维吾尔自治区	乌鲁木齐市	2000、2005、2010、2015、2017、2018	大	是	是
326		乌拉玛依市	2000、2005、2010、2015、2017	小	否	否
327		吐鲁番市	2000、2005、2010、2015、2017	小	否	否
328		哈密市	2000、2005、2010、2015、2017	小	否	否
329		阿克苏地区	2000、2005、2010、2015、2017	小	否	否
330		喀什地区	2000、2005、2010、2015、2017	小	否	否
331		和田地区	2000、2005、2010、2015、2017	小	否	否
332		昌吉回族自治州	2000、2005、2010、2015、2017	小	否	否
333		博尔塔拉蒙古自治州	2000、2005、2010、2015、2017	小	否	否
334		巴音郭楞蒙古自治州	2000、2005、2010、2015、2017	小	否	否
335		克孜勒苏柯尔克孜自治州	2000、2005、2010、2015、2017	小	否	否
336		伊犁哈萨克自治州	2000、2005、2010、2015、2017	小	否	否
337		塔城地区	2000、2005、2010、2015、2017	小	否	否
338		阿勒泰地区	2000、2005、2010、2015、2017	小	否	否

注：表中的地级以上城市名录来自《中华人民共和国行政区划简册2017》；各规模等城市划分是基于2015年人口数据。